权威·前沿·原创

皮书系列为
"十二五""十三五""十四五"时期国家重点出版物出版专项规划项目

BLUE BOOK

智 库 成 果 出 版 与 传 播 平 台

数字制造蓝皮书
BLUE BOOK OF DIGITAL MANUFACTURING

中国数字制造发展报告（2022~2023）

ANNUAL DEVELOPMENT REPORT OF DIGITAL MANUFACTURING
OF CHINA (2022-2023)

组织编写／中关村信息技术和实体经济融合发展联盟
中国管理科学学会学术委员会
主　编／周　剑
副主编／张晓波　陈　希　陈　杰　夏　凡

社会科学文献出版社
SOCIAL SCIENCES ACADEMIC PRESS (CHINA)

图书在版编目（CIP）数据

中国数字制造发展报告.2022-2023 / 周剑主编；
张晓波等副主编. --北京：社会科学文献出版社，
2024.4
（数字制造蓝皮书）
ISBN 978-7-5228-3326-2

Ⅰ.①中… Ⅱ.①周… ②张… Ⅲ.①数字技术-应
用-制造工业-工业发展-研究报告-中国-2022-2023
Ⅳ.①F426.4

中国国家版本馆 CIP 数据核字（2024）第 050600 号

数字制造蓝皮书
中国数字制造发展报告（2022~2023）

主　　编／周　剑
副 主 编／张晓波　陈　希　陈　杰　夏　凡

出 版 人／冀祥德
组稿编辑／祝得彬
责任编辑／吕　剑
责任印制／王京美

出　　版／社会科学文献出版社·文化传媒分社（010）59367004
　　　　　地址：北京市北三环中路甲 29 号院华龙大厦　邮编：100029
　　　　　网址：www.ssap.com.cn
发　　行／社会科学文献出版社（010）59367028
印　　装／三河市东方印刷有限公司

规　　格／开 本：787mm×1092mm　1/16
　　　　　印 张：22　字 数：329 千字
版　　次／2024 年 4 月第 1 版　2024 年 4 月第 1 次印刷
书　　号／ISBN 978-7-5228-3326-2
定　　价／168.00 元

读者服务电话：4008918866

主要编撰者简介

周　剑　数字化转型指导委员会副主任，中关村信息技术和实体经济融合发展联盟（简称"中信联"）副理事长兼秘书长，北京国信数字化转型技术研究院（简称"国信院"）名誉院长，全国信息化和工业化融合管理标准化技术委员会（TC573）副秘书长，清华大学研究生联合导师，正高级工程师。长期从事数字化转型、两化融合、工业互联网等领域研究与实践，牵头制定的信息化和工业化（简称"两化"）融合国家标准、国际标准等成果已在几十万家企业应用。《国家信息化发展战略纲要》《"十四五"国家信息化规划》《国务院关于深化制造业与互联网融合发展的指导意见》《关于深化新一代信息技术与制造业融合发展的指导意见》《关于加快推进国有企业数字化转型工作的通知》等国家政策文件的主要起草人，《产业数字化转型评估框架》等国际标准的牵头起草人，《数字化转型》与《信息化和工业化融合管理体系》系列标准的起草组组长。

张晓波　中国管理科学学会常务副秘书长，"大数据应用蓝皮书"副主编，巴塞尔公约亚太区域中心顾问，北京大学国家金融研究中心学术指导委员会委员。从事服务制造、信息化、人工智能、数据管理、战略管理等研究，参与《中国管理大辞典》编撰及推广工作。

陈　希　中关村信息技术和实体经济融合发展联盟副秘书长，高级工程师。长期从事两化融合、数字化转型等领域政策研究、标准制定和应用推广工作，在企业运营管理、公共服务和生态运营等方面具有多年实践经验。牵头完成中华人民共和国工业和信息化部（简称"工信部"）、深圳南山区等国家和地区数字化转型领域重大课题研究，作为主要起草人参与了《数字化转型　成熟度模型》（T/AIITRE 10004—2023）等多项国家标准和团体标准以及部分相关图书的编制，具体负责全国数字企业和首席数据官分会组织体系建设以及中信联服务生态合作体系建设和日常运营管理。

陈　杰　中关村信息技术和实体经济融合发展联盟副理事长，北京国信数字化转型技术研究院执行院长，高级工程师。长期从事两化融合、数字化转型、工业互联网领域政策研究、标准制定和应用推广工作，《关于加快推进国有企业数字化转型工作的通知》《国务院关于加快推进制造业与互联网融合指导意见》《工业互联网平台建设及推广指南》等多个国家战略规划的主要起草人，已发布的《产业数字化转型评估框架》等3项国际标准、5项两化融合管理体系国家标准（GB/T 23000标准族）及《数字化转型参考架构》等团体标准主要起草人。

夏　凡　江苏敏捷创新经济管理研究院副院长兼研创部主任，中国管理科学学会学术委员会执行秘书长，南京财经大学经济学院硕士生导师，注册咨询专家。主持数字经济、数智化、数据治理等数十个项目。

摘　要

制造业是我国经济长期稳定发展的基石，数字化是制造业高质量发展的加速器。我国站在全球新一轮科技革命和产业变革的新起点，面对严峻复杂和充满不确定性的国际经贸摩擦和产业链、供应链体系重构的新形势，大力推动数字技术和制造业深度融合，对于我国加快构建现代化产业体系具有重大意义。

《中国数字制造发展报告（2022~2023）》是中国制造业发展的年度代表报告，旨在总结 2022~2023 年中国数字制造的发展现状与面临的挑战，展示我国数字制造的新技术、新产品、新模式、新业态，共谋制造业数字化、网络化、智能化发展之路。本报告由总报告、分报告、热点篇、专题篇组成。

总报告依据《数字化转型　成熟度模型》标准建立了数字制造评价指标体系，通过数据分析和案例研究等研究方法，对我国 31 个省（区、市，港澳台除外）数字制造的发展现状进行了研究分析，系统厘清我国数字制造的总体水平、优劣势，以及下一步发展的主要方向、路径、切入点和关键点等。

我国数字制造的快速发展离不开产业政策的稳步推进、技术的持续创新、核心软硬件的创新突破和产业应用的不断深入。分报告梳理了我国数字制造建设的主要举措，研究了当前制约数字制造发展的瓶颈，分析了新形势下的新挑战和新要求，结合产业实际提出了相关建议。

本报告聚焦面向未来的数字制造热点，云制造、"双碳"、人工智能等

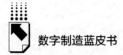
正在持续引发传统创新体系、生产方式、产业结构等系统性变革，为整个制造业的发展注入新的活力。与此同时，数字人才、数据治理、数字孪生、工业互联网平台、供应链等成为数字制造领域的热点。本报告围绕面向未来的数字制造的趋势和热点展开研讨和分析，以期探寻其发展的模式、路径、对策等，对于推动制造业高质量发展具有重要价值和意义。

关键词： 数字制造　数字化转型　工业互联网　人工智能　智慧供应链

目 录 ↖

Ⅰ 总报告

Ⅱ 分报告

Ⅲ 热点篇

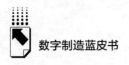

Ⅳ 专题篇

皮书数据库阅读**使用指南**

总报告
General Report

B.1

中国数字制造发展现状评估
与趋势预测（2022~2023）

中关村信息技术和实体经济融合发展联盟*

摘　要： 本报告建立了企业数字制造成熟度评估体系，并基于全国8万
余家企业的数字制造评估数据，系统剖析了我国数字制造发

---

* 中关村信息技术和实体经济融合发展联盟是一家活动范围覆盖全国的 AAAA 级社团组织，其
性质为非营利性社会团体。中信联是工信部、国务院国有资产监督管理委员会（简称"国务
院国资委"）、国家发展和改革委员会（简称"国家发改委"）数字化转型工作支撑单位，
是全国两化融合管理体系贯标工作的总体公共服务机构，是中央和地方国有企业数字化转型
工作推进单位，是国家数字化转型伙伴行动首批联合倡议单位，长期从事数字化转型、两化
融合、工业互联网等领域研究与产业实践。

　　本报告执笔人：周剑，博士，数字化转型指导委员会副主任、中关村信息技术和实体经
济融合发展联盟副理事长兼秘书长、北京国信数字化转型技术研究院名誉院长、全国信息化
和工业化融合管理标准化技术委员会副秘书长，正高级工程师，主要研究方向为两化融合、
数字化转型、工业互联网等；陈杰，中关村信息技术和实体经济融合发展联盟副理事长、北
京国信数字化转型技术研究院执行院长，高级工程师，主要研究方向为两化融合、数字化转
型、工业互联网领域政策研究等；邱君降，博士，中关村信息技术和实体经济融合发展联盟
研究总监，高级工程师，主要研究方向为数字化转型、工业互联网等；王建卿，中关村信息
技术和实体经济融合发展联盟高级工程师，主要研究方向为数字化转型等；赵涵，中关村信
息技术和实体经济融合发展联盟研究员，主要研究方向为数字化转型等。

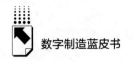

展现状，总结出企业在数字制造底座建设、新型能力培育和数据驱动转型等重点领域发展情况，并对"十四五"时期数字制造发展趋势进行了分析和展望。研究表明，我国企业数字制造成熟度指数达到 27.5，接近一成企业迈入实质性转型阶段，不同规模、不同区域的企业数字制造发展呈现差异化特征，制造业企业在研发、生产、服务、经营管理等领域的数字化升级均取得明显进展，未来数字制造支持政策将从面上引导向细化执行落实，数字制造的转型过程和最终目标均会更加以人为本。

关键词： 数字化转型　数字制造　智能制造　成熟度评估

数字化转型是当前制造业面临的重大历史进程，无论是国外的工业4.0、先进制造战略，还是我国的新型工业化、两化深度融合、工业互联网创新发展等战略部署，其重点都是推进新一代信息技术在制造业中的深度融合应用，引导企业数字化转型并逐步实现数字制造。面对这一系统性、创新性的转型过程，如何全面摸清现状、找准痛点、明确方向，仍然是各相关方面临的首要问题。围绕这一需求，点亮智库与中信联基于 DLTTA 数字化转型架构与方法体系，以及《产业数字化转型评估框架》（ITU-T Y.4906）国际标准、《信息化和工业化融合　数字化转型　价值效益参考模型》（GB/T 23011—2022）国家标准、《数字化转型 成熟度模型》系列标准等，探索形成了一套数字制造评估引导体系，并依托数字化转型诊断服务平台（www.dlttx.com/zhenduan）全流程支持各方全面、深入开展诊断对标工作，支持各方在摸清全局的同时，明确问题短板，找准发展方向，系统谋划数字制造发展蓝图。研究组基于近年来积累的 8 万余家制造业企业评估诊断数据，研制形成本报告，客观描绘我国数字制造发展现状、重点、价值成效、特征模式以及发展趋势，供各相关方参考。

一　数字制造的内涵与特征

狭义上，数字制造是指将以大数据、云计算、人工智能等为代表的新一代信息技术深入应用于制造环节，不断提升制造过程数字化、网络化、智能化能力的集成制造方法。从实际应用看，大批国内外制造业企业已将新一代信息技术融入企业生产、经营管理等各个方面，因此广义上的数字制造不再局限于制造业务，而是指制造业企业将数字技术融合应用于研发设计、生产制造、用户服务、经营管理等多个主营业务板块，创建从设计到生产再到最终产品和服务的集成制造方法。从数字制造的广义和近年来企业的实践经验来看，数字制造有以下三个主要特征。

第一，智能工厂是企业实现数字制造的核心载体，是在整个制造过程中应用先进传感、3D可视化、仿真分析、机器学习和生产控制等数字制造技术和方法的集合体，通过实现制造流程的智能集成和控制来提高工厂生产力。目前，企业通过应用数字孪生等新兴技术对制造全过程涉及的设备、设施、工具和原辅料等进行建模、仿真和分析，进一步提升制造智能化水平。总体而言，数字制造在智能工厂中体现为制造过程的全面数字化，进而衍生出计算机集成制造（CIM）、柔性制造、精益制造和可制造性设计（DFM）等具有不同侧重点的制造方式，以适应企业所在行业的产品特征和个性化需求。

第二，产品生命周期管理是数字制造的重要应用。数字制造为企业进行产品生命周期管理提供了一组集成化的软件工具，围绕产品特征可以集成数据、流程、业务系统和团队的必要信息。具体来说，从研发设计开始，企业依序在采购、生产、维修、再利用或报废的全过程使用数字技术，以便在设计和制造过程中对产品规范进行优化修订。产品生命周期管理有助于企业进行开发决策、战略制定和市场营销，目前已被数字制造企业广泛应用，可以提高企业的整体赢利能力，持续保持和提高产品的吸引力、声誉和客户忠诚度。

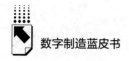
第三，数字制造旨在协助企业实现高效的价值链管理。数字制造通过监督和控制生产过程及其相关的企业经营管理各个环节来保证产品制造质量、稳定性和可靠性，并为企业提供一套价值链分析和管理工具，帮助企业降本增效，实现价值增值最大化。从原理上看，数字制造有助于企业构建精确反映真实制造流程的计算模型，将制造及其相关的工厂流程和价值链损益流程进行映射，协助企业开展生产设备的预测性维护、供应链整合、产业链分析等工作，创建具有减少库存作用的最佳流程，减少资源浪费和节约制造成本，从而实现有效的价值链管理。当然我们也要看到，目前数字制造对企业来说具有较高的前期投入要求，由于资金和时间成本较高，数字制造主要被大型企业应用在高价值产品生产上，我国尚缺乏面向各类企业和产品的通用性、低成本应用方案，因而数字制造的价值管理功能还有待进一步激发和被市场推广。

二　企业数字制造成熟度评估体系

（一）企业数字制造成熟度评估框架

评估指标体系框架设计坚持了系统观念，企业数字制造成熟度评估框架既能表征企业数字制造的内涵和特征，又能全面、系统反映企业数字化转型阶段和水平，从而科学评估和引导企业推进数字制造工作。研究组参照《产业数字化转型评估框架》国际标准和《数字化转型 成熟度模型》等标准，构建涵盖发展战略、新型能力、系统性解决方案、治理体系、业务创新转型、综合效益的指标体系框架，见图1与表1。

1. 六个评估视角

发展战略一级指标包括竞争合作优势、业务场景和价值模式三个二级指标，并且研究组在此基础上设计三级指标，最终将表征指标进行归类（见表2）。该系列指标主要衡量制造业企业制定数字化转型战略的情况，引导企业由构建封闭价值体系的静态竞争战略转向共创、共建、共享开放价值生态的动态竞合战略。

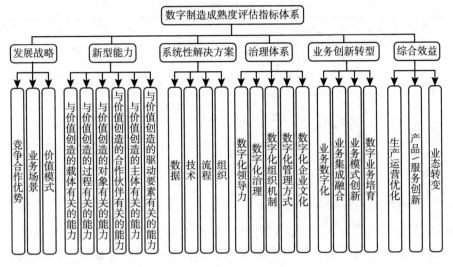

图1 数字制造成熟度评估指标体系

资料来源：研究组自制。

表1 数字制造成熟度评估指标体系框架

评估维度	评估内容
发展战略	主要衡量企业根据数字化转型的新形势、新趋势和新要求，提出新的价值主张，建立主动变革、动态优化的战略闭环管控机制的水平
新型能力	主要衡量企业构建数字化时代企业核心竞争能力体系、支持价值创造和传递的水平
系统性解决方案	主要衡量企业构建和实施数据驱动的技术、流程、企业同步创新的系统性解决方案的水平
治理体系	主要衡量企业变革价值保障的治理机制和管理模式、开展灵活适应变化的企业变革的水平
业务创新转型	主要衡量企业基于新型能力赋能改变业务运营模式、形成支持最终价值获取的业务新模式和新业态的水平
综合效益	主要衡量企业获取的提质、降本、增效、创新、用户、可持续发展等方面价值效益的水平

资料来源：研究组自制。

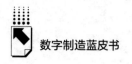

表2　发展战略评估指标体系

序号	一级指标	二级指标	指标解释
1	发展战略	竞争合作优势	该指标主要衡量制造业企业构建数字经济时代竞争合作优势的情况
2		业务场景	该指标主要衡量制造业企业从目标、内容、资源等方面系统开展业务场景设计的情况
3		价值模式	该指标主要衡量制造业企业系统开展价值模式的分析与设计的情况

资料来源：研究组自制。

新型能力一级指标包括与价值创造的载体有关的能力、与价值创造的过程有关的能力、与价值创造的对象有关的能力、与价值创造的合作伙伴有关的能力、与价值创造的主体有关的能力、与价值创造的驱动要素有关的能力六个二级指标，并且研究组在此基础上设计三级指标，最终将表征指标进行归类（见表3）。该系列指标主要衡量制造业企业在数字时代的核心竞争能力体系建设情况，引导企业由刚性固化的传统能力体系转向可柔性调用的数字能力体系。

表3　新型能力评估指标体系

序号	一级指标	二级指标	指标解释
1	新型能力	与价值创造的载体有关的能力	该指标主要衡量制造业企业的产品创新细分能力
2		与价值创造的过程有关的能力	该指标主要衡量制造业企业的生产与运营管控细分能力
3		与价值创造的对象有关的能力	该指标主要衡量制造业企业的用户服务细分能力
4		与价值创造的合作伙伴有关的能力	该指标主要衡量制造业企业的生态合作细分能力
5		与价值创造的主体有关的能力	该指标主要衡量制造业企业的员工赋能细分能力
6		与价值创造的驱动要素有关的能力	该指标主要衡量制造业企业的数据开发细分能力

资料来源：研究组自制。

　　系统性解决方案一级指标包括数据、技术、流程、组织四个二级指标，并且研究组在此基础上设计三级指标，最终将表征指标进行归类（见表4）。该系列指标主要衡量制造业企业深化应用新一代信息技术，策划实施涵盖数据、技术、流程、组织四要素系统性解决方案的情况，引导企业由构建以技术要素为主的解决方案转向构建以数据要素为核心的系统性解决方案。

表4　系统性解决方案评估指标体系

序号	一级指标	二级指标	指标解释
1	系统性解决方案	数据	该指标主要衡量制造业企业开展数据资产化、挖掘数据要素价值和创新驱动潜能等的情况
2		技术	该指标主要衡量制造业企业在新型能力建设涵盖的信息技术、产业技术、管理技术等方面的应用情况
3		流程	该指标主要衡量制造业企业涉及新型能力建设相关业务流程的优化设计以及数字化管控等情况
4		组织	该指标主要衡量制造业企业涉及新型能力建设运行相关的职能职责调整、人员角色变动以及岗位匹配等情况

资料来源：研究组自制。

　　治理体系一级指标包括数字化领导力、数字化治理、数字化组织机制、数字化管理方式、数字化企业文化五个二级指标，并且研究组在此基础上设计三级指标，最终将表征指标进行归类（见表5）。该系列指标主要衡量制造业企业建立与之相匹配的治理体系并推进管理模式持续变革，以提供管理保障的情况，引导企业由封闭式的自上而下管控转向开放式的动态柔性治理。

　　业务创新转型一级指标包括业务数字化、业务集成融合、业务模式创新和数字业务培育四个二级指标，并且研究组在此基础上设计三级指标，最终将表征指标进行归类（见表6）。该系列指标主要衡量制造业企业发挥新型能力的赋能作用，加速业务体系和业务模式创新的情况，引导企业由基于技术专业化分工的垂直业务体系转向需求牵引、能力赋能的协作业务生态，快速响应、满足和引领市场需求。

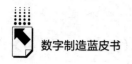

表5 治理体系评估指标体系

序号	一级指标	二级指标	指标解释
1		数字化领导力	该指标主要衡量制造业企业从数字化领导意识培养和能力提升、数字化转型战略部署和执行机制等方面,建设提升企业数字化转型领导力的情况
2		数字化治理	该指标主要衡量制造业企业运用架构方法,从数字化人才培养、数字化资金统筹安排、安全可控建设等方面,建立与新型能力建设、运行和优化相匹配的数字化治理机制的情况
3	治理体系	数字化组织机制	该指标主要衡量制造业企业从组织结构设置、职能职责设置等方面,建立与新型能力建设、运行和优化相匹配的职责和职权架构的情况
4		数字化管理方式	该指标主要衡量制造业企业从管理方式创新、员工工作模式变革等方面,建立与新型能力建设、运行和优化相匹配的企业管理方式和工作模式的情况
5		数字化企业文化	该指标主要衡量制造业企业从价值观、行为准则等方面入手,建立与新型能力建设、运行和优化相匹配的企业文化的情况

资料来源:研究组自制。

表6 业务创新转型评估指标体系

序号	一级指标	二级指标	指标解释
1		业务数字化	该指标主要衡量制造业企业主营业务板块业务活动数字化、网络化和智能化发展的情况
2		业务集成融合	该指标主要衡量制造业企业开展跨部门、跨业务环节、跨层级的业务集成运作和动态协同优化的情况
3	业务创新转型	业务模式创新	该指标主要衡量制造业企业基于新型能力模块化封装和平台化、在线化部署等,推动关键业务模式创新变革的情况
4		数字业务培育	该指标主要衡量制造业企业激发数据要素作用,开发具有竞争力的数字产品和服务,基于数据资产化运营形成服务于用户及利益相关方新业态的情况

资料来源:研究组自制。

综合效益一级指标包括生产运营优化、产品/服务创新和业态转变三个二级指标(见表7)。该系列指标主要衡量制造业企业通过数字化转型获取的价值效益情况,引导企业逐步从传统业务、延伸业务向新型业务拓展,构建开放合作的价值模式,最大化地获得数字化转型的价值效益。

表7　综合效益评估指标体系

序号	一级指标	二级指标	指标解释
1	综合效益	生产运营优化	该指标主要衡量制造业企业获取主要来自传统产品规模化生产与交易的价值效益情况
2		产品/服务创新	该指标主要衡量制造业企业拓展基于传统业务的延伸产品和服务，获取主要来自已有技术、产品体系的增量价值的情况
3		业态转变	该指标主要衡量制造业企业获取主要来自与生态合作伙伴共建的业务生态的价值情况

资料来源：研究组自制。

2. 五个发展阶段

企业数字制造发展可分为规范级、场景级、领域级、平台级和生态级五个逐级提升的发展阶段，见图2。

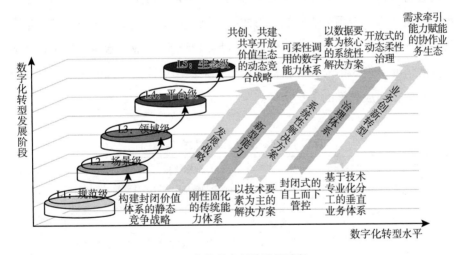

图2　企业数字制造演化路径

资料来源：研究组自制。

在规范级企业数字制造发展阶段，企业运行以职能驱动型为主，并且企业规范开展数字技术应用，提升主营业务范围内的关键业务活动的运行规范性和效率，提升可管和可控水平。在场景级企业数字制造发展阶段，企业运行以技术使能型为主，实现主营业务范围内关键业务活动数字化、场景化和

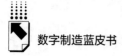

柔性化运行，打造形成关键业务数字场景。在领域级企业数字制造发展阶段，企业运行以知识驱动型为主，实现主营业务领域关键业务集成融合、动态协同和一体化运行，打造数字企业。在平台级企业数字制造发展阶段，企业运行以数据驱动型为主，开展跨企业网络化协同和社会化协作，实现以数据为驱动的业务模式创新，打造平台企业。在生态级企业数字制造发展阶段，企业运行以智能驱动型为主，推动与生态合作伙伴间资源、业务、能力等要素的开放共享，共同培育数字新业务，打造生态企业。

（二）企业数字制造成熟度评估的关键指标

企业数字制造成熟度评估的底层采集项数据统计分析是掌握全国、区域数字制造发展现状和趋势的重要手段。在对企业数字制造成熟度评估的底层数据进行分析时，研究组除了对采集项进行综合统计分析之外，还对若干采集项的情况进行专项分析，提炼形成一系列表征数字制造某个方面特定情况的关键指标，从不同角度分析、展现区域以及全国企业在数字制造重点领域的发展情况。表8中的关键指标是由重点采集项组成的一部分用于表征数字制造有关方面成熟度的关键指标。

表8　数字制造成熟度评估关键指标

主要维度	关键指标	指标解释	指标值（%）
发展战略	数字化战略覆盖率	制定并实施专项或专题数字化(转型)战略的企业比例	14.4
	数字场景覆盖率	在发展战略中策划与部署了关键业务数字场景建设的企业比例	20.4
新型能力	生产运营管控能力普及率	在生产经营管控活动中实现模型驱动推理决策和预测预警的企业比例	33.9
	用户服务能力普及率	在用户服务活动中实现模型驱动推理决策和预测预警的企业比例	27.1
	生态合作能力普及率	在生态(供应链/产业链)合作活动中实现模型驱动推理决策和预测预警的企业比例	18.2
系统性解决方案	系统级数据建模普及率	主要产品、服务、设备、工艺、业务等系统级数据建模的企业比例，而不仅仅是单一设备、单元技术建模的企业比例	24.3

续表

主要维度	关键指标	指标解释	指标值（%）
系统性解决方案	云平台应用普及率	至少应用场景级云平台且支持实现关键业务知识、能力的云化动态共享与优化的企业比例	11.5
	业务流程数字化管控普及率	至少实现场景级模型驱动的业务流程动态跟踪、管控和优化的企业比例	16.0
治理体系	数字化制度覆盖率	至少建立了以结果为核心的场景级数字化制度体系的企业比例	35.4
	信息安全主动防御普及率	信息安全管理至少实现场景级主动性、预测性防御的企业比例	28.2
业务创新转型	生产数字化普及率	实现模型驱动的柔性化生产活动的企业比例	14.3
	经营管理数字化普及率	实现模型驱动的动态协同经营管理活动的企业比例	47.5
	业务集成融合普及率	开展纵向管控集成、产品/服务生命周期集成、供应链/产业链集成等业务集成融合的企业比例	22.8
	业务模式创新普及率	开展网络化协同、个性化定制、服务化延伸等新模式的企业比例	26.3
	数字业务普及率	开展数字资源服务、数字知识服务、数字能力服务等数字业务的企业比例	28.0

资料来源：研究组自制。

（三）企业数字制造成熟度评估的进展及样本情况

研究组依托点亮智库的数字化转型诊断服务平台，积累了大量一手数据和案例，通过样本数据的遴选、清洗和建模，形成本次报告的样本库。截至2023年10月，样本库数据覆盖企业81703家，本报告后续图、表等分析数据均来自此样本库。按企业注册登记类型划分，占比最大的是内资企业中的私营企业，约占66.0%。按企业规模划分，① 小型企业占比最大，达到73.7%。本报告样本覆盖全国31个省、自治区、直辖市。样本覆盖离散制造业、流程制造业2个行业（见图3）。

---

① 本报告中的企业规模以企业人员规模区分，小型企业为300人及以下规模，中型企业为301~1000人规模，大型企业为1001~5000人规模，特大型企业为5001人及以上规模。

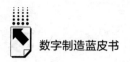

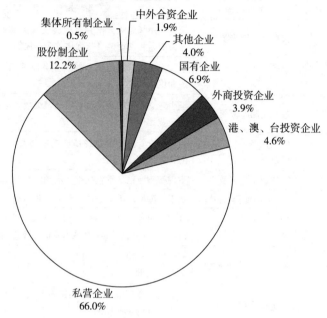

企业注册登记类型分布

集体所有制企业 0.5%
中外合资企业 1.9%
其他企业 4.0%
国有企业 6.9%
外商投资企业 3.9%
港、澳、台投资企业 4.6%
股份制企业 12.2%
私营企业 66.0%

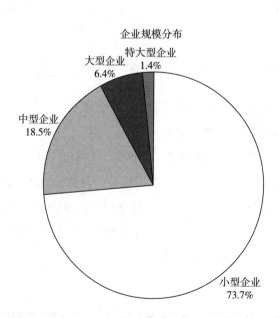

企业规模分布

特大型企业 1.4%
大型企业 6.4%
中型企业 18.5%
小型企业 73.7%

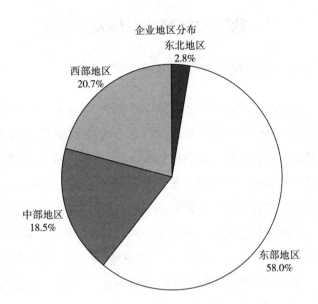

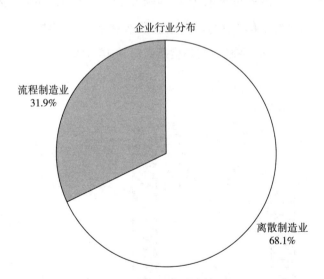

图 3   企业样本分布情况

资料来源：研究组自制。

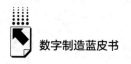
三 我国数字制造总体发展情况

（一）企业数字制造水平总体情况

2023 年，我国企业数字制造成熟度指数为 27.5①，较 2022 年增长约 8.7%。作为国民经济发展的中坚力量，国有企业数字制造成熟度指数为 32.4，较全部企业的数字制造成熟度指数高约 17.8%，数字制造对加快我国工业经济向数字经济转型发挥了引领作用。未来，企业应加快推进新技术创新、新产品培育、新模式扩散和新业态发展，全面提高产业链国内外统筹布局能力，开拓经济增长新空间，在数字经济建设中发挥更大的作用。企业数字制造成熟度水平差异较大（见图 4），头部企业对整体数字制造成熟度水平提升的拉动作用较明显，领先样本中的企业数字制造成熟度指数比全部企业的数字制造成熟度指数水平高约 63.6%。国有企业是企业数字化转型的排头兵，领先样本中的国有企业数字制造成熟度指数为 51.8，比领先样本中的全部企业数字制造成熟度指数高约 15.1%。

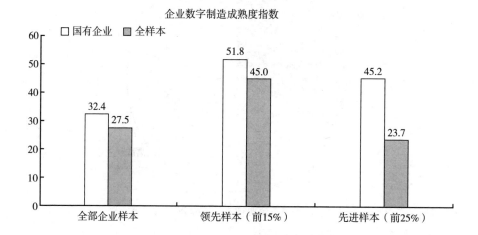

企业数字制造成熟度指数

① 按改进后的企业数字制造成熟度评价体系，2022 年企业数字制造成熟度指数为 25.3。

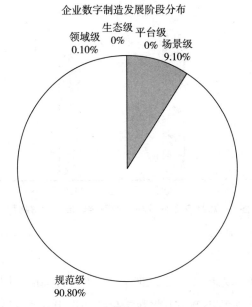

图4 2023年不同水平、不同发展阶段企业数字制造成熟度情况

资料来源：研究组自制。

（二）不同规模企业数字制造成熟度水平情况

2023年，特大型企业数字制造成熟度指数为34.6，较全部企业数字制造成熟度指数高约25.8%；大型企业数字制造成熟度指数为31.5，较全部企业数字制造成熟度指数高约14.5%（见图5）。中型企业和小型企业数字制造成熟度水平低于全部企业数字制造成熟度水平。中小企业的数字化转型相对滞后，对此，工信部于2022年11月印发《中小企业数字化转型指南》，促进广大中小企业遵循"从易到难、由点及面、长期迭代、多方协同"的工作思路加快推进数字化转型。

从不同规模企业数字化转型阶段分布看，小型企业占转型企业的73.7%，其中94.4%的小型企业处于规范级水平，占规范级企业的76.6%，表明小型企业数字化转型整体处于夯实基础阶段，因此无论从绝对数量看还是从相对占比考虑，我国都应该关注和赋能小型企业数字化转型。与大型企

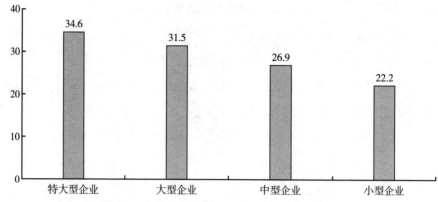

图5　2023年不同规模企业数字制造成熟度指数

资料来源：研究组自制。

业相比，小型企业在人员、资金、业务、数据等方面能够用于数字化转型的投入资源有限，大多数小型企业将数字化转型作为其业务战略的重要组成部分，但其发展战略和资源不匹配，因此我国需要开发适合小型企业转型需求的方法工具和协作机制。大型企业除了关注集团层级和大型成员单位的转型，还要主动为小型子公司转型赋能。

（三）重点区域企业数字制造成熟度水平情况

研究组考察2023年重点区域企业数字制造成熟度水平（见图6）并发现，长三角地区企业数字制造成熟度指数最高，达到29.2，比全部企业数字制造成熟度指数高约6.2%；紧随其后是珠三角地区企业数字制造成熟度，相关指数为28.9，比全部企业数字制造成熟度指数高约5.1%。长三角地区的企业数字制造成熟度整体表现尤为突出，不仅成为带动东部地区数字制造发展的重要一极，而且在全国发挥了一定区域示范、引领作用。研究组通过区域比较发现，我国企业数字化转型呈现不平衡发展状态，这一方面由区域发展定位、产业基础和政策导向等导致，另一方面由企业的数字化转型意识和行动力导致。领先地区的制造业企业应当积极发挥示范带动作用。数据显示，在重点考察的地区中，数字制造发展达到场景级及以上阶段的企业占比最高的为珠三角地区企业、长三角地区企业，分别达到 11.2%、10.9%；关中地区的数字制造发展达到场景级及以上阶段的企业占 7.1%，这一占比相对较低。未来，各地区推进数字化转型应采取差异化的区域政策。一方面，进入场景级数字制造发展阶段的企业较少的地区可施行普惠型基础提升政策，促进大部分企业从信息技术辅助应用阶段进入全面数字化转型阶段。另一方面，一些地区需要利用领先企业的示范带动效应，鼓励集团型企业、产业联盟、行业协会等做好系统内转型标杆企业遴选，帮助后发企业加速转型。

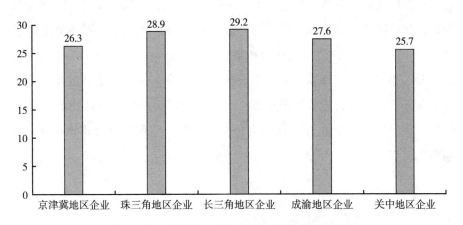

图 6 2023 年不同地区企业数字制造成熟度指数

资料来源：研究组自制。

四 企业高度重视数字制造底座建设

制造业企业越来越重视数字制造底座建设，包括新一代的工业软件、硬件和技术平台建设。在数字制造底座中，软件是关键的组成部分，它可以帮助企业实现生产计划、监控生产过程并进行数据分析。硬件方面，制造业企业投资先进的设备和机器人技术，可以实现自动化生产。此外，数字制造底座还需要一个稳定、可靠的平台，用于集成各种软硬件系统，并提供数据存储和共享的功能。

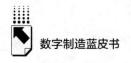

（一）企业稳步推进新型数字基础设施建设

新型数字基础设施是企业推进数字化转型的物理"底座"，企业普遍重视数字时代的"新基建"，对包括OT（运营技术）基础设施、IT（信息技术）基础设施、网络基础设施等方面进行了长期投资建设，取得了明显成效。研究组发现，OT基础设施、IT基础设施、网络基础设施建设至少能够实现主营业务综合集成和动态优化利用的企业占比分别达到18.3%、27.3%、14.7%。

同时，企业的数字化转型对基础设施的需求不再仅是堆砌传统的计算、存储、网络设备，而是要打造具备泛在算力、全面连接能力以及可以承载海量数据和高度智能的"云边端数智"融合性数字基础设施，推进企业IT网络、OT网络、互联网之间的融合和集成。统计显示，4.3%的企业可以使企业内OT网络与IT网络实现协议打通和网络互联，实现企业内主要设备设施、业务活动、人员等的互联互通、互操作；1.0%的企业可以使企业内OT网络、IT网络以及企业外互联网实现互联互通，实现生态合作伙伴之间物与物、物与人、人与人的互操作（见图7）。

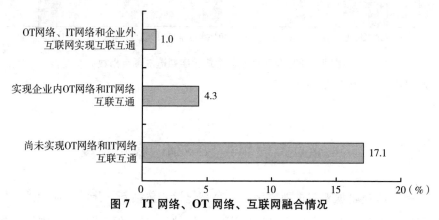

图7　IT网络、OT网络、互联网融合情况

资料来源：研究组自制。

（二）软件系统持续赋能数字制造

软件是数字时代的语言，企业软件的本质就是将企业运营所需的各类知识软件化，为数据驱动的运营和决策建设数字基础设施。因此，企业以数字化转型为导向部署软件系统可分为四个步骤：一是全面沉淀业务数据和知识，通过软件进行分类、索引和有效管理；二是打通系统和"数据孤岛"，针对海量业务数据开展大数据分析和建模，形成规律性认知；三是导入实际业务数据，测试验证和迭代优化业务模型；四是将业务数据和模型固化为软件模块，同时运用中台、数字孪生的新技术提升软件复用性，为业务部门进行数字化赋能。

统计显示，12.4%的企业至少实现主营业务板块所有软件系统的综合集成和动态优化利用。从软件类别来看，企业应用比例最高的软件为企业资源管理软件，占比达31.0%；应用比例最低的软件为产品生命周期管理软件，占比为12.4%（见图8）。随着数字化转型深入推进，企业对软件需求的功能性、多样性和定制化要求将更高，这要求各类解决方案提供商深入对接企业业务需求和痛点，提供更具业务针对性的软件工具。

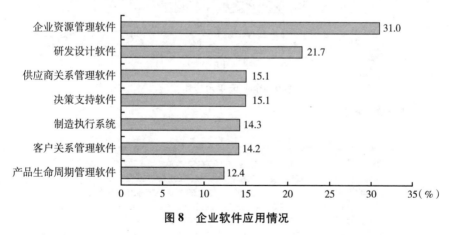

图8 企业软件应用情况

资料来源：研究组自制。

（三）强化数字技术平台建设

数字技术平台是现代企业的操作平台，提供从数据存储、计算、集成到业务运营程序应用等系列功能，将数据分析和业务团队连接到一个共同的基础上，帮助企业实现端到端的数据驱动型决策和业务运营。统计显示，11.5%的企业至少在主营业务板块应用了云平台，这类云平台可以支持企业实现关键业务知识、能力的云化动态共享与优化。31.2%的企业使用了计算、存储等云基础设施；18.5%的企业通过自建或应用第三方平台实现主要业务系统上云；6.2%的企业实现业务基础资源和能力的模块化、平台化部署，可以动态调用和配置相关资源；1.8%的企业成为社会化能力共享平台的核心贡献者，与合作伙伴共同实现生态基础资源和能力的平台部署、开放协作和按需利用（见图9）。具体来看，企业实现上云业务的比例分布情况见图10。

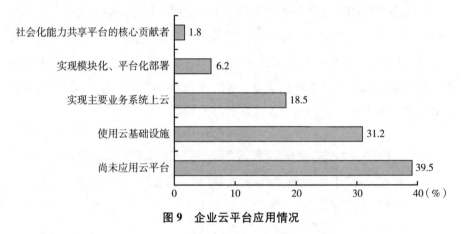

图9　企业云平台应用情况

资料来源：研究组自制。

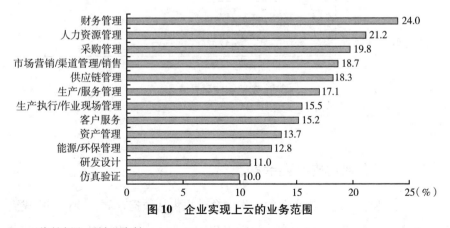

图10　企业实现上云的业务范围

资料来源：研究组自制。

五　提升数字制造新型能力以应对不确定性

新型能力建设是企业数字化转型的核心路径，其内涵是制造业企业深化应用新一代信息技术，建立、提升、整合、重构组织的内外部能力，形成应对不确定性变化的本领。因此，研究组分别从理解、处理、化解和预防不确定性出发，确定感知分析、响应执行、决策预警和迭代优化四个维度的组织新型能力分析视角，形成衡量企业应对不确定性能力的"四力"（见图 11）。

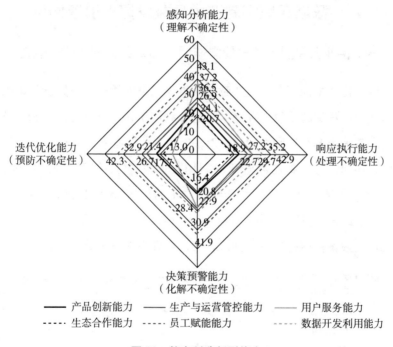

图 11　数字制造新型能力

资料来源：研究组自制。

统计显示，制造业企业员工赋能能力发展水平均较高。除开展中高层领导培训外，企业着力提升一线员工数字化技能和执行力，不断加强价值导向的人才培养与开发，赋予员工数字化转型专业知识，最大限度地激发员工价值创造的主动性和潜能。企业生态（供应链/产业链）合作能力发展水平较低，低于员工赋能能力一半，提示企业需加强内外部合作能力的培育。用户服务能力存在明显"跷跷板"，感知分析能力远远高于迭代优化能力，表明企业在理解用户需求变化和预防需求变化给企业带来的影响方面出现了能力不平衡。数据开发能力中四个维度的组织新型能力发展较为均衡。产品创新能力和生产与运营管控能力发展水平较为接近。在生产与运营管控能力中，化解不确定性的决策预警能力较为突出，说明企业更善于生产与运营活动的建模分析和预测预警。

六　数据在数字制造中日益发挥主引擎作用

（一）企业日益重视数据要素作用并部署数据驱动转型措施

在数字化转型浪潮中，企业越来越重视数据的价值，将数据作为关键资源，部署开展数据的采集、存储、传递和利用工作。统计显示，33.6%的企业设立和实施数据开发利用项目，21.8%的企业拥有专门从事数据开发利用的队伍，19.8%的企业在数据开发利用方面安排了长期稳定的资金投入，4.3%的企业将数据开发利用实践经验输出为国家/国际标准，4.1%的企业兼并、收购或孵化具有专业数据能力的公司或团队（见图12）。数据驱动转型的成功实践案例值得进一步推广，帮助企业发挥好战略引领作用。

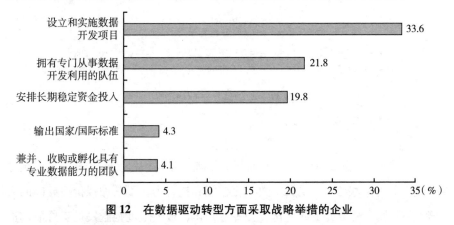

图12　在数据驱动转型方面采取战略举措的企业

资料来源：研究组自制。

（二）企业提升数据"采、集、享、用"水平

研究组统计发现，在数据采集方面，38.0%的企业至少在主营业务板块，通过数据采集设备、设施，实现所有业务活动相关数据的自动采集。制造业企业已能实现多种数据自动采集并上传至业务系统，具体比例分布见图13。在数据集成和共享方面，21.7%的企业至少能够在主营业务板块实现所有业务活动相关数据的集成与共享。企业的不同业务板块间存在数据壁垒，企业首先需要加强数据标准化治理，逐步打通跨系统的数据传递和共享。数据开发是实现数据驱动发展的核心引擎，也是实现数据价值和企业价值的核心环节。24.3%的企业至少建立了覆盖其主营业务板块的业务机理模型，支持实现业务活动的柔性运行和模型推理决策。

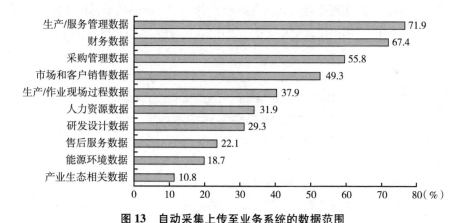

图13　自动采集上传至业务系统的数据范围

资料来源：研究组自制。

（三）数据治理成为数字化转型的热点和难点

数据是数字经济时代最关键的生产要素，也是制造业企业实现业务数字化的核心资产。数据要素在企业价值创造中主要以信息媒介、知识媒介和能力媒介等方式发挥作用，分别可发挥提高资源配置效率、利用水平和开发潜能的作用。目前，数据要素的作用总体上以信息媒介和知识媒介为主，企业

下一步还需做好数据治理顶层设计，着力提升数据质量、标准和安全水平，完善数据共享交换机制，加强对数据的可用性、完整性和安全性的整体管理。研究组统计发现，41.4%的企业至少开展了主营业务板块的数据治理工作，进行了流程设计和管控活动的数字化管理，建立了数据治理流程设计和数字化管控活动的数字化动态跟踪、管控和优化机制。企业还需进一步优化数据治理体系，促进形成数据驱动的新技术、新产品、新模式和新业态。

目前，企业数据系统还存在"数据孤岛"、数据不贯通等现象，封闭式、孤岛化的系统不足以支撑深度数字化转型。因此，企业需要打造相互贯通的企业数据治理生态，逐步建立规范的数据标准和有效的管理机制，为数据的采集、存储、传递奠定坚实的基础。研究组统计发现，38.9%的企业至少针对主营业务板块建立了其所有业务活动相关数据的唯一标识、动态共享和关联维护等标准体系。在实现企业级标准化的数据种类中，产品数据标准化的占比最高，达到70.9%；而组织数据标准化的占比最低，达到34.9%（见图14）。

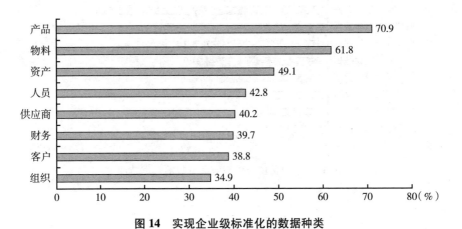

图14 实现企业级标准化的数据种类

资料来源：研究组自制。

信息安全是数字化转型的基石和衡量工作成效的红线，越来越多的企业重视信息安全、保密和各类风险防范工作。28.2%的企业构建的信息安全管理体系至少能够满足以结果为核心的主营业务数字化、场景化和柔性运行要求。同时，部分企业也认识到信息安全管理体系需要有相应的执行机制配合才能确保落地运行，有 28.2% 的企业配套建立了信息安全执行活动的数字化动态跟踪和集成管控机制。在国家高度重视的安全可控机制方面，26.2% 的企业已建立核心数字技术、数字化设备设施、业务系统、数据模型等的安全可控机制。

七　企业业务数字化工作取得进展

（一）研发设计数字化支撑企业，提升产品创新的响应执行能力

企业将研发设计数字化工具的深度应用视为快速提升数字化研发设计能力的重要途径，在此过程中注重利用自研或自主可控工具升级研发过程，开展数字化设计、建模、仿真、测试、验证和优化。研究组统计发现，15.2% 的企业开展了产品及产品配方数字化建模；7.1% 的企业开展了产品性能仿真分析与优化；5.4% 的企业开展了工艺流程设计和仿真分析与优化；1.6% 的企业开展了工艺过程控制仿真分析与优化，见图 15。基于数字设计工具的应用和推广，企业持续完善数字设计基础平台和集成系统，提升并行、协同、自优化研发设计等能力，离散制造行业能够实现研发设计动态协同的企业达到 14.2%。

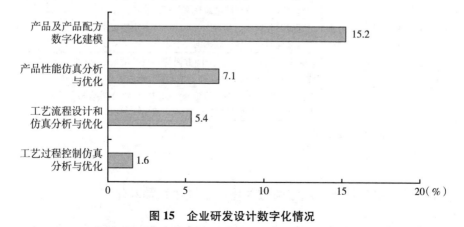

图 15　企业研发设计数字化情况

资料来源：研究组自制。

（二）生产运营数字化是企业提高全要素生产率的重点

企业经营管理工作覆盖党建（一岗双责）、生产、采购、销售、财务、人力资源、设备、项目、质量、能源、安全等环节，管理要素多、流程环节长、场景应用复杂，给实现数据驱动的经营管理一体化工作带来一定挑战。推进经营管理数字化、集成化和决策智能化成为企业发展的必由之路。研究组统计发现，企业经营管理数字化普及率达到47.5%，其中财务管理数字化普及率达到33.1%；实现经营管理全面数字化普及率达到14.8%；一体化运营管理能力的数字化普及率达到4.8%（见表9），一体化运营管理能力有待提升。

生产运营是企业价值创造和增值过程的主环节，因此也是全面融入数字技术、发挥数据驱动内生动力和提高全要素生产率的重点。研究组统计发现，生产运营管控能力数字化普及率达到29.4%。尤其是制造业企业将打造全过程智能生产和作业现场集成互联、精准管控作为发力点，提升全面感知、实时分析、动态调整和自适应优化能力。

表9　生产运营智能化关键评估指标

序号	指标	指标解释	指标值(%)
1	采购销售管理数字化普及率	已开展采购销售管理活动的数字化建模，实现覆盖采购销售管理全流程的动态精准管控的企业占比	46.0
2	人力资源管理数字化普及率	已开展人力资源管理活动的数字化建模，实现覆盖人力资源管理全流程的动态精准管控的企业占比	37.1
3	财务管理数字化普及率	已开展财务管理活动的数字化建模，实现覆盖财务管理全流程的动态精准管控的企业占比	33.1
4	经营管理全面数字化普及率	在采购、销售、财务、人力四方面均开展活动的数字化建模，实现对应业务活动动态精准管控的企业占比	14.8
5	一体化运营管理能力数字化普及率	在全企业范围内，开展经营管理活动数字化建模，实现覆盖全企业经营管理活动动态、协同、自优化的企业占比	4.8

资料来源：研究组自制。

（三）用户服务更加注重敏捷化、个性化和精准化

进入数字经济时代，新一代信息技术赋予企业在用户服务方面更多的手

段和工具，企业更加注重服务的敏捷化、个性化和精准化。研究组统计发现，制造业企业用户服务能力数字化普及率达到15.9%。另外，制造业企业的服务化延伸成为数字化转型的一大亮点，越来越多的企业开发了产品在线监控和运维、主营产品增值服务、以租代售、卖方信贷等延伸服务（见图16），这些延伸服务成为业务拓展新的增长点。此外，制造业企业也通过数字化转型推动产品和服务的个性化定制（见图17），能够在主营业务板块实现个性化定制的企业占比为17.4%。

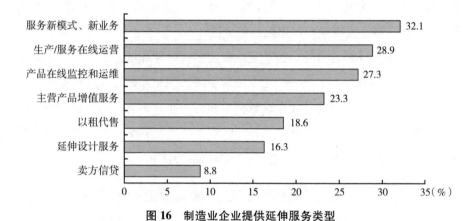

图16 制造业企业提供延伸服务类型

资料来源：研究组自制。

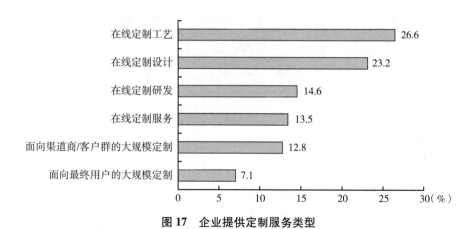

图17 企业提供定制服务类型

资料来源：研究组自制。

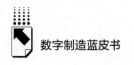
（四）供应链/产业链协同能力建设取得积极进展

数字经济时代是开放共享、携手共进的时代。在数字经济时代，企业需要与价值创造合作伙伴共建、共享数字化的产业生态，不断拓展生态合作的广度和深度。当前企业着力打造的生态共建能力就是与生态合作伙伴实现在线数据、能力和业务认知协同，提升整个生态圈资源的按需共享、在线交易和学习优化等能力。

研究组统计发现，生态（供应链/产业链）合作能力数字化普及率为18.2%。在能够实现可视、可追踪的供应链环节中，生产运营占比最高，达到46.2%（见图18）。另外，面对复杂多变的国内外环境，维护供应链安全已上升到保持国家经济安全、产业安全的层面，企业加强与供应链上下游合作伙伴的业务集成，联合开展在线数据、能力和业务协同，提升整个供应链精准协作和动态调整优化等能力。14.3%的企业至少实现了主营业务板块所有供应链/产业链相关业务活动之间的动态协同与优化。

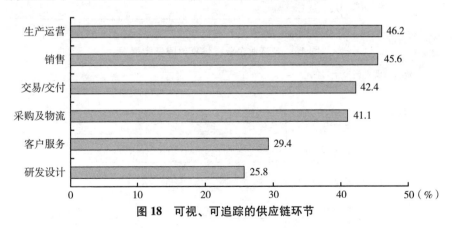

图18　可视、可追踪的供应链环节

资料来源：研究组自制。

（五）数字业务培育加快发展

数字业务培育是指企业通过数字资源、数字知识和数字能力的输出，基于数据资产化运营，形成服务于利益相关方的新业态。数字业务培育有助于企业发现新赛道，孵化数字新产业和新的商业模式，获取更高的转型价值效益。表10显示，企业数字资源服务、数字知识服务和数字能力服务普及率分别为26.3%、6.5%和8.9%，显示当前阶段企业仍直接将自己拥有的数字资源作为服务内容，提升数据资源加工、提炼和整合的能力。

表10 数字业务培育关键评估指标

序号	指标	指标解释	指标值（%）
1	数字资源服务普及率	已开展场景级数字资源服务的企业数量占比,数字资源服务包括基于企业采集、获取、积累和提炼的相关数字资源,对外提供数据查询、统计分析、数据分析、数据交易等服务	26.3
2	数字知识服务普及率	已通过建模开展数字知识服务的企业数量占比,数字知识服务包括基于企业数字资源开展知识的智能化建模,对外提供知识图谱、工具方法、知识模型等服务	6.5
3	数字能力服务普及率	已通过建模开展数字能力服务的企业数量占比,数字能力服务包括基于企业相关数据、模型、知识、工具、流程、方案等软件化封装,进行模块化、平台化部署,为同行业或相关方提供赋能服务	8.9

资料来源：研究组自制。

制造业的数字能力服务种类较为丰富，其中仿真验证能力的提供占比最高，达到31.7%；市场营销能力提供占比最低，为12.5%（见图19）。

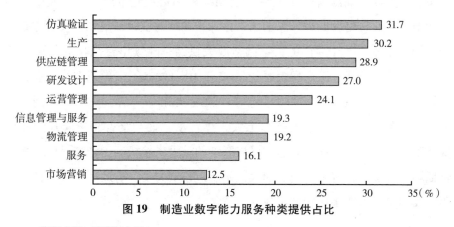

图19 制造业数字能力服务种类提供占比

资料来源：研究组自制。

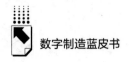

八　我国数字制造的发展趋势与展望

随着技术的不断进步和创新，数字化转型已经成为我国制造业的重要战略，我国数字制造正迎来一波新的发展浪潮。未来几年，我国数字制造有望取得显著的进展。人工智能技术将在制造业提高生产效率和质量中得到广泛应用。大数据和物联网技术将为制造业企业提供更多的数据和信息，帮助企业进行智能化决策和优化生产流程。虚拟现实（VR）和增强现实（AR）技术有利于制造业的创新和升级。同时，各级政府将继续加大对数字制造的支持力度，推动产业升级和转型。总体而言，我国数字制造将成为制造业高质量发展的重要驱动力，为经济发展注入新的活力。

（一）数字制造支持政策将从面上引导向细化执行落实

2021 年以来，国家有关部门相继出台了《"十四五"信息化和工业化深度融合发展规划》《"十四五"智能制造发展规划》《制造业质量管理数字化实施指南（试行）》等政策和规划文件，对引导数字制造发展和制造业数字化转型提供了有力的政策保障。近中期来看，国家将保持对数字制造的政策支持力度。而随着"十四五"规划编制和宏观政策出台告一段落，同时制造业企业转型发展进入深水区，预计相关行业主管部门和各级地方政府会主导"十四五"中后期的数字制造政策供给，陆续出台细化的配套政策和支持措施。例如，山东省政府于 2022 年 10 月发布了《山东省制造业数字化转型行动方案（2022—2025 年）》，通过实施"一软、一硬、一网、一云、一平台、一安全、一融合"七大支撑行动，推动全省制造模式的深层次变革。这种上下联动、行业和区域联动的政策供给机制为企业提供了稳定预期和政策实惠，有利于企业加大数字制造投资力度、有效利用政策杠杆作用以及加快自身数字化转型步伐。

（二）智能工厂建设将体现新一代信息技术群的融合应用特征

制造业企业正不断提升以云计算、大数据、物联网和移动互联网（简称"云大物移"）等技术群为代表的新一代信息技术的应用能力，加快传统工厂的生产制造全过程数字化改造，以及按照数字制造要求新建智能工厂。无论是改造还是新建，单项技术的作用范围毕竟有限，企业必须根据自身生产模式需求进行多种技术的叠加应用，逐步实现数字制造所要求的动态感知、互联互通、数据集成和智能管控。因此，智能制造单元、智能产线和智能车间势必将体现技术融合应用新特征。例如，建设智能工厂"大脑"需要云计算、大数据、工业互联网等技术的融合，发展智能制造（IM）、柔性制造（FM）和敏捷制造（AM）则需要制造机器人、物联网、第五代移动通信（5G）技术等 IT 和 OT 的融合应用。技术群集成融合趋势已形成，一方面要求制造业企业深入理解技术与业务的结合点，提出明确有效的技术集成需求；另一方面要求传统的工厂软件、硬件等垂直供应商响应客户个性化集成的定制需求，转变为系统集成商、平台供应商，提供包括数据、技术、流程和组织等在内的智能工厂系统性解决方案。

（三）基于数字孪生体的制造技术将成为数字制造领域发展的重点

数字孪生体是基于物联网传感器所获真实世界对象数据创建的实时、精确的数字空间副本。对于制造业企业来说，数字映射的对象可能是生产设备、产品、人员、流程、供应链甚至一套完整的业务生态系统。基于数字孪生体的制造技术正应用到研发、生产、质量管理、供应链管理和预测性维护等制造业全要素、全流程，日益成为数字制造领域的新热点和重点。在研发设计环节，数字孪生可以帮助企业构建产品虚拟原型，并且快速进行模型测试和仿真验证，通过数字化迭代来节省开发时间和成本。在生产制造环节，数字孪生可映射实际生产过程的性能指标，通过模型分析进行流程优化。在质量管理环节，数字孪生可对生产过程进行建模，确定质量损失发生位置，智能分析质量改进方案。在供应链管理环节，数字孪生可用来跟踪和分析供

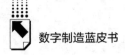

应链关键绩效指标。在预测性维护环节，数字孪生可识别设备状态变化，在严重问题发生之前进行预防性维修或维护。但是我们也要看到，我国发展数字孪生制造还面临诸多难点，比如生产过程中的大部分老旧设备较难采集数据、数据协议和标准难统一、高级建模工具和新型能力待普及等。产业界和学界等各方力量需要加强协作、合力攻关。

（四）数字制造的转型过程和最终目标均会更加以人为本

有别于"机器换人"等传统转型思路，数字制造将更加专注于基于敏捷响应不确定性的价值创造，将人置于转型过程和目的的核心。首先，数字制造企业仍应以客户为中心，对市场和客户需求变化保持敏捷响应，主动创造企业内外互联互通的协作架构和智能驱动的工作模式，从满足客户需求的智能化生产供给到牵引和支撑客户需求的智能化生产决策，实现更加融合的智能化产业生态。其次，数字制造企业必须培育和依靠复合型的转型领导者。技术越先进，对人的素质要求就越高。要实现数据驱动的生产经营活动，企业必须对运营数据进行跨部门、跨层级和跨学科等的共享和集成，从而需要更高效的协作、沟通和综合分析决策能力，因此企业必须高度重视数字化领导力的培养。最后，数字制造转型过程是对员工的数字能力赋能和数字素养的提升过程。数字制造的敏捷和柔性不仅来自软硬件基础设施，而且来自能够熟练应用和驾驭数字制造工具的一线员工。同时，数据驱动的智能制造运行的内在规律要求数据更加开放和民主化，企业必须考虑一线员工的数据可得性、易得性和数据处理工具的丰富性，全面提升人的数字素养和培育企业数字文化，进而通过人的联结和对人赋能建设数字企业。

参考文献

［1］艾瑞咨询：《中国制造业数字化转型研究报告（2022）》，2022。

［2］点亮智库：《国有企业数字化转型发展指数与方法路径白皮书（2021）》，中

关村信息技术和实体经济融合发展联盟、中国企业联合会，2021。

［3］点亮智库、中信联：《企业数字化转型成熟度发展报告（2022）》，北京国信数字化转型技术研究院、中关村信息技术和实体经济融合发展联盟，2023。

［4］点亮智库·中信联数字化转型百问联合工作组：《数字航图——数字化转型百问（第二辑）》，电子工业出版社，2023。

［5］点亮智库·中信联数字化转型百问联合工作组：《数字化转型百问（第一辑）》，清华大学出版社，2021。

［6］国家市场监督管理总局、国家标准化管理委员会：《信息化和工业化融合　数字化转型　价值效益参考模型》，2022。

［7］中关村信息技术和实体经济融合发展联盟：《数字化转型　参考架构》，2021。

［8］中关村信息技术和实体经济融合发展联盟：《数字化转型　成熟度模型》，2023。

［9］中关村信息技术和实体经济融合发展联盟：《数字化转型　新型能力体系建设指南》，2020。

［10］周剑、陈杰、邱君降：《数字化转型的核心路径是数字能力建设》，《北京石油管理干部学院学报》2021年第6期。

［11］周剑等：《数字化转型　架构与方法》，清华大学出版社，2020。

分 报 告
Sub-Reports

B.2
中国数字制造政策分析

陈 希 杨丽佳 高雅琳 苏 趁*

摘 要: 制造业数字化转型既是数字经济的主战场,也是加快推进新型工业化的必由之路。日益复杂多变的全球政治经济发展环境和加速兴起的以新一代信息技术引领的新一轮科技革命和产业变革推动全球从工业经济向数字经济加速迈进。近年来,中央和各级政府出台一系列政策举措,大力推动产业数字化和数字产业化,高效重构制造业的创新体系、生产方式、产业形态、体系机制,加速制造业高质量发展。

* 陈希,中关村信息技术和实体经济融合发展联盟副秘书长,高级工程师,主要研究方向为两化融合、数字化转型等,先后参与国家两化融合、数字化转型相关政策制定、标准研制和产业应用推广等工作;杨丽佳,中关村信息技术和实体经济融合发展联盟合作部主任,主要研究方向为数字化转型,参与数字化人才培养、相关标准研制、推广工作;高雅琳,中关村信息技术和实体经济融合发展联盟合作部高级经理,主要研究方向为两化融合、数字化转型等;苏趁,中关村信息技术和实体经济融合发展联盟合作部经理,主要研究方向为数字化转型等。

关键词： 数字制造　新一代信息技术　数字化转型政策

　　制造业是实体经济的基石，其数字化进程关乎国民经济的长期、稳定和绿色可持续发展。当前，世界正经历百年未有之大变局，全球政治经济博弈愈发激烈，国际经贸摩擦形势严峻，国际供应链格局加速重构，经济逆全球化趋势日益加剧。严峻复杂和充满不确定性的外部环境使国内产业面临巨大风险，产业链的安全性和稳定性面临挑战。与此同时，数字经济时代产业发展模式正在发生深刻变革，以跨界融合、协同联合、包容聚合为特征的数字化创新持续驱动技术创新和产业变革。在此背景下，制造业数字化转型的共识日益凝聚、需求日益迫切。为此，我国充分发挥政策引导作用，以政府为引导、以企业为主导、以市场为导向，制造业数字化转型步伐日益加快、应用日益丰富、效果日益显现。

一　中国数字制造政策的体系

　　我国是全球公认的制造业大国，但"大而不强、全而不优"的问题仍然突出，制造业高质量发展任重道远。习近平总书记对推动产业数字化、做好信息化和工业化深度融合工作高度重视，做出一系列重要论述，强调要推动产业数字化，利用互联网新技术、新应用对传统产业进行全方位、全角度、全链条的改造，提高全要素生产率，释放数字对经济发展的放大、叠加、倍增作用。2020年6月30日，中央全面深化改革委员会第十四次会议再次强调"加快推进新一代信息技术和制造业融合发展，要顺应新一轮科技革命和产业变革趋势，以供给侧结构性改革为主线，以智能制造为主攻方向，加快工业互联网创新发展，加快制造业生产方式和企业形态根本性变革"，为新时期产业数字化转型指明了方向、提供了遵循。我们可以看到，随着新一代信息技术迅猛发展，我国在数字制造领域的政策布局提速。

　　在国家层面，2015年，政府明确提出提高制造业创新能力、推进两化融合、主攻智能制造，随后发布的《国务院关于积极推进"互联网+"行动的指导意见》既肯定了新一代信息技术对推动制造业高质量发展的重要作用，也成为推动制造业高质量发展、打造经济新常态下经济发展新引擎的战略决策。此后，国家先后出台《国务院关于深化制造业与互联网融合发展的指导意见》《国务院关于深化"互联网+先进制造业"发展工业互联网的指导意见》《关于深化新一代信息技术与制造业融合发展的指导意见》等系列文件，并在国家"十四五"规划中专辟第五篇论述"以数字化转型整体驱动生产方式、生活方式和治理方式变革"。

在部委层面，工信部先后发布《信息化和工业化深度融合专项行动计划（2013—2018 年）》《工业和信息化部关于贯彻落实〈国务院关于积极推进"互联网+"行动的指导意见〉的行动计划（2015—2018 年）》《信息化和工业化融合发展规划（2016—2020 年）》《"十四五"信息化和工业化深度融合发展规划》《制造业数字化转型行动计划》等文件，并围绕大数据、人工智能等新一代信息技术产业，以及汽车、钢铁等重点行业制定五年规划和行动计划进行专项部署。同时，根据大中小企业的不同特征，相关主管部门分别出台了有针对性的产业政策，面向央企国企，国务院国资委出台《关于加快推进国有企业数字化转型工作的通知》，充分发挥国有经济的战略支撑作用，加快推进数字化转型，为产业数字化赋能，为数字产业化注智；面向中小企业，国家发改委联合中央网络安全和信息化委员会（简称"中央网信办"）印发《关于推进"上云用数赋智"行动培育新经济发展实施方案》，工信部会同相关部委出台《中小企业数字化水平评测指标》《中小企业数字化转型指南》等系列综合性政策文件，引导中小企业加快转型步伐。

各级政府部门根据国家在数字制造领域的顶层设计，结合各地方产业特点出台更有针对性的产业政策。如江苏省发布《江苏省制造业智能化改造和数字化转型三年行动计划（2022—2024 年）》，将智能化改造和数字化转型作为推动江苏省制造业高质量发展的重要工作抓手。我们可以看到，随着国务院、相关部委以及各级政府陆续出台各类产业政策，数字制造的政策体系日臻完善（见表1）。

表 1　中国数字制造政策主要文件

序号	发布时间	文件名称	文件要点
国家			
1	2015 年	《国务院关于积极推进"互联网+"行动的指导意见》	加快推动互联网与各领域深入融合和创新发展，充分发挥"互联网+"对稳增长、促改革、调结构、惠民生、防风险的重要作用
2	2016 年	《国务院关于深化制造业与互联网融合发展的指导意见》	部署深化制造业与互联网融合发展，协同推进"互联网+"行动，加快制造强国建设
3	2017 年	《国务院关于深化"互联网+先进制造业"发展工业互联网的指导意见》	深化供给侧结构性改革，深入推进"互联网+先进制造业"，规范和指导我国工业互联网发展
4	2020 年	《关于深化新一代信息技术与制造业融合发展的指导意见》	将新一代信息技术，与制造业进行融合发展，加强对制造业全要素、全流程、全产业链的管理和改造，提升制造业的数字化、网络化和智能化水平，可以带动制造业高质量发展
5	2021 年	《中华人民共和国国民经济和社会发展第十四个五年规划和 2035 年远景目标纲要》	充分发挥海量数据和丰富应用场景优势，促进数字技术与实体经济深度融合，赋能传统产业转型升级，催生新产业、新业态、新模式，壮大经济发展新引擎
部委			
1	2013 年	工信部发布的《信息化和工业化深度融合专项行动计划（2013—2018 年）》	推动信息化和工业化深度融合，以信息化带动工业化，以工业化促进信息化，破解当前发展瓶颈，实现工业转型升级
2	2015 年	工信部发布的《工业和信息化部关于贯彻落实〈国务院关于积极推进"互联网+"行动的指导意见〉的行动计划（2015—2018 年）》	推动互联网与制造业融合，提升制造业数字化、网络化、智能化水平，加强产业链协作，发展基于互联网的协同制造新模式。在重点领域推进智能制造、大规模个性化定制、网络化协同制造和服务型制造，打造一批网络化协同制造公共服务平台，加快形成制造业网络化产业生态体系
3	2016 年	工信部发布的《信息化和工业化融合发展规划（2016—2020 年）》	全面部署"十三五"时期信息化和工业化融合发展工作，推动制造业转型升级，加快制造强国建设

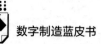
数字制造蓝皮书

续表

序号	发布时间	文件名称	文件要点
4	2018 年	工信部发布的《工业互联网发展行动计划（2018—2020年)》	到 2020 年底我国将实现"初步建成工业互联网基础设施和产业体系"的发展目标，具体包括建成 5 个左右标识解析国家顶级节点、遴选 10 个左右跨行业和跨领域平台、推动 30 万家以上工业企业上云、培育超过 30 万个工业 App 等内容
5	2021 年	工信部发布的《"十四五"信息化和工业化深度融合发展规划》	部署"十四五"时期两化深度融合发展工作重点，加速制造业数字化转型，持续做好两化深度融合工作
6	2021 年	工信部发布的《工业互联网创新发展行动计划（2021—2023 年)》	确立了未来三年我国工业互联网发展目标。到 2023 年，新型基础设施进一步完善，融合应用成效进一步彰显，技术创新能力进一步提升，产业发展生态进一步健全，安全保障能力进一步增强。工业互联网新型基础设施建设量质并进，新模式、新业态大范围推广，产业综合实力显著提升
7	2021 年	工信部发布的《制造业数字化转型行动计划》	制定行业数字化转型路线图，面向原材料、消费品、安全生产等重点行业领域，培育一批平台和解决方案
8	2020 年	国家发改委、中央网信办发布的《关于推进"上云用数赋智"行动培育新经济发展实施方案》	大力培育数字经济新业态，深入推进企业数字化转型，打造数据供应链，以数据流引领物资流、人才流、技术流、资金流，形成产业链上下游和跨行业融合的数字化生态体系，构建设备数字化—生产线数字化—车间数字化—工厂数字化—企业数字化—产业链数字化—数字化生态的典型范式
9	2021 年	国务院国资委发布的《关于加快推进国有企业数字化转型工作的通知》	通过推进产品创新数字化、生产运营智能化、用户服务敏捷化、产业体系生态化，加快推进产业数字化创新，进一步夯实国有企业数字化转型基础，推动国有企业实现高质量发展
10	2022 年	工信部发布的《中小企业数字化水平评测指标》《中小企业数字化转型指南》	两份文件支持中小企业从数字化基础、经营、管理、成效四个维度进行综合评估，并从增强企业转型能力、提升转型供给水平、加大转型政策支持三方面提出 14 条具体举措，引导中小企业开展数字化转型

资料来源：笔者自制。

　　从出台的相关政策来看，我国数字制造政策体系主要从产业数字化和数字产业化两条主线进行布局。

　　一是产业数字化。我国通过全面推进新一代信息技术与制造业全要素、全产业链、全价值链的深度融合，提高全要素生产率，加速制造业迈向全球价值链的中高端。我国出台的关于产业关键共性技术、国家战略性新兴产业规划、制造业三年行动计划以及加快培育发展制造业优质企业等文件都在强调结合数字化意识、方法和手段加速制造业高质量发展。

　　二是数字产业化。我国通过深度应用新一代信息技术，培育壮大数字产业。数字产业化是将数字化的知识和信息转化为生产要素，通过信息技术创新和管理创新、商业模式创新融合，不断催生新产业、新业态、新模式，最终形成数字产业链和产业集群。我国结合新一代信息技术的快速演进和扩散渗透的特点，先后在物联网、大数据、云计算、人工智能、5G等领域出台专项规划和配套政策，通过引导新一代信息技术产业快速发展与加速信息产业本身的产业结构与形态创新，以及推动其广泛应用于所有制造领域，改变传统产业结构，并且通过不同产业领域之间的融合碰撞不断催生新模式和新业态。

二　中国数字制造政策的关键领域

　　围绕推进制造强国建设，我国从国家战略高度重视两化融合、智能制造、工业互联网、数字化转型等关键领域。我国基于不同时代涌现的新技术，结合制造业不同发展阶段的重点任务形成了具体要求，以新一代信息技术渗透融合制造业各环节、各领域，引领企业内外协同、产业融合和跨界创新，通过人机物全面互联，实现资源和能力的社会化动态共享，提升全要素生产率，推动创新体系、生产方式、产业形态等产生颠覆式重构，加快推进中国特色新型工业化。

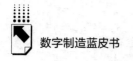

（一）两化融合：明确制造业融合发展路径

信息化和工业化融合是结合中国国情、顺应变革趋势的一项长期性战略部署，也是抢占新一轮产业竞争制高点、推动我国制造业实现由大到强的历史性跨越的必然选择。不同于西方发达国家走的一条先工业化后信息化的发展道路，我国在工业化还没有完成的情况下迎来了信息化的发展浪潮。党的十五大首次写入了信息化并将其作为国家战略；党的十六大提出"以信息化带动工业化、以工业化促进信息化，走新型工业化的道路"；党的十七大正式提出了两化融合；党的十八大又进一步强调两化深度融合；党的十九大进一步明确"推动互联网、大数据、人工智能和实体经济深度融合"，反映出我国对信息化与工业化关系的认识进一步深化，抓住了信息化与工业化相互发展、紧密依存的逻辑本质，强调信息化带动传统产业的发展，以新一代信息技术引领、带动制造业融合发展的转型路径日渐明晰。本质上，两化融合描述的是两个历史进程在当下时代的交织，是制造业高质量发展的长期路径。

两化融合工作是一项系统工程，涉及面广、任务艰巨，政府需要引导全社会共同参与。2009 年以来，我国围绕系统推进两化融合，不断加强顶层设计，对两化融合的政策举措、标准体系、方法工具等进行系统化创新，以政策为引导、以标准为引领、以企业为主体、以市场为主导，深入推进两化融合评估、两化融合管理体系贯标、制造业与互联网融合发展等一系列重要工作，两化融合驶入了快速发展轨道。2013 年出台的《信息化和工业化深度融合专项行动计划（2013—2018 年）》提出实施八大行动以加快推动融合进程。2015 年，为贯彻落实国家"互联网+"战略部署，《工业和信息化部关于贯彻落实〈国务院关于积极推进"互联网+"行动的指导意见〉的行动计划（2015—2018 年）》部署七项行动进一步深化互联网与制造业融合。2016 年，国务院印发《关于深化制造业与互联网融合发展的指导意见》，加速互联网与制造业融合创新与相互促进，为我国制造业转型升级提供了具体可行的实施路径。我国发布两化融合生态系统和标准体系，十余万家企业开展自评估、自诊断、自对标，数万家企业通过两化融合管理体系打造并提升数字时代的新型能力，培育形成了咨询、评定、培训等第三方市场化服务体系。

（二）智能制造：加速制造模式变革

智能制造的概念始于 20 世纪 80 年代人工智能在制造领域的应用。智能制造研究领域首部专著《制造智能》开创性地提出了智能制造的内涵，并对其发展前景进行了系统描述。随着智能制造技术、智能制造系统概念的提出和普及，尤其是互联网、大数据、人工智能等新一代信息技术广泛应用于制造领域，智能制造被赋予了新内涵、新外延、新目标和新任务。当前，智能制造已贯穿研发设计、生产制造、经营管理、产品服务等制造活动的各个环节，覆盖了工艺、装备、加工单元、生产线、车间、工厂、企业、供应链等全链条的智能化升级。本质上，智能制造对制造全过程进行全面优化和系统变革，提升智能生产运营水平，是新型工业化的主攻方向。

智能制造的概念自提出以来，一直受到众多国家的重视和关注，它们纷纷将智能制造列为国家战略并着力发展。目前，智能制造战略在全球范围内最具影响力的是德国"工业 4.0"战略，其核心就是通过信息物理系统（CPS）实现人力、设备与产品的实时联通、相互识别和有效交流，构建一个高度灵活的个性化和数字化的智能制造模式。我国发布《国家智能制造标准体系建设指南（2015 年版）》，提出要建立涵盖五大类关键技术标准、五大类基础共性标准和十大重点行业应用标准的国家智能制造标准体系。2016 年，智能制造的顶层设计日臻完善，我国发布了《智能制造发展规划（2016—2020 年）》和《智能制造工程实施指南（2016—2020 年）》等文件，对智能制造的支持力度进一步加大。2021 年，《"十四五"智能制造发展规划》明确了未来 15 年智能制造发展的总体路径。我国基于智能制造成熟度国家标准，建立了涵盖人才培训、企业自诊断、专家现场评估的综合服务体系，已为数万家企业提供了智能制造自诊断服务，帮助企业系统摸清智能制造发展水平，指明下一步发展方向。

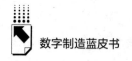

（三）工业互联网：产业合作体系变革

通用电气（GE）是工业互联网概念的提出者、工业互联网平台 Predix 的建设者和美国工业互联网联盟（IIC）的发起者。2012 年，GE 发布了首份工业互联网白皮书，提出了工业互联网的基本概念和核心要素，描绘了未来制造业的新型业态，绘制了波澜壮阔的市场前景。本质上，工业互联网不仅是技术层面的"网"，而且是推动工业技术体系变革、带动产业转型升级、支撑社会经济全面发展的新型基础设施，将持续引领企业内外协同、产业融合和跨界创新，通过人机物全面互联，实现资源和能力的社会化动态共享，提升全要素生产率，推动创新体系、生产方式、产业形态等产生颠覆式重构。

工业互联网迅速在全球掀起浪潮。2014 年，在美国政府提出"再工业化战略"的推动下，制造业与 IT 巨头抱团成立了工业互联网联盟，并基于该联盟开展系列标准研制和应用推广；德国先后在工业 4.0 战略、国家工业战略 2030 等发展战略中，将利用互联网等信息技术"自下而上"改造制造业作为制造业高质量发展的重要策略，西门子等领先企业积极推动工业互联网布局。2017 年，《国务院关于深化"互联网＋先进制造业"发展工业互联网的指导意见》成为我国发展工业互联网的纲领性文件。习近平总书记连续四年对工业互联网发展做出重要指示。连续三年的《政府工作报告》对工业互联网做出明确工作部署，工业互联网被推向了国家战略高度。

2018 年和 2021 年，工信部先后发布《工业互联网发展行动计划（2018—2020 年）》和《工业互联网创新发展行动计划（2021—2023 年）》，系统部署工业互联网建设路径，并明确重点从网络、平台、安全三个领域协同推进。网络是工业互联网的基础。对于网络领域，我国出台《"双千兆"网络协同发展行动计划（2021—2023 年）》《工业和信息化部关于推动 5G 加快发展的通知》等文件，重点推动制造业企业内外网改造升级和标识解析体系建设。平台是工业互联网的核心。对于工业互联网平台，我国从"供给侧"和"需求侧"两端发力，发布《工业互联网平台建设及推广指南》《工业互联网平台评价方法》《工业互联网 APP 培育工程实施方案（2018—2020 年）》《推动企业上云实施指南（2018—2020 年）》等文件，聚焦融合重点，通过搭建不同层级平台、开展平台试验测试、引导企业上云、培育工业 App 等方式，打造多层次的工业互联网平台发展体系。安全是工业互联网的保障。为保障工业互联网安全，我国强化设备、网络、控制、应用和数据的安全保障能力，通过《工业和信息化部等十六部门关于促进数据安全产业发展的指导意见》《十部门关于印发加强工业互联网安全工作的指导意见的通知》等，打造安全"防火墙"。工业互联网平台是工业互联网的中枢和操作系统。自 2019 年起，我国持续推动工业互联网平台建设，重点遴选培育跨行业、跨领域（简称"双跨"）国家级工业互联网平台，并积极支持建设行业级和企业级工业互联网平台。截至 2022 年底，全国共有 39 个"双跨"平台，以及超过 70 个具有一定影响力的工业互联网平台，连接设备总数超过 4000 万台（套），工业 App 总数超过 35 万个，基本形成"建平台"与"用平台"互促共进、双向迭代的良性循环。

（四）数字化转型：挖掘数据价值

2020 年，新冠疫情加速了国际经济格局的转变，大国博弈加剧，多边体制面临危机，全球贸易投资环境更趋复杂，不确定性成为未来产业和经济发展的新常态，数字化发展已成为各国重塑未来竞争优势、抢占竞争新制高点的共同选择。数字化转型正加速推动产业从量的积累、点的突破逐步转为质的飞跃和系统能力的提升，成为加快新旧动能接续转换的重要驱动力。

2020 年 6 月 30 日，中央全面深化改革委员会第十四次会议审议通过了《关于深化新一代信息技术与制造业融合发展的指导意见》，明确要加快推进新一代信息技术和制造业融合发展，夯实融合发展的基础支撑，健全法律法规，提升制造业数字化、网络化、智能化发展水平。2021 年，工信部发布《制造业数字化转型行动计划》，确定行业数字化转型路线图。

数据作为继土地、劳动力、资本、技术以后的新型生产要素，是数字化转型的关键创新驱动力，能够打破土地、资本等传统生产要素有限供给对经

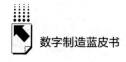
济增长推动作用的制约，突破地域、组织、技术边界，优化要素市场化配置体制机制，加速构建产业新体系，实现新价值的创造。近年来，我国围绕数据要素市场建设、数据要素价值释放提出一系列重要论断、做出一系列战略部署，进一步增强我国数据产业发展动能。2022 年 12 月，《中共中央国务院关于构建数据基础制度更好发挥数据要素作用的意见》系统性地布局数据基础制度体系的"四梁八柱"，加速了数据流通交易和数据要素市场发展。2021 年，工信部出台《"十四五"大数据产业发展规划》，明确了大数据产业发展路径。

三 中国数字制造政策的着力点

（一）需求侧：强调大中小企业融通发展

企业既是产业发展的中坚力量，也是新技术、新产品的试验者与新市场、新产业的开拓者。近年来，我国政府针对管理能力提升、新模式、新业态培育，中小企业数字化转型等出台相关支持政策，有效激发了企业的创新活力、发展潜力和转型动力。

1.管理能力提升

在以"云大物移"为代表的新一代信息技术与制造业加速渗透融合进程中，社会各界更加深刻地认识到新一代信息技术给企业发展带来的变革是全方位的，数字经济时代的企业发展问题不仅是新一代信息技术渗透融合的问题，而且是一个优化和创新企业战略、组织、流程、业务模式的管理问题。面对这一挑战，传统工业时代的管理方法已经难以满足信息时代企业通过信息技术应用显著提升整体竞争能力的要求。企业迫切需要一套符合数字经济时代发展规律的系统性管理方法论，通过技术创新与管理变革"双轮驱动"，利用新一代信息技术充分激活企业中的人、组织、资源等要素，重塑企业管理机制、生产方式和服务模式。

为此，我国在充分吸收数字经济时代制造业发展的新理念、新要素、新规律基础上，结合几十年来企业信息化发展历程中积累的技术应用成果和管理创新经验，提出了一套用于引导企业系统推进两化融合、加快数字化转型的管理方法论——两化融合管理体系，引导企业通过贯标建立起一套适应互联网时代发展的长效机制，牢牢把握住建设新型能力这一主线，将技术进步、组织变革、流程优化和数据利用有效转化成企业的新型能力，不断获取差异化的可持续竞争优势。为加快推动该体系应用推广，2013 年出台的《信息化和工业化深度融合专项行动计划（2013—2018 年）》把两化融合管理体系贯标当作首项行动；2017 年，工业和信息化部、国务院国资委出台《关于深入推进信息化和工业化融合管理体系的指导意见》，系统布局两化融合管理的体系建设、标准研制、产业应用、服务体系和平台建设等各项工作。目前来看，两化融合管理体系贯标在企业战略转型、管理优化、技术融合、数据应用和核心竞争力提升方面成效日益彰显。贯标达标企业在研发设计、生产制造和产品服务等方面的水平显著提升，这类企业成为全面推动我国产业转型升级的重要力量之一。

2. 新模式、新业态培育

在当前各国间的产业竞争进入存量博弈的大环境下，企业面对的产品和服务需求日益呈现差异化、多元化趋势，这大幅增加了研发设计、生产制造、产品服务等过程的不确定性、多样性和复杂性，规模化、标准化、预制化的传统生产方式已无法满足用户日益增长的个性化需求。互联网、大数据、云计算等新一代信息技术发展，为企业提供了转变生产方式的机会。在新一代信息技术的条件下，制造业企业、服务平台、用户和产品等信息的互联互通，让企业实现与用户的深度交互、生产资源的快速重组，加速生产方式从"推式"向"拉式"转变。

近年来，我国政府聚焦网络化协同研发、个性化定制、服务型制造和智能生产运营等新模式、新业态，研制各类新模式、新业态的专项行动指南和指导意见，明确各类新模式、新业态培育的实施路径、架构方法、关键要素、重点任务和具体措施，支持和鼓励龙头企业充分运用新一代信息技术开展模式创新和业态培育，在提质、降本、增效的同时引导企业向服务端延伸

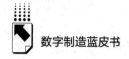

并培育新业态，不断增强数字经济时代下的可持续竞争能力。为支持服务型制造，2016 年，我国出台《发展服务型制造专项行动指南》，它成为推动服务型制造发展的指导性文件。2020 年，工信部等 15 个部门联合印发《关于进一步促进服务型制造发展的指导意见》，勾勒了服务型制造的发展路径和目标远景，为我国制造业企业转型升级提供了方向指引。自 2016 年以来，我国分四批组织开展了服务型制造示范遴选，先后有 262 家企业、132 个项目、126 个平台、24 个城市入选。此外，我国持续推动企业"上云上平台"，发布《推动企业上云实施指南（2018—2020 年）》，尤其近年来工业互联网工作的持续推进推动企业加快工业设备联网上云、业务系统云化迁移。为培育新业态，2017 年我国出台了《工业电子商务发展三年行动计划》，打造数字经济新优势。

3. 中小企业数字化转型

中小企业是我国国民经济和社会发展的重要力量，促进中小企业发展是关系科技进步、民生改善和社会稳定的重大战略任务。数字技术的普惠性、融合性、开放性为中小企业乘势突破提供重要契机，是制造业数字化转型不可缺少的关键环节。

2020 年以来，面临复杂多变的国际国内环境，我国中小企业遭受了不同程度的"创伤"，有的甚至生产经营基本停滞或倒闭，数字化成为中小企业"浴火重生"的重要抓手。针对中小企业普遍面临的"不会转、不能转、不敢转"问题，我国出台《中小企业数字化赋能专项行动方案》、启动"数字化转型伙伴行动（2020）"，并通过设立"专精特新""小巨人""单项冠军"等，对不同阶段的中小企业分业施策。

（二）供给侧：提升服务能力

制造业数字化转型涉及需求端的企业。服务能力高低是制造业数字化转型顺利推进的重要因素。目前，数字化转型的最大特点是企业先动起来，高度重视数字化转型，将其视为可持续发展的重要工作抓手，从上到下整体推动转型工作，但在具体实施过程中，企业往往需要能够提供集战略咨询、架构设计、实施方案、关键装备、核心软件、数据集成、流程优化、运营评估于一体的系统性解决方案。目前，市场上的服务商提供的解决方案要么只关注技术先进性，缺少企业转型的整体视角；要么是通用型解决方案，无法满足企业专业化和个性化需求。与此同时，相关解决方案缺乏统一架构方法和标准规范，导致各类服务商质量参差不齐，特别对于中小企业而言，这些解决方案的选择难度大、试错成本高。我们可以看到，技术创新和服务能力供给不足已成为制约企业数字化转型的关键桎梏。

为此，有关行业主管部门充分发挥政策引导作用，围绕关键核心技术，对于制约制造业转型升级和创新发展的关键技术领域，以行业龙头企业为依托，以应用场景为牵引，通过建立协同创新联合体等方式，联合解决方案提供服务商开展多维度、深层次合作与技术攻关，提升自主创新水平。有关行业主管部门还围绕行业共性服务能力，结合数字制造发展的重大需求和共性问题，充分发挥政策引导作用，依托各级技术创新中心、制造业创新中心等新型研发载体，通过"挂图作战""揭榜挂帅"等方式，重点关注数字制造领域关键核心环节，如工业软件、生产装备等的研发。此外，有关行业主管部门围绕区域整体服务能力提升，通过服务入驻、平台对接、资源共享等多种方式汇聚解决方案提供服务商、系统集成商等，以产业链协同为牵引，推动技术、经验、原理等知识的模块化和软件化，建立行业共性知识库、方法库、工具库、案例库，推动资源和能力的在线共享和优化配置，形成基于价值导向、应用牵引的产业合作模式和实施路径。

（三）服务侧：提升第三方服务能力

综观美国工业互联网、德国工业4.0等国家战略的制定和推广，我们发现，相关国家均通过整合专业资源，建立专家团队、服务团队等，为数字制造开展专题咨询、技术支持等全方位支撑，可以说，第三方服务已成为推动世界各国战略落地的重要手段。服务机构凭借其市场化的管理和运行机制、

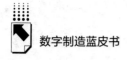

专业化的研发和服务体系，在政府、企业、科研院所等主体之间起到了桥梁和纽带作用，帮助政府、企业和地区有效解决"怎么干""怎么干好"的问题，而不仅是解决"干什么"的问题，真正"授人以渔"，而不是"授人以鱼"，已成为新时期加速技术创新、提升创新能力的重要载体。

咨询服务是我国改革开放以来出现的新兴产业和学科，在第三产业中的地位虽重要但一直相对薄弱。国内第三方服务机构由于缺乏长期知识沉淀和积累，普遍存在机构规模小、服务能力弱、创新水平低的问题，在为企业提供第三方服务时，多偏向于以向企业销售现成的产品和服务，或核算服务人员工作量的方式为企业提供咨询服务，在专业水平和为客户创造价值等方面与国际知识咨询服务机构差距较大。近年来，江苏省、安徽省、内蒙古自治区等地方工信主管部门先后推动"智改数转"工作，企业、第三方服务机构和服务商以诊断为抓手（企业通过诊断找差距、第三方服务机构通过诊断练队伍、服务商通过诊断送服务），相关地方工信主管部门打通"企业—第三方服务机构—服务商"服务链条，在促进企业数字化转型的同时，也全面提升了第三方服务能力。

四　中国数字制造政策的特点

数字制造需要系统部署和持续推进。随着技术的演进和形势的变化，近年来，我国把握融合发展大趋势，持续推动互联网、大数据、人工智能等新一代信息技术与制造业深度融合，通过规划、制定政策和标准等方式，逐步构建起有利于融合发展的政策体系，形成工作推进路径，有力支撑了制造强国和网络强国建设。

（一）强化顶层设计

我国通过"系统思维、全局观念、总分结合"，逐步制定涵盖从中长期纲要和指导意见、五年发展规划、三年行动计划到年度实施方案的一揽子支持产业发展的政策文件。从时间上看，系列文件的出台保证了政策的连贯性，推动了制造业可持续发展；从空间上看，我国将新一代信息技术和制造业融合作为"一盘棋"通盘考虑，在积极引导企业通过新一代信息技术加速转型盘活存量市场的同时，通过支持新模式、新业态发展积极创造和培育增量市场。

（二）做好政策协同

我国通过"部委协作、央地协同"，加强国家相关部门之间的协作和联动，以及加强中央和地方政府的政策协同，形成了协调联动的政策推进合力，如两化融合管理体系。在国家层面，《"十四五"国家信息化规划》《"十四五"信息化和工业化深度融合发展规划》提出打造两化融合管理体系升级版贯标、开展企业数字能力提升优先行动、健全标准应用推广的市场化服务体系等总体工作要求，《关于深入推进信息化和工业化融合管理体系的指导意见》对中央企业贯标工作进行部署；在地方层面，31个省（区、市）累计出台支持政策超过1000项，特别是进入"十四五"以来，江苏、河南、天津、山东、四川、重庆、上海、安徽、内蒙古、江西、湖南、湖北、云南、广东、陕西、山西、辽宁、河北等省（区、市）政策持续发力，引导企业通过升级版贯标推进数字化转型；在市县层面，以苏州、无锡、郑州、许昌、济南、临沂、成都、绵阳以及天津滨海新区和武清区等为代表的一批市、区级地方政府高度重视贯标工作，加强政策引导和资金支持，大力推进贯标试点示范等工作。

（三）注重标准牵引

标准是连接政策和产业的纽带，在支撑凝聚共识、科学施策、构建生态等方面发挥举足轻重的作用。当前，各国都将标准化作为加快推动数字化转型的战略手段。从标准化推进工业化发展实践来看，标准化大大推动了工业化的进程，使生产力空前提高、商品极大丰富、国际贸易迅速增长，促进形成全球经济和产业体系。我国在推动数字制造的过程中，以标准的形式将两化融合、智能制造、工业互联网、数字化转型等制造业不同发展阶段政策引

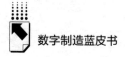

导的重点和方向传导给产业各类主体，通过大范围贯标推广，扩大政策的普及范围和大幅提升政策落地的整体成效。我国围绕这套体系的研制与应用推广系统布局工作建设、标准研制、产业应用、服务体系及平台建设等各项工作，形成以标准引领制造业融合发展以及加快产业转型升级和创新发展的新路子。

（四）加强示范引领

我国利用"点、线、面"三位一体，通过"专项牵引、典型带动"的工作推进体系促进数字制造政策落地。我国以企业为点、以行业为线、以区域为面，构建试点探索模式和路径，树立典范发挥引导带动作用，在探索初期主要通过专项工程、专项资金或支持政策的引导撬动作用，对市场失灵部分做出前瞻性布局，为后续市场启动和产业探索提供基本方向和建设重点。随着政策的不断普及，社会共识和工作氛围逐步形成，我国以市场为主体，结合自身痛点和需求，充分借助社会力量推动制造业领域数字化转型。特别对于典范的遴选和推广，我国通过"分级分类遴选确定典范，体系化解构典范做法成效，多维度推广典范成果"的方式，全维度打造"立体典范"。

（五）完善服务生态

我国充分发挥市场作用，以产业联盟为载体构建产业生态，推动"政、产、学、研、用、金"协同发展，一方面将政策引导方向和应用实际有效结合，在促进各方准确洞察产业方向、直观把握政策导向的同时，也将各方在实际应用过程中的痛点、难点、堵点、痒点有效反馈到政策层面，确保政策制定的准确性和有效性，推动产业界实现了对数字制造各类政策从不理解到理解，再到积极推进、创新推进的重要转变，推动制造业数字化转型进入快速发展轨道；另一方面，高度重视产业基础和公共服务建设，通过搭建平台、打造应用环境、培育人才队伍，形成公共服务能力底座。

五　政策体系给数字制造带来的机遇和挑战

政府应该扮演什么角色？这个问题长期以来没有定论。一般意义上，为了让产业更有竞争力、更有创造力、更有活力，实现可持续发展，我们需要让市场发挥更大作用，减少政府的参与。而事实上，在那些创新驱动增长的国家以及那些国家的一些地区（如硅谷），在技术创新、企业孵化、产业升级、业态孕育的过程中，政府不仅是管理者和管控者，还是关键的参与者，甚至是一些新产业的缔造者。新能源汽车行业就是一个很好的例子，如果没有中国政府全力支持技术研发，并通过财政手段大力推广产业应用，中国的新能源汽车行业很难在短期内实现"换道超车"。

中国是世界上工业门类最齐全的国家，但在工业领域知识的沉淀和积累上与发达国家有相当大的差距。与此同时，中国的5G、人工智能、大数据等新一代信息技术的应用创新已接近世界领先水平。中国是世界制造业大国和互联网大国，制造和互联网行业融合发展有着得天独厚的基础优势和很大的价值潜力。为此，在新一轮科技革命和产业变革兴起、国内制造业转型升级和创新发展迫在眉睫的浪潮下，中国政府结合自身产业特点，充分发挥大国大市场优势，针对不同类型产业和微观主体，采用不同的手段来促进其创新活动。基础科研领域尤其是涉及影响未来经济社会发展的颠覆性技术研发领域往往研发投入大、研发周期长、成功率低、客户和市场不明晰，这与风险资本追求低技术复杂性、短周期和高投资回报率的特征相违背。即便在美国，其早期技术投资的20%~25%也来自政府相关项目的支持。相关主管部门充分发挥"引路人"的作用，以重大工程为牵引，通过国家前瞻性投入，创造新的需求市场，培育新兴产业和企业，拓展新的经济增长空间。另外，政府以数据为驱动，引导和支持传统制造业重构价值体系。制造业作为实体经济的主体，通过产业政策引导，加速推进互联网、大数据、人工智能等新一代信息技术对传统制造业进行改造，突破制造业转型升级和创新发展的瓶颈制约，以数据为核心要素加速带动传统制造业各领域的技术流、资金流、

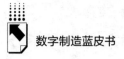

人才流、物资流贯通，提高资源配置效率和全要素生产率，推动中国产业沿着数字化、网络化、智能化方向演进升级。可以说，持续出台的产业政策让社会各界达成了共识、扶持了具有可持续竞争能力的企业、营造了良好的发展环境，为数字制造阶段跃升提供了有力保障。

如果一些行业和企业的发展步伐和路径不能跟随产业政策扶持方向进行调整，这些行业和企业很有可能会失去在未来新发展空间的竞争优势。如绿色可持续发展正在成为推动产业结构调整的强大推动力和倒逼力量。在实现碳达峰和碳中和的"双碳"目标的指引下，新一代信息技术可以帮助制造企业更有效地实现绿色低碳生产，提升能源利用效率，减少环境污染，达到绿色可持续发展的目标。那些高能耗、高排放项目必然在产业政策的推动下，成为被坚决遏制的对象。

参考文献

[1] 点亮智库·中信联数字化转型百问联合工作组：《数字航图——数字化转型百问（第二辑）》，电子工业出版社，2023。

[2] 王建伟主编《工业赋能：深度剖析工业互联网时代的机遇和挑战》，中国工信出版集团、人民邮电出版社，2018。

[3] 周剑等：《数字化转型　架构与方法》，清华大学出版社，2020。

B.3
中国数字制造技术的创新与发展

陈 劲 李振东*

摘 要: 新一轮科技革命与产业革命席卷而来,数字技术赋能制造业转型升级成为世界主要国家竞争角力的战略新焦点。中国自改革开放以来,凭借体制机制优势与"强引领、重创新、活市场"的一系列成功做法,取得了数字制造技术跨越式追赶、全面并跑及部分领域领跑的瞩目成就,这些成就有力地助推了中国经济高质量发展与现代化产业体系建设。本报告通过回溯数字制造技术的创新发展历程、分析当前发展现状、凝练模式特征,发现中国数字制造技术的整体创新能力不够突出、领军企业缺乏、技术标准规范有待统一、人才缺口与数据隐私问题明显等。本报告结合中国新型举国体制、超大规模市场下的有为政府与有效市场优势,提出在数字制造技术创新体系效能提升、基础技术创新突破、创新生态系统培育、人才培育与评价体系构建、创新发展新动能塑造等方面的对策建议。

关键词: 中国数字制造技术 关键核心技术 智能制造

---

* 陈劲,管理学博士,清华大学经济管理学院教授、博士生导师,清华大学技术创新研究中心主任,中国技术经济学会技术管理专业委员会理事长,主要研究方向为科技政策管理、创新管理;李振东,管理学博士,北京邮电大学经济管理学院特聘副研究员,主要研究方向为数字创新管理、科技政策管理。

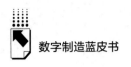
一　引言

制造业是立国之本、兴国之器、强国之基。十三届全国人大四次会议通过的《中华人民共和国国民经济和社会发展第十四个五年规划和 2035 年远景目标纲要》强调，要"深入实施制造强国战略"，并明确提出"坚持自主可控、安全高效，推进产业基础高级化、产业链现代化，保持制造业比重基本稳定，增强制造业竞争优势，推动制造业高质量发展"① 的任务要求。在中国现代化产业体系构建与全球制造业模式发生重大变化的背景下，制造业转型升级必须寻找新的发展机会、抓住制造业转型的新引擎、创造制造业全新的竞争力，将传统制造业逐渐变为高效率、高质量的现代化制造业。

数字浪潮席卷而来，数字技术与制造业深度融合不仅为中国制造业转型升级带来了新的动能，其溢出效应也带动了相关产业的发展，以此推动制造业本身的进一步增长，可见制造业向数字化、智能化转型带来的乘数效应是明显的，这也是中国制造业升级发展的必由之路，最终将进一步带来中国制造业的国际竞争优势。习近平总书记强调："传统制造业是现代化产业体系的基底，要加快数字化转型，推广先进适用技术，着力提升高端化、智能化、绿色化水平。"② 党的二十大报告也指出，坚持把发展经济的着力点放在实体经济上，推进新型工业化，加快建设制造强国、质量强国、航天强国、交通强国、网络强国、数字中国，推动制造业高端化、智能化、绿色化发展。2023 年中共中央、国务院印发《数字中国建设整体布局规划》，用体系化布局的方式进一步明确数字化转型的主攻方向和重要路径。当前，数字技术正在与实体经济更广泛与深度地融合，这为我国制造业高质量、可持续发展提供了重要驱动力。

数字制造既是计算机数字技术、网络信息技术与制造技术不断融合、发

---

① https：//www.gov.cn/xinwen/2021-03/13/content_ 5592681. htm.
② 习近平：《当前经济工作的几个重大问题》，《求是》2023 年第 4 期，http：//www. qstheory. cn/dukan/qs/2023-02/15/c_ 1129362874. htm。

展和应用的结果，也是制造业企业、制造系统和生产系统不断实现数字化的必然结果。数字制造技术是现代先进制造产业等的基础核心技术，也是数字时代开展其他制造技术活动的平台基础。数字制造技术具有响应快、质量高、成本低和柔性好等特点，正成为推动新时代制造业不断迭代发展的主流技术。习近平总书记强调，"加快推进新一代信息技术和制造业融合发展，要顺应新一轮科技革命和产业变革趋势，以供给侧结构性改革为主线，以智能制造为主攻方向，加快工业互联网创新发展，加快制造业生产方式和企业形态根本性变革，夯实融合发展的基础支撑，健全法律法规，提升制造业数字化、网络化、智能化发展水平"①。

二 数字制造技术的内涵、特征与发展方向

（一）数字制造技术的内涵

数字制造技术通过数字化技术、信息技术等与制造业的深度融合，实现制造业企业的产品设计、生产制造、供应链管理、售后服务等各个环节的数字化、自动化和智能化。也可以说，它是在生产线上的物理系统与计算机软件、传感器、网络通信等数字技术相结合的基础上，实现可视化、数据化和自动化的生产技术。数字制造技术不仅直接有利于企业提高生产效率、降低成本、优化生产流程、改进产品质量及加强售后服务等，还极大地提升企业快速响应市场变化的速度，更好地满足客户需求，实现个性化定制和快速交付等方面的绩效。

1. 数字制造技术的构成内涵

从过程视角看，数字制造技术具体包括三个层面：以设计为中心的数字制造技术、以控制为中心的数字制造技术和以管理为中心的数字制造技术。

---

① 栗晓云、夏传信、施建军：《数字技术驱动制造企业高质量发展战略研究——基于三一重工、特斯拉和酷特智能的多案例研究》，《技术经济》2023 年第 5 期。

从技术视角看，数字制造技术具体包括：（1）传感器技术。它指利用传感器采集生产过程中的各种数据，如温度、压力、湿度、光照等数据，并将其转化为计算机能够处理的二进制数据。（2）数据采集与处理技术。它指将传感器采集的数据进行处理，如数据预处理、数据清洗、数据分析等，以便为后续的决策提供支持。（3）云计算技术。它可以对生产过程中的数据进行存储、处理和分析，以提高数据处理效率和可靠性。（4）人工智能技术。它可以对生产过程中的数据进行分析和挖掘，如机器学习、深度学习等，以优化生产过程和提高生产效率。（5）物联网技术。它可以将生产过程中的各种设备、传感器和系统连接起来，实现智能化管理和控制，如设备监控、生产过程控制等。

2. 数字制造技术的功能内涵

首先，数字制造技术是对传统制造业的各个环节——包括产品设计、生产计划、工艺规划、设备控制、质量检测等环节——进行数字化、网络化、智能化改造。其次，数字制造技术能够实现对制造过程的精确模拟、分析和优化，以提高生产效率和质量。再次，数字制造技术涉及人工智能、机器学习和专家系统等技术手段，可以对制造过程进行智能化决策，即通过对大量数据的分析和学习，实现生产过程的管理控制、故障预警和智能决策，以实现制造过程与结果的最优化。从次，数字制造技术是以自动化设备和系统为载体，进而实现对制造全过程的自动化控制与操作。例如，人们利用智能机器人、自动化生产线和无人驾驶设备等，可以实现生产线转移、产品装配和物流运输的自动化，减少人工操作，提高生产效率。最后，数字制造技术以大数据为基础，能够通过对全过程实时数据的收集、存储和分析，实现对制造过程和产品质量的全面监控和管理，并通过对数据的深入挖掘和分析，发现潜在问题、优化空间，从而改善产品质量和工艺效果。

（二）数字制造技术的特征与发展方向

1. 数字制造技术的特征

数字制造技术是当前制造业转型升级的重要驱动力，并通过人工智能、大数据、云计算等领域的技术迭代与融合发展，愈发成为推动中国制造业结构优化、功能升级与竞争力提升的关键要素，也是现代化产业体系基础建设的核心内容，而其本身也表现了智能化、网络化、个性化、绿色化等发展特征。

数字制造技术所表现的第一个发展特征是智能化。数字制造技术包括人工智能、机器学习等技术，使生产设备、机器人等具备了较高的自主决策、学习和适应能力。同时，智能化也让制造工艺变得更灵活，效率更高，生产效率和质量也随之提升。数字制造技术的第二个发展特征是网络化。数字制造技术基于互联网、物联网等通信技术，实现了设备之间、企业之间的信息共享和协同工作。通过建立数字化的供应链和生产系统，企业可以更好地响应市场需求，实现快速交付和定制化生产。[①] 数字制造技术的第三个发展特征就是个性化。数字制造技术充分利用了大数据和云计算等技术，可以根据用户个性化需求进行产品设计和制造，同时可以借助工业互联网和自身制造弹性，更加便捷地进行多样化产品制造，因此企业可以为每位客户提供定制化的产品和服务，提高用户满意度。数字制造技术的第四个发展特征是绿色化。数字制造技术可以通过优化生产过程、降低能耗和资源消耗，实现绿色制造。数字化的监测和管理系统可以对生产过程进行实时监控和优化，减少浪费和损失，同时科学配置资源与优化流程等。

2. 数字制造技术的发展方向

国际环境日趋复杂、地缘政治、贸易摩擦等阻碍全球一体化进程，技术创新合作基础变得薄弱。面向未来，数字制造技术是新形势下各国制造业角力的焦点，也是国际产业格局重塑的决定因素，并且将向智能制造、跨界融合、数据驱动、生态合作与高效能管理等方面持续发力，为制造业的可持续发展和全球产业链的升级提供强大支撑。

第一，智能制造是数字制造技术持续发展的核心目标之一，包括智能工

---

① 宋鹏、曾经纬、孟凡生：《技术需求与智能制造技术创新——数字经济的导向性赋能机制》，《科技进步与对策》2022 年第 39 期。

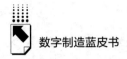

厂、智能机器人、智能化生产流程等。未来，随着人工智能和机器学习等技术的不断发展，智能制造将进一步提高制造过程的灵活性、自动化程度和智能化水平。①

第二，数字制造技术将与其他技术实现更多的跨界融合。数字制造技术需要将传感器、物联网、云计算、虚拟现实、增强现实等多种技术进行整合，以实现生产过程的全面数字化，而跨界融合也将有助于创造更加智能和灵活的制造环境。例如，数据制造技术与虚拟现实和增强现实技术的结合，可以实现远程协作和培训；数据制造技术与区块链技术的结合，可以实现供应链的可追溯和透明化。这些跨界融合将进一步提升数字制造技术的应用效果和用户体验。

第三，大数据驱动决策将为数字制造技术提供更多、更精准的支持。通过实时采集和分析生产过程中的数据，企业可以发现潜在问题和优化机会，做出更明智的决策。未来，数据采集、数据处理分析方法和工具的发展将助力企业优化生产计划、提高产品质量和预测市场需求等，因此数据驱动下的数字制造技术将成为主流。

第四，构建数字生态系统将是数字制造技术持续赋能企业发展的保障。数字生态系统的构建将有助于加速数字制造技术的创新和推广，促进整个制造业的转型升级。在数字生态系统中，基于数字制造实现的数据共享、研发协同和风险共担，将更好地发挥各类创新主体的优势，实现资源和利益的共享。而通过构建智能供应链，数字制造技术将使企业和供应链伙伴之间的信息流更加高效和透明，企业可以实时跟踪物料、库存和订单等关键指标，从而优化供应链管理和响应用户需求。

第五，数字制造的高效能管理将实现企业可持续发展。数字制造技术通过大数据分析和人工智能等技术手段，已经实现对制造过程和产业链的全面

---

① 王昱、全捷、李良玉等：《制造企业数字化转型能否助推研发投入跳跃？——来自非参数分位数面板的实证研究》，《科技进步与对策》2023年6月。

监控和管理。① 未来，企业还将通过嵌入与优化智能和先进的数字技术对数据实行深度挖掘和分析，以优化整个供应链和生产过程，减少资源浪费和环境污染，实现可持续发展。

三　数字制造技术的创新与发展历程

（一）世界数字制造技术的创新与发展历程

数字制造的基础是以 CAD（计算机辅助设计）、CAM（计算机辅助制造）、CAE（计算机辅助工程）为主体技术，以 MPPI、MIS、PDM 为主体制造信息支持系统的数字控制制造技术。数字制造技术将随着数字技术的进步而逐步走向成熟，其内涵也将随着数字化描述理论、方法及数字装备的发展而不断丰富。

第一阶段：半自动化数控机床阶段。这一阶段本质是通过数字控制替代凸轮行程控制，实现运动数字化，为制造装备的革命性改变奠定了基础。

20 世纪 50 年代，随着微型计算机的发明和不断发展，计算机数控技术得到了更为广泛的应用，数控机床随之得到了广泛应用。在这个阶段，美国麻省理工学院于 1952 年首次实现了三坐标铣床的数控化，数控装备采用真空管电路。此后，1955 年数控机床开始进入批量制造阶段，主要用于直升机旋翼等自由曲面的加工。1958 年，美国 K&T 公司研制出了带有 ATC（自动刀具交换装置）的加工中心，实现了工件一次装夹后即可自动进行铣削、钻削、镗削、铰削和攻丝等多种工序的数控集中加工，大大提高了生产效率。我们可以看出，这一阶段的数控机床已经开始具备一定的自动化和智能化水平，基本上实现了工序的自动化。

半自动化数控机床阶段的特点是机械结构和控制方式的统一。数控机

---

① 余菲菲、王丽婷：《数字技术赋能我国制造企业技术创新路径研究》，《科研管理》2022 年第 43 期。

床、坐标测量机和工业机器人都有共同的特点，即它们都可以被看作数控多坐标装备，运动副主要包括移动副和转动副，并且运动链以串联开环为主。在这一阶段，数控技术的发展趋势是不断提升各种装备的性能，甚至进行更新换代，以达到更高的精度和效率要求，这也催生了"数字制造装备"（简称"数字装备"）。数字装备逐渐在各个领域得到广泛应用，推动了制造业的升级，这不仅包括电子制造装备、科学仪器、生物医疗装备的升级，而且包括印刷、纺织等轻工机械的升级。

第二阶段：计算机辅助设计与制造阶段。这一阶段主要是应用 CAD 和 CAM 技术，将传统的手工设计和制造过程转化为数字化的过程。

20 世纪 60 年代，各类工业软件系统陆续出现，大大提升了工业制造的自动化水平和精准性等，如 1963 年美国开始使用 CAD 软件进行二维绘图。1967 年美国的数字制造产业出现了多台数控机床连接而成的可调加工系统，即 FMS（柔性制造系统）。20 世纪 70 年代，CAD 与 CAM 开始被制造业企业用于共同服务制造业发展，并在 1980 年由美国波音公司和 GE 通过制定数据交换规范 IGES（Initia Graphics Exchange Specifications）彻底实现了 CAD 与 CAM 在技术层面的深层融合。[①]

从 20 世纪 80 年代开始，CAD 软件逐渐从二维绘图向三维建模发展，这使工程师能够更加精确地模拟和设计复杂的产品。同时，CAM 技术的发展也使计算机能够直接控制机床进行自动化制造，大大提高了生产效率和产品质量。首先，CAD 与 CAM 技术极大地提高了设计过程的效率和准确性。通过 CAD 软件，工程师可以快速创建和修改设计方案，并进行复杂的工程分析。其次，CAD 与 CAM 技术的应用实现了机床的数字化控制，使得生产过程更加自动化和精准化。这不仅提高了生产效率，还降低了生产成本，并提高了产品质量。再次，CAD 与 CAM 技术还为企业提供了更大的竞争优势。数字化设计和制造使企业能够更加灵活地响应市场需求，缩短产品开发周期，提供个性化定制服务。最后，CAD 与 CAM 技术还促进了跨国合作和

---

① 吕琳：《数字化制造技术国内外发展研究现状》，《现代零部件》2009 年第 3 期。

全球化生产，为企业拓展市场提供了可能。需要注意的是，CAD 与 CAM 技术的发展并没有终结在 20 世纪，随着信息技术的快速发展，包括云计算、大数据、人工智能等技术在内的新一代信息技术正在不断地融入 CAD 与 CAM 领域，为数字化制造注入了新的活力。

第三阶段：数字化车间阶段。在这一阶段，制造车间开始全面引入数控机床和计算机控制系统，实现了制造过程的全自动化和数字化。

20 世纪 80 年代中后期，随着 CIMS（计算机集成制造系统）的出现和应用，制造业企业在产品设计、生产制造、供应链管理、售后服务等环节实现了全流程一体化数字控制，相应的产品研发和制造效率与质量等大幅提高。进入 90 年代，各类 CAD 与 CAM 一体化三维软件大量出现，例如 CATIA、I-DEAS、ACIS、MASTERCAM 等，并应用于各类生产制造与运营活动。同期，数字制造技术的一个重要发展趋势是对海量信息处理能力提出更高要求。例如，在数字仿形技术的基础上，制造业企业能够利用 Laser scanner、CT、核磁共振等数字测量设备实现零部件几何形状的数字化，然后通过数据预处理、表面建模、实体建模、后置处理等过程生成 STL（或数控代码），驱动快速成型机（或数控机床）加工出新零件。

20 世纪 90 年代中期，数字制造技术研究者通过将并联空间机构与数控技术进行结合，生产了变轴数控机床（又称并联机床或虚拟轴机床）。变轴数控机床在虚拟轴坐标测量机、六维力传感器等精密测量平台设备中得到广泛应用。被誉为"21 世纪机床"的美国芝加哥机床 1994 年首次亮相后，便成为机床家族中最具生命力的新"成员"。

随着互联网技术的快速发展成熟，数控系统这一现代制造装备的"灵魂"已由 NC、CNC 时代迈入 PC-NC、NET-NC 时代，其主要目标是在控制系统基础平台上开发出集各种新工艺、新技术、新方法于一体的智能化、柔性化的新一代开放式数控系统与先进制造设备研制配套环境。同时，数字制造也代表先进制造技术的主流发展方向，如智能制造、网络制造、虚拟制造等都将是先进制造技术的发展核心。

第四阶段：基于平台的智能制造阶段。随着物联网技术、数字技术等的

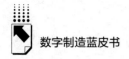

发展，制造设备和产品可以实现互联互通，生产过程中的各环节既可以进行实时监测和数据分享，又可以通过数字孪生技术实时仿真、预测和优化，实现了研发设计与生产制造过程的整体优化和智能化。

工业互联网是新一代信息技术与工业经济深度融合的新型基础设施、应用模式和工业生态，通过对人、机、物、系统等的全面连接以及将各种设备和系统连接起来，构建起覆盖全产业链、全价值链的全新制造和服务体系，并通过信息传感器、数据采集等技术实现对生产过程的实时监控和智能控制。这种集成和自动化的生产模式使工厂更加高效和灵活，也为工业乃至产业数字化、网络化、智能化发展提供了实现途径，是第四次工业革命的重要基石。

2012 年通用电气最早提出了工业互联网概念。2014 年，GE 联合 AT&T、Cisco、IBM、Intel 等 5 家企业成立美国工业互联网联盟（IIC），初步形成行业生态。随后，世界各国陆续成立了国际工业互联网联盟、5G 产业自动化联盟（5G-ACIA）、欧盟物联网创新联盟（AIOTI）、日本工业价值链促进会（IVI）、日本边缘计算联盟（Edgecross）等组织。2015 年 IIC 发布工业互联网参考架构（IIRA），系统性界定工业互联网架构体系。IIRA 注重跨行业的通用性和互操作性，提供了一套方法论和模型，以业务价值推动系统的设计，把数据分析作为核心，驱动工业联网系统从设备到业务信息系统的端到端的全面优化。2017 年 IIC 修订了 2015 年发布的 IIRA 1.7 版，提出了 IIRA 1.8 版。2016 年，德国西门子公司推出了基于数字孪生技术的工业软件 MindSphere，并将其应用于汽车、船舶、化工等行业，建立了一个完整的工业互联网平台，实现了从设计到制造再到运维的全过程数字化管理。2018 年 GE 提出基于云平台的数字孪生解决方案 Predix 平台在工业互联网发展道路上的尝试。同时，美国参数技术公司（PTC）凭借 ThingWorx 平台被多家研究公司评为 2018 年全球工业互联网市场技术领导者，成为全球应用最为广泛的工业互联网平台企业。[①]

---

① 张志昌：《美国工业互联网的发展及对我国的启示》，《科技中国》2023 年第 2 期。

随着制造场景的复杂化和多变化发展，工业无线网络将成为传统制造场景的重要补充，而融合技术如 5G+TSN 等也将得以加速发展。互联网制造场景下，海量连接、频繁交互的工业设备对实时分析工业数据提出了更高的要求，促使新型 OT 如云化可编程逻辑控制器（PLC）、边缘智能终端等加速创新，并形成云网边端融合的网络技术架构。新型网络技术正逐步融入生产制造全环节、全过程，并不断深化创新应用，初步满足了工业互联现场对大带宽、低时延、广连接、高可靠的通信要求。目前，数字孪生技术与工业互联网平台技术已经成为数字制造技术中的基础性、战略性技术，各国都在积极推进其发展和应用。[1] 据预测，到 2025 年，全球将有超过 50 亿个物理对象被创建出其数字孪生。而随着 5G、边缘计算、区块链等新技术的发展和融合，数字孪生技术与工业互联网技术将成为推动基于平台的智能制造的关键基础驱动力。

（二）中国数字制造技术的创新与发展历程

中国数字制造技术的创新发展历程可以追溯到 20 世纪 80 年代中期。随着中国对科学技术的重视和信息技术的兴起，数字制造已成为发展的关键领域。以下是中国数字制造技术的创新发展历程。

20 世纪 80 年代中期至 90 年代初，计算机技术的引进与应用使中国数字制造技术得到初步发展。中国开始引进计算机技术，并将其应用于传统制造业中的生产流程控制和计划管理。这使企业能够更好地管理和控制生产过程，提高生产效率和产品质量。

相对于欧美国家基于工业软件的数控机床的兴起，中国积极尝试工业软件自主化。20 世纪 80 年代，中国政府就启动了"CAD 攻关项目""863 工程"科研项目，并且推出了熊猫 CAD、HIJAF 等中国第一批自主商业化工业软件。从 20 世纪 80 年代后期开始，中国制造业在信息化的推动下，经过

---

[1]　耿利敏、沈文星：《工业互联网与先进制造业融合发展的国际实践与发展趋势研究》，《经营与管理》，2023 年 6 月。

甩图板、CAD 应用工程、甩账表、CIMS 工程，在计算机应用、信息集成、快速响应市场、提高效率等方面取得了长足进步。但到 90 年代，海外工业软件"大厂"也利用中国企业养成的软件使用习惯和版权武器，同时结合给予的优惠政策，抢占中国市场。这迫使中国工业软件厂商的软件开发方式转为更低成本和收益更快的项目制模式，导致中国缺少普适性、通用型的自主工业软件产品，多年的自主研发之路被扼制。

20 世纪 90 年代中期至 21 世纪初，中国数字制造技术取得了突破性进展。在这一时期，中国加强了对 CAD 与 CAM 技术的研发和应用。许多大型企业开始采用 CAD 和 CAM 技术，实现了从设计到制造的数字化转型，这极大地提高了产品设计和制造的效率。国家也在中国制造的两化融合工作中提供了持续支持。1997 年，党的十五大提出"大力推进国民经济和社会信息化"，并首次将"信息化"写入国家战略。2002 年，党的十六大又提出以信息化带动工业化、以工业化促进信息化，走新型工业化的道路。

国内科研院所响应党和国家政策号召，加大了数字制造技术的自主研发力度。其中，清华大学是国内最早开始研究虚拟轴机床的单位之一，在1997 年与天津大学合作开发了中国第一台大型镗铣虚拟轴机床原型样机——VAMT1Y。两所高校在虚拟轴机床以及多个相关领域进行了深入研究。中国数字制造技术在关键技术方面——虚拟轴机床设计理论和样机制造等——达到了国际先进水平，其中一些理论成果在国际上尚属首创。但同时我们应注意到，并联机床并不能成为数控机床的主流产品，而仅仅是在一定程度上有用武之地。但这些政策支持与技术创新探索活动开辟了 21 世纪中国数字制造技术的自主探索之路。自 2002 年第一个国家信息化规划出台以来，中国以更大的政策力度加快推动"互联网+"、信息化、移动化等的发展，取得了技术进步、效率提升和组织变革等方面的显著成绩，提高了实体经济创新发展速度和绩效。此后，中国的信息化建设发展驶入了快车道。中国密集出台了宽带中国战略、"互联网+"战略、大数据战略等，信息化基础设施建设速度不断加快，两化融合推动了产业转型升级，数控系统、企业资源计划（ERP）软件等在制造领域深入应用，智能工厂、工业电商等创新模式得到不断探索。

21 世纪初，中国数字制造技术进一步升级和发展。在这一时期，中国开始注重通过数字制造技术与物联网技术的结合推动智能制造的发展。中国将数字制造、智能制造等技术作为重点发展领域，并在国家层面加大了对数字制造技术研究和应用的支持力度。党的十七大提出"大力推进信息化与工业化融合"。党的十八大又进一步提出"坚持走中国特色新型工业化、信息化、城镇化、农业现代化道路，推动信息化和工业化深度融合、工业化和城镇化良性互动、城镇化和农业现代化相互协调，促进工业化、信息化、城镇化、农业现代化同步发展"。在上述政策的推动下，中国数字制造技术开始向中国智造转型，加快了对欧美日等先进制造国家的技术追赶步伐。

党的十八大以后，中国数字制造技术进一步发展。中国开始加强人工智能、云计算、大数据等新一代信息技术在数字制造领域的应用。通过将传统制造业与信息技术深度融合，中国取得了在工业机器人、无人工厂、智能仓储等领域的突破。同时，中国积极建设智能制造示范园区和创新中心，鼓励企业自主创新和研究开发。2012～2015 年，中国信息化相关政策主要集中在数字信息基础设施建设以及互联网技术的应用推广，"宽带中国"、"互联网+"和大数据等国家级战略确立，信息化建设飞速发展等方面。在政策的推动下，一系列数字技术领域的技术创新不断涌现，极大地促进了数字基础设施的升级和互联网生态的初步显现，夯实了后续数字化转型工作的基础。2015 年，中国明确将"智能制造"作为发展的主要方向，推动传统制造业转型，以"机器换人"的方式缓解中国制造业面临的问题。党的十九大进一步明确提出"推动互联网、大数据、人工智能和实体经济深度融合"。2017 年，国务院正式印发《关于深化"互联网+先进制造业"发展工业互联网的指导意见》，从 2018 年开始，发展工业互联网已连续五年被写入《政府工作报告》，全国掀起了发展工业互联网的浪潮。

目前，中国数字制造技术正朝着更高水平和更广泛领域发展。随着人工智能技术的不断进步和应用，中国数字制造技术在高端制造、定制化制造、

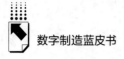

柔性制造等领域发挥的作用日益凸显。同时,中国还注重开展国际交流与合作,加强与其他国家和地区在数字制造技术上的合作,推动数字制造的全球发展。

总结起来,中国数字制造技术的创新发展经历了引进与应用、技术升级与发展、智能化转型以及人工智能驱动等阶段。中国政府通过制定战略、提供支持、培育创新等手段,在推动数字制造技术创新发展中发挥了重要作用。随着技术的不断进步和全球数字制造的发展,中国数字制造技术将继续在推动中国制造业的转型升级和世界制造业的发展中发挥重要作用。

四 中国数字制造技术的创新发展现状与模式特征

(一)中国数字制造技术的创新发展现状

经过工业化与信息化融合、工业互联网应用推广、智能化转型以及人工智能驱动等发展过程,中国数字制造技术不断创新与发展,已取得了显著发展成绩,具体表现为数字基础设施发展带动工业互联网在制造业快速应用发展、数字制造技术全面驱动制造业数字转型与效能提升,以及数字技术发展推动数字制造向智能化快速推进等方面。

数字基础设施发展带动工业互联网在制造业快速应用发展。近10年来,中国深入实施"宽带中国"战略,建成了全球最大的光纤和移动宽带网络,光缆线路长度从2012年的1479万公里增加到2021年的5481万公里,增长约2.7倍。截至2022年7月,中国已许可的5G中低频段频谱资源共计770MHz,许可的中低频段频谱资源总量位居世界前列,中国累计建成开通5G基站达196.8万个。网络基础设施全面向IPv6演进升级,IPv6活跃用户数达6.97亿人。这些数字基础设施的建设和完善,为中国制造业的数字化转型和基于工业互联网平台的数字制造技术的应用创新提供了发展基础。工业互联网已覆盖工业大类的85%以上,标识解析体系全面建成,重点平台连接设备超过 8000 万台（套）①。中国通过实施工业互联网创新发展工程，培育 150 多家较大型工业互联网平台，以及 160 多万家平台服务的工业企业，对数字化转型提供了有力支撑。②

数字制造技术全面驱动制造业数字化转型与效能提升。工信部发布的《"十四五"信息化和工业化深度融合发展规划》（下称《规划》）明确到 2025 年，制造业数字化转型步伐明显加快，全国两化融合发展指数达到 105。《规划》还要求企业经营管理数字化普及率达 80%，企业形态加速向扁平化、平台化、生态化转变。数字化研发设计工具普及率达 85%，平台化设计得到规模化推广，关键工序数控化率达 68%。在政策推动下，2020 年我国数控机床产业规模为 4405 亿元，同比增长 34.7%。相应地，制造业数字化转型工作取得显著成效，截至 2022 年初，规模以上工业企业关键工序数控化率已经达到了 55.3%，数字化研发设计工具普及率达到了 74.7%。而同期，2022 年中央工业企业关键工序数控化率甚至达到 73%。数字化新业态、新模式也不断发展创新，开展网络化协同和服务型制造的企业比例分别达到了 38.8%和29.6%。③ 企业利用网络化、数字化提高质量和效率的作用明显，制造业的国际竞争力得到显著提升。

数字技术发展推动数字制造向智能化快速推进。截至 2021 年底，中国先后发布了智能制造国际标准 42 项、国家标准 300 多项，基础共性和关键技术国家标准的覆盖率达到 97.5%，并实施了 305 个智能制造试点示范项目和 420 个新模式应用项目，智能制造试点示范项目生产效率平均提高 48%，产品研制周期平均缩短了 38%，产品不良品率平均降低 35%。而到 2023 年中，中国各地建设近 8000 个数字化车间和智能工厂，其中，2500 余个智能

---

① 《数字中国发展报告（2022 年）》，中华人民共和国国家互联网信息办公室网，http://www.cac.gov.cn/2023-05/22/c_1686402318492248.htm。
② 《我国规模以上工业企业关键工序数控化率达 55.3%》，央广网，http://news.cnr.cn/native/gd/20220228/t20220228_525753103.shtml。
③ 《我国规模以上工业企业关键工序数控化率达 55.3%》，央广网，http://news.cnr.cn/native/gd/20220228/t20220228_525753103.shtml。

工厂达到智能制造能力成熟度 2 级以上水平，基本完成数字化转型，209 个智能工厂成为具有国际先进水平的智能制造示范工厂，经过转型，这些示范工厂的产品研发周期平均缩短 20.7%，生产效率平均提升 34.8%。① 此外，中国已培育智能制造系统解决方案供应商超过 6000 家，炼化、印染、家电等领域智能制造水平位居世界前列。

（二）中国数字制造技术的创新发展模式特征

1. 有为政府引导下的精准政策支持

中国积极推动数字制造技术的创新与发展，并提供了一系列政策支持和资金扶持。中国通过国家发展规划和科技创新计划等方式，从顶层设计上明确了数字制造技术创新的重要性，并提供了专项资金用于研究与开发、技术转移等。为了发挥数字技术发展作为推动制造业转型升级的重要引擎作用，政府实施了一系列政策和举措，推动数字制造技术的研发和应用。此外，政府还加大了对科技创新的投入，建立了许多科研机构和实验室，培养了大批科技人才，为数字制造技术的创新提供了坚实的基础，还积极推动产学研合作，为企业提供优惠政策和创新平台，促进数字制造技术与实际应用的结合。②

2. 新型举国体制下的政产学研用协同机制

中国数字制造技术创新的成功经验在于积极推动产学研结合。中国新型举国体制优势、超大规模市场优势等能够有效促进企业、高校、科研机构等主体间的紧密合作，共同开展数字制造技术的研发和应用，同时能够从用户需求端引导、拉动市场。③ 这种政产学研用结合的模式有助于加速技术的转化和应用，提高创新的效率和质量。例如，政府建立了一批国家级工程实验

---

① 《图表：截至目前我国各地建设数字化车间和智能工厂近 8000 个》，中国政府网，https://www.gov.cn/govweb/zhengce/jiedu/tujie/202307/content_ 6893103. htm。
② 李晓华：《数字技术推动下的服务型制造创新发展》，《改革》2021 年第 10 期。
③ 蔡跃洲：《中国共产党领导的科技创新治理及其数字化转型——数据驱动的新型举国体制构建完善视角》，《管理世界》2021 年第 8 期。

室和重点实验室，为数字制造技术的研发提供了平台和资源支持。同时，一些高校和科研机构也积极与企业合作，共同探索和应用数字制造技术，形成了一批互利共赢的合作案例。此外，政府通过建设数字化制造创新中心、工程研究中心和技术创新联盟等组织，加强不同领域的协同合作，将政府、企业、高校、科研院所等各方资源整合起来，形成合力推动数字制造技术的研发和应用。

3. 打造面向数字制造技术创新发展的创新创业生态系统

中国数字制造技术的创新与发展借助了创新创业生态系统的模式。政府通过一系列政策和措施，建设了支持创新创业的平台和环境，鼓励创业者在数字制造领域进行创新实践。创新创业生态系统的模式能够吸引更多创新人才和资金投入，推动数字制造技术的创新发展。[1] 同时面向数字制造技术创新发展的创新创业生态系统能够更好地调节各类资源要素在各主体间的顺畅流动与合理配置，促进在各类资源要素约束下数字制造技术的协同发展，实现技术攻关与创新发展。[2] 中国有超大规模市场优势，也有世界范围内各产业门类、供应链体系最为完备的国家工业体系，各类要素资源也相对丰富，因此中国在进行数字制造技术协同创新发展时，具有先天优势。

4. 建立更广泛的"以我为主、以我为中心"的开放式创新合作关系

外部环境巨变促使中国数字制造技术的供给模式由"全球创新+中国制造+全球一体化"转向"本土创新+中国智造+双循环"，因此建立更广泛的"以我为主、以我为中心"的开放式创新合作关系是中国数字制造技术发展的必由之路。中国在自主可控下构建开放式数字创新网络，以吸引外部人才、技术、知识，同时基于数字技术构建资源精准配置与优势互补的创新主体协同机制。通过开放式合作模式，中国能够借鉴和吸收国际先进经验和技术，促进数字制造技术的创新与发展。中国各级单位组织开放式的创新竞赛

① 林艳、周洁：《数字化赋能视角下制造企业创新生态系统演化研究》，《科技进步与对策》2023 年第 19 期。
② 谢卫红、李忠顺、李秀敏等：《数字化创新研究的知识结构与拓展方向》，《经济管理》2020 年第 12 期。

或者挑战，吸引了全球创新者参与解决特定问题，并且通过与国内外高校、科研院所等建立合作关系，共享研究成果和人才资源，汇聚了更广泛的智力、技术与知识，这加快了科技攻关的进程。

综上所述，中国数字制造技术的创新与发展的模式是多元化的、开放合作的、注重产学研合作和创新创业生态系统建设的。这些模式相互促进，为中国数字制造技术的快速发展提供了坚实的基础，并推动了制造业从传统制造向智能制造的转变。① 未来，随着科技的不断进步和创新环境的优化，中国数字制造技术的创新与发展将持续加强，为经济的可持续发展做出更大贡献。

五　当前中国数字制造技术创新发展存在的问题与成因分析

（一）整体创新能力不够突出致使存在"卡脖子"技术问题

1. 自主创新能力欠缺致使关键核心技术与零部件存在"卡脖子"问题

根据海关总署披露的数据，2015 年至 2019 年，中国进口的数控机床合计达 29914 台，进口总额达 978 亿元。此外，中国高档机床及核心零部件仍依赖进口，截至 2021 年，国产高档数控机床系统市场占有率不足 30%。国产精密机床加工精度目前仅能达到亚微米，与国际先进水平相差 1~2 个数量级。因此，在供需矛盾之下，中国高档机床的自主化、国产替代任务依然艰巨。同时，中国数字制造技术支撑基础的半导体需求持续位居全球第一，但国内供给能力十分有限。根据调研公司博圣轩（Daxue Consulting）2020年 10 月的数据，自 2005 年以来，中国一直是全球半导体最大的市场。然而，在 2018 年，中国的半导体消费总量中，只有 15% 是由中国厂商提供的。

---

① 韩国高、陈庭富、刘田广：《数字化转型与企业产能利用率——来自中国制造企业的经验发现》，《财经研究》2022 年第 9 期。

而根据彭博有限合伙企业的数据，2020 年中国芯片的进口额攀升至近 3800 亿美元，已经达到了中国国内进口总额的约 18%。此外，中国在高端传感器、智能仪器仪表等关键技术与零部件领域的自给市场份额不到 5%，大型工程机械所需 30Mpa 以上液压件全部进口，大型转载机进口零部件占整机价值量的 50%~60%。这些说明中国还亟待提升自主创新能力。

2. 原始创新能力薄弱致使基础技术与产品缺乏

数字制造技术领域存在一些技术积累和用户积累导致的进入门槛，例如操作系统、工业软件等，用户使用习惯和相嵌而生的产品生态系统使相关技术产品难以被替代。对于这类技术产品的依赖是由于原始创新的薄弱，[①] 尤其表现在高端工业软件领域，中国制造业的两化融合程度相对较低，低端 CAD 软件和企业管理软件得到很广泛的普及，但中国缺少应用于各类复杂产品设计和企业管理的智能化高端软件产品，中国制造业在计算机辅助设计、资源计划软件、电子商务等关键技术领域与发达国家制造业的差距依然较大。例如，全球工业设计仿真软件产业主要由美国、德国、法国把控，并且全球最大的三家电子设计自动化（EDA）软件公司均有美国背景，这就使中美博弈背景下作为中国数字制造技术基石的 EDA 高端软件存在"卡脖子"风险，严重制约了中国智能制造的发展。

（二）缺乏领军企业致使重技术应用而轻基础技术开发

中国作为世界第二大经济体，数字制造技术的发展对国家经济发展具有重要意义。但与发达国家相比，中国在数字制造技术领域的基础技术开发方面的表现不尽如人意，各类基础数字技术如新一代信息技术、互联网技术、区块链等都始发于国外，其中的一个主要原因就是中国没有在数字制造技术领域的领军企业，缺乏像西门子、GE 一样的世界级数字制造技术、系统、软件等的供给企业，也缺乏像谷歌、苹果、三星等这样的全球数字技术深度

---

① 杨燕：《我国制造业技术学习与追赶的特点与逻辑遵循——基于以企业为核心主体的分析框架》，《技术经济》2020 年第 2 期。

开发领导者。这导致中国企业在数字基础技术研发方面相对落后，无法实现突破性数字基础技术的创新发展，只能更多关注技术应用。而由于缺乏领军企业，中国数字制造企业普遍面临市场竞争力不足的问题。全球数字制造技术领域竞争激烈，领先企业通常享有较高的市场份额和品牌认可度，而缺乏领军企业的中国企业在技术水平上与国际领先企业相比存在一定差距，这使得中国企业在市场竞争中处于相对弱势地位。而为了追赶国际领先企业，中国企业更加注重技术应用，以提升产品的性能和功能，进一步忽视了基础技术的开发，所以中国更难有企业从事风险性高、周期长的数字制造领域的基础技术开发，也就不会诞生像长期专注于原始探索的谷歌 X 实验室和致力于开源共享全新探索的 OpenAI 这样的平台和企业。

（三）技术标准与规范不统一阻碍了数字制造技术的推广和应用

数字制造领域的技术标准与规范不统一问题给中国数字制造技术的推广和应用带来了阻碍。首先，技术标准与规范不统一导致了数字制造技术的互操作性问题。由于不同的厂商和研究机构可能采用不同的标准和规范，不同设备之间的互操作性很难实现，设备之间无法进行有效的数据交换和协同工作，限制了数字制造技术的推广和应用。其次，技术标准与规范不统一也给数字制造技术的商业应用带来了挑战。企业在使用数字制造技术时，通常需要使用不同的设备和系统，如 CAD 软件、机器人等。然而，由于不同设备和系统之间的标准与规范不一致，企业在整合和管理这些设备和系统时面临困难。这可能导致项目延迟、成本增加和效率降低，从而阻碍数字制造技术在商业领域的推广和应用。最后，技术标准与规范不统一还可能造成安全风险。数字制造技术通常涉及大量的数据交换和共享，包括设计数据、制造工艺参数等敏感信息。如果各参与方之间的标准与规范不统一，这些敏感信息可能面临被泄露、篡改或未经授权访问的风险。这使得企业和个人对数字制造技术的信任度下降，不愿意积极采用和推广这类技术。

（四）培育与评价体系不完善致使形成人才缺口与产生人才流失现象

《数字经济就业影响研究报告》显示，2020 年中国数字化人才缺口接近 1100 万人，而且全行业的数字化推进需要引入更多的数字化人才，人才需求缺口在未来仍将持续扩大。同时，《2022 年中国十大人才趋势》也指出，未来几年，几乎所有行业都需要大量数字化人才帮助企业完成数字化转型。而中国半导体行业协会的数据显示，2022 年中国芯片领域专业人才缺口超过 25 万人，且到 2025 年这一缺口将扩大至 30 万人，这些都给中国数字制造技术的发展带来了人才缺口。此外，基础电子产业人才外流现象严重。

中国数字制造技术形成人才缺口与产生人才流失现象的一个重要原因就是中国相关人才培育与评价体系还不完善。[1] 一方面，数字制造技术在中国尚处于快速发展阶段，但相应的人才培养体系并未跟上。当前，许多高校和培训机构纷纷开设了数字制造相关的专业或课程，但由于行业标准和需求变化迅速，培养出的人才与实际岗位需求之间存在较大的鸿沟。因此，企业往往很难找到所需的高素质数字制造人才，这使得人才供给无法满足市场需求，导致人才缺口问题的出现。另一方面，当前的数字制造技术评价体系不完善是人才流失的一个重要原因。由于目前缺乏明确的标准和指导，很多企业难以对数字制造技术的实施和效果进行评估。这给员工带来了不确定性和困扰，无法获悉清晰的职业晋升和薪酬提高路径，从而导致人才流失。此外，一些企业由于无法评估和提高员工的数字制造技术能力，也无法留住具备这方面专长的人才，进而加剧了人才流失。

（五）法律法规体系不健全形成数据隐私与安全问题

数字制造技术的迭代速度不断加快，相关技术产品与服务快速涌现，使

---

① 石先梅：《制造业数字化转型的三重逻辑与路径探讨》，《当代经济管理》2022 年第 9 期。

得配套的相关法律法规难以快速跟进,最终导致数字制造领域的数据隐私与安全问题,例如数字制造技术的科技伦理、科技向善等问题。具体来说,数字制造技术在数据采集、存储和共享等方面涉及大量敏感信息,如设计图纸、生产工艺参数等。然而,目前的法律法规没有针对数字制造技术的特点和需求进行充分的保护。缺乏相关法律法规的约束使企业数据在采集、存储和共享过程中存在滥用、泄露和未经授权访问的风险,这些都给个人隐私和企业商业机密带来了严重威胁。另外,数字制造技术涉及多个利益相关方之间的数据交换和合作,如企业与供应商、客户和合作伙伴之间的互动。然而,由于明确的法律法规框架缺乏,以及数据安全标准不明确和责任界定模糊,数据交换和合作过程中的信任缺失和纠纷增加。这不仅影响了数字制造技术的推广与应用,还损害了各方的合法权益,也在一定程度上影响了数字制造技术的创新与发展。

六 中国数字制造技术创新发展的对策建议

(一)加强央地联动与跨部门协同下的数字制造技术创新体系效能提升

中国数字制造技术的整体创新效能尚需进一步提升,尤其是关系半导体、高档数控机床、工业机器人关键核心技术和零部件等一些数字制造基础技术领域的创新效能需要从顶层设计上进一步优化。由于数字制造技术体系发展愈发复杂且更新迭代的速度越来越快,数字制造技术的创新发展与国产化替代很难依靠个别技术创新突破实现。半导体、高档数控机床、工业机器人等的关键核心技术、零部件与高端工业软件的创新突破都需要依托国家系统创新能力的提升,这将是一个长期的过程。在国家层面,相关部委和地方政府已经针对数字制造的一些关键技术领域出台了产业支持政策,但尚缺乏国家层面的统一战略设计。因此,中国应该在国家层面统筹解决数字制造领域的一些关键核心技术与零部件等的创新发展问题,通过在中央层面不断统筹优化相关技术创新体系机制,联动地方政府根据本地实际情况出台相关配套政策，发挥区域优势和经济实力等，形成制度化的创新突破能力，推动中国数字制造技术创新迈入高质量发展阶段。

（二）以国家战略科技力量引领数字制造基础技术创新突破

国家战略科技力量是引领数字制造技术创新突破的中坚力量，尤其是高水平研究型大学、科研院所和领军企业，它们在数字制造基础技术的创新突破方面具有先天优势，并且在更具基础科学属性的数字制造基础技术方面能够更好地发挥人才优势、基础知识储备厚度优势等，而且有较为畅通的国家科研项目资助渠道，能够积聚力量对基础技术、关键共性技术形成协同攻关。领军企业在基础研究和市场应用方面都具有较高的敏感性，同时一般也与高校、科研院所及上下游企业保持着较好的创新协同关系，并且能够快速响应市场需求，因此，领军企业进行数字制造基础技术创新突破，将有助于突破数字制造基础技术的科学研究与行业发展之间的藩篱。此外，国家重点实验室、高水平研究型大学等能够为一些数字制造基础技术创新突破瓶颈环节提供关键技术支撑，共同引领数字制造基础技术创新。因此，中国应该进一步强化国家战略科技力量在数字制造技术创新与发展活动中的基础技术创新引领作用。

（三）发挥新型举国体制优势培育数字制造技术创新生态系统

新型举国体制优势有助于统一各级各部门政策、整合各方资源和力量，以市场引导培育出具有全球竞争力的数字制造技术创新生态系统。首先，新型举国体制具有政策协调优势。在国家层面，中国可以通过统一战略规划和政策引导，推动各个部门、企业和研究机构加强合作，共同推进数字制造技术的创新。政府可以提供政策支持，鼓励企业加大科研投入、推动技术创新，同时也可以制定相关法规和标准，保障数字制造技术的可持续发展。其次，新型举国体制具有资源整合优势。国家可以整合各方资源，包括财政资金、人才储备、科研机构等，为数字制造技术的创新提供充分支持。中国可以建立创新联盟、产学研合作机制，促进技术交流与共

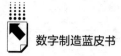

享，避免重复研发，提高研发效率。再次，新型举国体制具有市场引导优势。中国通过整合资源和力量，培育数字制造技术创新生态系统可以形成一个完整的产业链，从基础研究到产品设计、制造、销售等各个环节都能得到有效支持。最后，新型举国体制具有风险管理优势。在新型举国体制下，中国可以通过统一协调和风险评估来降低数字制造技术行业的高风险，并采取相应的措施进行管控。此外，新型举国体制下政府可以加强监管和规范，建立科学有效的风险评估机制，提高技术创新的成功率和市场竞争力。因此，发挥新型举国体制优势培育数字制造技术创新生态系统具有巨大的潜力，能够提高中国制造业的核心竞争力，实现经济转型升级和可持续发展。

（四）以国家政策引导形成科学的数字制造技术人才培养评价体系

中国数字制造技术创新发展面临人才缺口大、培养机制跟不上、现有技术人员转型难度较大等问题。《制造业人才发展规划指南》预测，到 2025年，高档数控机床和机器人有关领域人才缺口将达 450 万人，人才需求量也必定会在数字制造领域不断发展中变得更大。面对这些问题，首先，中国应建立产学研用结合的人才培养体系。政府应促进高校与企业之间的合作，注重实践环节人才的培养，例如开设实验室、提供实习机会等，培养数字制造领域的高素质技术人才，满足数字制造发展的需求。其次，中国应拓宽技术人才的培养渠道。政府推动职业教育改革，加大对数字制造领域技能人才培养的投入，培养更多高技能人才。再次，中国应加强人才队伍建设。政府应加大人才队伍的引进和培养力度，吸引海外优秀人才回国发展，为数字制造的科技创新提供坚实支持。从次，政府应该着力完善人才评价和激励机制，提高从事数字技术基础人才的组织归属感和职业荣誉感，减少人才流失。政府部门可以出台相关政策和措施，鼓励企业拓展对数字制造人才的薪酬提高和职业发展空间，增强吸引力。最后，政府可以建立并推广一套行业标准和认证体系，以便企业能够更好地评估和选拔数字制造人才。此外，行业组织和企业可以共同努力，合作建立数字制造技术人才评价体系，包括技能认证、竞赛评比等。这些将有助于从整体上引导形成科学的数字制造技术人才培养评价体系。

（五）以超大市场规模优势为数字制造技术创新发展注入持久动能

超大市场规模意味着更大的市场需求，这将促使企业进行创新和技术突破。超大市场规模优势将促进数字制造技术创新发展。首先，超大市场规模有助于推动技术需求的增加。庞大的市场规模带来了更加多样化的需求和更多市场机遇，处于超大规模市场中的企业更有动力推出新技术和产品来吸引与满足消费者，而数字制造技术作为实现高效生产和个性化定制的重要手段受到了广泛关注，[①] 这也进一步促进了数字制造技术的创新发展。其次，超大市场规模为数字制造技术创新提供了更多的资源支持。超大市场规模通常意味着更多的投资和资源。企业可以通过吸引更多的投资来进行研发和创新，从而推动数字制造技术进一步发展。超大市场规模还意味着更多的人才集聚，将有助于数字制造技术创新的加速发展。再次，超大市场规模促进了数字制造技术的应用和推广。当市场规模庞大时，企业更愿意投入更多的资源来推动数字制造技术的应用和推广，而这不仅能够为企业带来更高的效益和更大的竞争优势，还可以为整个产业链带来更多的机会和发展空间，由此产生的正向反馈将进一步推动数字制造技术的创新和发展。最后，这种超大市场规模优势带来的数字制造技术的创新和发展又推动企业凭借质优价廉的产品和服务进一步打开国际市场，进而反哺国内数字制造技术的进一步创新和发展。

---

① 左鹏飞、陈静：《高质量发展视角下的数字经济与经济增长》，《财经问题研究》2021 年第 9 期。

B.4
中国工业软件发展现状与趋势

雷 毅*

摘 要： 随着信息技术的快速发展，数字经济时代已经到来，世界正在迈入"软件定义制造"的新时代。工业软件是工业制造的重要组成部分，不仅可以为工业制造提供有力的支撑，而且为中国实现从制造大国向制造强国的转型提供有力保障。本报告从工业软件的定义、分类与特征入手，全面剖析了中国工业软件的发展现状，揭露了存在的问题，如技术受到限制、研发投入不足、缺乏整体解决方案能力、产品成熟度低、知识产权保护不足以及专业人才稀缺等。然而，中国正处在一个数字化转型、产业升级的大潮中，政策支持、软件正版化加持、云计算、AI、数字孪生等，为工业软件的发展带来无限可能。面对这些机遇，本报告提出构建生态、政策引导、优化环境、人才培养等建议，以期推动我国工业软件的进一步发展。

关键词： 工业软件 智能制造 数字化转型

---

* 雷毅，北京数码大方科技股份公司董事长兼总裁，教授级高工，博士，主要从事工业软件CAD/PLM/MES技术的研究及产业化工作。曾荣获国家科技进步二等奖，部级科技进步一、二等奖多项，被授予"中国设计贡献奖功勋人物"金质奖章，被评为"十大中国软件企业家""中国软件产业十年功勋人物"等。

一 工业软件的定义、分类与特征

（一）工业软件的定义

工业软件是指应用于工业生产领域的各种软件系统，包括设计、制造、管理、控制等方面的软件产品。工业软件的核心是将工业实践中的知识、经验和模式转化成数学模型，并通过信息化手段集成封装，以易懂、易用的软件形式实现快速调取使用。工业软件通常被用于监控、控制、仿真、优化和管理各种工业系统和设备，包括生产线、机器设备、自动化系统等。工业软件的功能涵盖了数据采集、分析和处理、生产调度和计划、质量控制、设备维护等多个方面，旨在提高生产效率、降低成本、优化资源利用、提升产品质量等。

工业软件在现代工业制造中扮演着关键角色，促进了数字化转型和智能制造的实现。当前全球工业正处于新旧动能加速转换的关键时期，工业软件正迅猛地融合和广泛应用于几乎所有工业领域的核心环节，包括航空航天、轨道交通、汽车电子、国防军工、装备制造、工程机械、食品医疗等行业。开发工业软件既是实现工业智能化的关键和前提，也是推动工业从要素驱动向创新驱动转变的动力。此外，它还是助推中国由工业大国向工业强国转变的关键因素，并能够提升工业国际竞争力。同时，开发工业软件也是确保工业产业链安全与韧性的基础。

（二）工业软件的分类

由于工业门类复杂，工业软件种类繁多，其分类方式也多样化，如：国标GB/T 36475-2018《软件产品分类》将工业软件（F类）分为9类（见表1）。

2019年11月，国家统计局正式颁布《软件和信息技术服务业统计调查制度》，其中将工业软件分为产品研发设计类软件、生产控制类软件、业务管理类软件（见表2）。

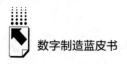

表1　GB/T 36475-2018《软件产品分类》

分类号	名称	备注
F	工业软件	在工业领域辅助进行工业设计、生产、通信、控制的软件
F.1	工业总线	偏嵌入式硬件,用于将多个处理器和控制器集成在一起,实现相互之间的通信,包括串行总线和并行总线
F.2	计算机辅助设计	采用系统化工程方法,由计算机辅助设计人员完成设计任务的软件
F.3	计算机辅助制造	用计算机对产品制造作业进行规划、管理和控制的软件
F.4	计算机集成制造系统	综合运用计算机信息处理技术和生产技术,对制造型企业经营的全过程(包括市场分析、产品设计、计划管理、加工制造、销售服务等)的活动、信息、资源、组织和管理进行总体优化组合的软件
F.5	工业仿真	模拟将实体工业中的各模块转化成数据整合到一个虚拟的体系中的软件,模拟实现工业作业中的每项工作和流程,并与之实现各种交互
F.6	可编程逻辑控制器	采用一类可编程的存储器,用于其内部存储程序,执行逻辑运算、顺序控制、定时、计数与算术操作等面向用户的指令,并通过数字或模拟式输入/输出控制各种类型的机械或生产过程
F.7	产品生命周期管理(PLM)	支持产品信息在产品全生命周期内的创建、管理、分发和使用
F.8	产品数据管理(PDM)	用来管理所有与产品相关的信息(包括事件信息、配置、文档、CAD文件、结构、权限信息等)和所有与产品相关的过程(包括过程定义和管理)的软件
F.9	其他工业软件	不属于上述类别的工业软件

资料来源:笔者自制。

表2　国家统计局工业软件分类

E101050000	1.5 工业软件	备注
E101050100	产品研发设计类软件	用于提升企业在产品研发工作领域的能力和效率。包括3D虚拟仿真系统、计算机辅助设计、计算机辅助工程、计算机辅助制造、计算机辅助工艺规划(CAPP)、产品生命周期管理、过程工艺模拟软件等
E101050200	生产控制类软件	用于提高制造过程的管控水平,提高生产设备的效率和利用率。包括工业控制系统、制造执行系统(MES)、制造运行管理(MOM)、产品数据管理、操作员培训仿真系统(OTS)、调度优化系统(ORION)、先进控制系统(APC)等
E101050300	业务管理类软件	用于提升企业的管理治理水平和运营效率。这类软件可用于企业资源计划、供应链管理系统(SCM)、客户关系管理(CRM)、人力资源管理(HRM)、企业资产管理(EAM)等

资料来源:笔者自制。

当前，业界普遍采用的聚类划分方式是根据产品生命周期将工业软件划分为研发设计、生产制造、运维服务、经营管理四类（见表3）。

表3 常见工业软件分类

分类	典型子类
研发设计类	计算机辅助设计、计算机辅助工程、计算机辅助工艺规划、产品数据管理、产品生命周期管理、电子设计自动化等
生产制造类	可编程逻辑控制器、分布式数控系统（DNC）、分布式控制系统（DCS）、数据采集与监控控制系统（SCADA）、生产计划排产（APS）、环境管理系统（EMS）、制造执行系统等
运维服务类	资产性能管理（APM）、维护维修运行管理（MRO）、故障预测与健康管理（PHM）等
经营管理类	财务管理（FM）、人力资源管理、供应链管理系统、客户关系管理、企业资源计划、企业资产管理、资产性能管理、项目管理（PM）、质量管理（QM）

资料来源：笔者自制。

随着工业软件产品体系逐渐成熟以及技术和市场的发展，目前出现了对工业软件新的分类法，例如基于企业经营活动特征的分类方法，我们将工业软件分为业务执行类、业务管理类和业务资源类。也有学者按照基本功能，将工业软件分为工研、工制、工采、工管等软件。总之，工业软件在发展的不同阶段，其分类也呈现不同的特征。人们对工业软件关注的维度也不断拓展，工业软件的分类还有待行业不断规范和优化。

（三）工业软件的特征

1.技术门槛高，需广泛技术积累

工业软件技术门槛高，具有高度的技术复杂性。工业软件本身具有跨学科、跨专业属性，工业软件领域人才需要具备软件工程、计算机科学、数据分析等学科知识以及软件开发和测试能力，此外，还需要掌握高等院校的数学、物理、光学等基础理论，以及机械工程、自动化控制、电子信息工程等领域的知识，并具备行业模型开发能力。综上所述，工业软件融合了多学科知识，因此其技术门槛相对较高。

工业软件研发需要长期技术积累，这种积累一方面来自软件研发本身，另一方面来自实践经验。欧美国家历经三次工业革命，积累了大量工业经验，为信息技术的迅速发展奠定了坚实的基础，催生了一系列工业软件，并在多年不同场景的产品应用及打磨中，促进了工业软件知识技术的积累。与之相比，中国工业化进程起步晚。虽然随着科技的发展，中国的工业化已取得了显著的进展，但是由于工业软件的基础薄弱，核心技术仍然有待加强。因此，中国必须通过大规模、多场景的应用迭代和长期的技术积累，才能生产更加完善的工业软件产品。

2. 开发周期长，需较大的研发投入

为了满足工业应用的基本要求，开发稳定可靠、操作简单的工业软件，企业需要不断尝试、改进、迭代，这就决定了工业软件研发具有长周期的特征。从当前工业软件产业发展状况来看，企业开发一款工业软件通常需要三五年，从市场接受到市场扩展可能需要 10 年左右的时间。而为确保这款软件的功能在未来得以持续提升，企业需要不断进行研发、改进，这个过程又将需要较大的人力、财力和时间成本投入。企业在进军市场、取得成功之前缺乏足够的资金，这使得企业承受着巨大的财务压力。

全球知名的工业软件企业 Ansys、UG、Dassault Systèmes、Camstar、Synopsys、Cadence 等，分别创立于 1970 年、1969 年、1981 年、1984 年、1986 年、1988 年，拥有 30 多年的发展史，并通过长期的迭代不断完善其产品。国内知名的工业软件企业北京数码大方科技有限公司（CAXA，简称"数码大方"）、北京和利时系统工程有限公司（简称"和利时"）、中控技术股份有限公司（简称"中控技术"）等拥有将近 30 年的技术积累，但多数国内的工业软件相关企业成立于 1~5 年内，部分是在近 10 年内成立的。根据中商产业研究院的统计，中国工业软件行业的注册公司总数从 2018 年的 8.5 万家增长到 2021 年的 19 万家，年均复合增长率达到了 30.8%。到了 2022 年，中国的工业软件行业的注册公司达到了 22.6 万家，其中有相当一部分是因为国家政策支持和资本市场驱动而成立的，其技术积累并不深厚。

3. 行业结合紧，需与工业融合

工业软件的开发旨在满足工业领域的实际需求，以提升企业的生产效率和降低成本。因此，许多全球工业软件巨头来自工业强国和工业企业，例如法国达索系统公司、德国西门子公司和美国 PTC。其中，法国达索系统公司最初是飞机制造商，后来基于自身对工业软件的需求开始研发工业系统，并将这些产品逐步推向市场，在被应用场景不断打磨与迭代中，打造了在航空行业中的垄断地位。

可见，工业软件的发展离不开工业体系的支持，工业软件开发商需要与工业企业紧密合作，通过在现实场景中不断应用产品，明确用户的需求与诉求，从而不断完善产品，打造用户满意的工业软件。

二　中国工业软件发展现状

中国在工业软件领域的发展起步并不算晚。20 世纪 80 年代，中国机械工业部开始接触工业软件，特别是"863 计划"的推出，加深了国人对工业软件的认识。在国家的倡导下，清华大学、北京航空航天大学等高校和科研院所积极从事工业软件的研发，推出了多款商业和企业自用工业软件，工业软件行业呈现蓬勃发展的景象。然而，国外软件逐渐占领中国市场份额，导致中国国产工业软件市场份额急剧下降。

当前，国产工业软件公司仍然面临处处受制于人的困境。国外工业软件巨头拥有天然的垄断优势，工业软件成为中国工业高质量发展"卡脖子"的关键领域。

（一）工业软件市场现状

随着中国制造业的转型升级，工业软件市场也逐渐壮大。市场研究机构 IDC 的数据显示，2022 年中国工业增加值突破 40 万亿元大关，规模以上（2000 万元）工业企业营业收入为 137.91 万亿元。其中，制造执行系统、计算机辅助设计、计算机辅助制造等细分领域的市场表现尤为突出。工信部《2022 年软件和信息技术服务业统计公报》显示，2022 年，中国软件和信息技术服务业（简称"软件业"）运行稳步向好，软件业务收入跃上十万亿元台阶，盈利能力保持稳定，软件产品收入平稳增长，达 26583 亿元，同比增长 9.9%，增速较上年同期回落 2.4 个百分点，占全行业收入的比重为 24.6%。其中，工业软件产品实现收入 2407 亿元（见图 1）。随着工业技术的不断发展以及国家政策的大力推动，工业软件以及信息化服务的需求将继续增加，市场规模保持高速发展。

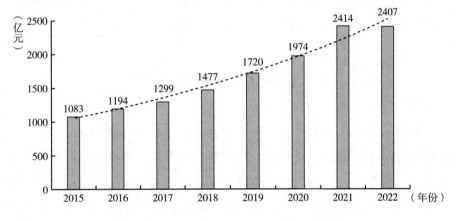

图 1　2015~2022 年中国工业软件产业规模

资料来源：工信部公报，笔者整理。

1. 国内工业软件细分市场份额

当前，中国工业软件总体类别较全，但是软件企业的整体实力仍然有待提升，目前，大多数软件产品仍然停留在低门槛的办公自动化软件（OA）和客户关系管理等领域。

《中国工业软件产业白皮书（2020）》的数据显示，国产软件在研发设计类工业软件中只占市场的 5%，比重较低。多数研发设计类工业软件主要应用于系统功能单一、工业机理简单、产业复杂度较低的领域。

在生产制造类工业软件方面，国产软件的占比达到了 50%。虽然部分中国企业已经掌握了一定的技术，但与国外工业软件巨头相比仍存在差距。

在经营管理类工业软件方面，国产软件的市场占比达到了70%，占据了中国中小企业大部分市场份额，但高端市场仍然被 SAP 和 Oracle 主导。这表明在高端市场上，国产软件尚需进一步发展。

在运维服务类工业软件方面，国产软件的占比约为30%（见图2）。国产运维服务类工业软件企业主要关注数据采集、监控等简单功能，忽视数据应用和决策的辅助支持功能开发，并且软件的底层核心技术依赖国外。

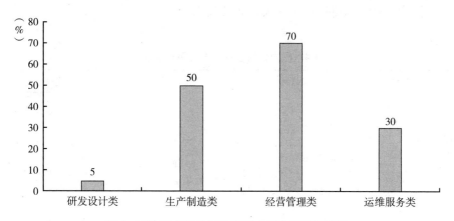

图 2　国产工业软件细分领域占国内的市场份额

资料来源：笔者自制。

2. 工业软件市场竞争格局

在竞争格局方面，国外厂商占优，但近年来，中国工业软件产业展露生机，虽与国际先进水平相比，在市场规模、细分产品、进出口情况、代表性企业市场份额及产品等方面的竞争力仍存在不小差距，但具有较大发展潜力。

《中国工业软件产业白皮书（2020）》的数据显示，在国内工业软件市场上，国外企业产品占据主导地位。研发设计类工业软件是国产工业领域"卡脖子"产品。德国西门子公司、法国达索系统公司和美国 Autodesk 等的研发设计类软件在中国市场占有率超过 90%。相比之下，国内数码大方等公司只占不到 10% 的市场份额。在工业仿真软件市场领域，美国 Ansys、Altair 等公司占据了 95% 以上的市场份额。在业务管理类软件领域，德国 SAP 和美国 Oracel 公司主导了高端市场。生产控制类软件领域主要由西门子、施耐德等国外巨头垄断。

由此可见，国外软件巨头在市场占有率上具有明显优势，而中国企业的市场份额有限。为了提升国产工业软件产业的竞争力，中国企业需要加大对研发设计类软件的投入，并提高技术水平和创新能力，以减少对国外软件的依赖，实现自主可控的发展。

国内外核心软件产品及代表企业见表 4。

表 4　国内外核心软件产品及代表企业

产品类型	应用领域	国际代表企业	国内代表企业
计算机辅助设计	机械、电子、航空航天、化工、建筑、船舶、轻工等领域，不同细分领域拥有专业化的产品	Dassault Systèms、Autodesk、PTC、Siemens UG	数码大方、天合智能、苏州浩辰软件股份有限公司（简称"浩辰"）、华天软件、广州中望龙腾软件股份有限公司（简称"中望"）、北京艾克斯特科技有限公司（简称"艾克斯特"）
计算机辅助工程	机械设计、航空航天、石油化工、能源、汽车交通、电子、土木工程、地矿等领域	Ansys、Altair、MSC、Simulia	安世亚太科技股份有限公司、北京安怀信科技股份有限公司
计算机辅助制造	电子组装、机械制造等领域	PTC、Siemens UG、Solidworks	数码大方、中望
产品全生命周期管理	航空航天、装备制造、交通运输、生活设施等领域	Siemens、PLM、Dassault Systèms	数码大方、华天软件、艾克斯特、武汉开目信息技术股份有限公司、武汉天喻信息产业股份有限公司

产品类型	应用领域	国际代表企业	国内代表企业
电子设计自动化	机械、电子、通信、航空航天、化工、矿产、生物、医学、军事等各个领域	Synopsys、Cadence、Mentor Graphics	华大九天、芯禾科技、北京概伦电子技术有限公司、长沙广立微电子有限公司
分布式控制系统	电力、冶金、石化等领域	ABB、Emerson、Honeywell	中控技术、和利时
数据采集与监控系统	电力、冶金、石油、化工、天然气、水利、能源管理、市政、烟草、煤矿等领域	Emerson、Schneider、ABB、Rockwell	北京力控元通科技有限公司、台达电子科技股份有限公司
制造执行系统	汽车、电子通信、石油化工、冶金矿业和烟草等领域	Siemens、Dassault Systèm、GE	鼎捷软件、中控技术、广州赛意信息科技股份有限公司、能科科技股份有限公司

资料来源：笔者自制。

工业软件市场是千亿元级的市场。近年来，中国工业软件市场发展迅速，规模不断扩大。根据工信部的数据，全球工业软件产业的规模不断扩大，全球工业软件产业规模自2012年起持续扩大，2021年规模达4561亿美元，9年年均复合增长率达5.4%。中国工业软件产业规模由2012年的729亿元上升到2021年的2414亿元，9年年均复合增长率达14.2%，约为全球增速的3倍。

根据工信部2023年最新数据，2023年1~5月，中国软件业务收入为43238亿元，同比增长13.3%。其中，工业软件产品收入为1012亿元，同比增长13.1%，可见国内软件业运行态势平稳向好，市场竞争力逐步增强。未来，国产软件企业不断加强自主研发，不断提升技术水平，可逐渐在功能和性能方面超越国外软件，实现跨越式发展。

（二）中国工业软件发展中存在的问题

尽管中国工业软件企业的发展取得了显著的成绩，但由于企业长期面临

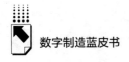

内部发展瓶颈和外部主流软件的竞争压力，仍有许多挑战需要解决。

1. 技术受到限制，产品竞争力低

近年来，美国政府对中国企事业单位的制裁范围越来越广，并且深入工业软件领域。国外工业软件巨头已经积累了几十年的工业生产关键技术，建立了扎实的工业数据知识库。而国产工业软件核心技术薄弱，产品在性能、功能模块数量、平台的稳定性上与国外软件存在差距，具体表现在：研发设计类工业软件关键核心技术缺失；生产制造类工业软件国内产品线的完善度不高，尚不能为用户提供一站式解决方案；经营管理类工业软件缺乏对大型企业的业务支撑，导致高端市场开拓受阻；运维服务类工业软件在功能、性能和稳定性、软件扩展性方面与主流产品存在一定差距。

由于存在这些问题，国产工业软件产品竞争力较低，在相关技术积累和市场占有率上不占优势。

2. 研发投入不足，缺乏政策扶持

与发达国家相比，中国工业软件企业的研发投入相对较低，政府对工业软件的政策支持也有待进一步加强。数据显示，从"十五"到"十二五"的 15 年时间里，我国对 CAD、CAE 等工业软件的投入资金不足 2 亿元。而全球最大的 CAE 仿真软件公司 Ansys 仅 2019 年一年的研发投入就达到 2.98 亿美元，约合 21 亿元。

而且中国工业软件厂商规模较小，研发能力有限，加上缺乏大量的长期资金投入，使得国产工业软件自主核心技术的研发进程受到了严重的阻碍。

3. 国产工业软件与工业融合不足，整体解决方案能力弱

工业软件需要与行业实际需求深度融合，积累应用数据，形成完整的软件平台和细分的行业解决方案。虽然工业软件是基于一行行代码制作的，但其背后蕴含着生产、制造、工艺和流程经验，是工业知识积累和沉淀的产物，没有工业技术的积累，就不会有优秀的工业软件。然而，中国工业软件企业基础薄弱，龙头企业依赖国外工业软件，导致国产工业软件在有限的开放场景中可打磨的空间较小。这也使得国产软件与行业应用需求的结合不够紧密，难以满足行业复杂多变的实际业务需求。

4. 成长迭代空间不足，产品成熟度低

"软件是用出来的"，国产工业软件需要通过在应用场景中不断发展技术和完善功能，提升产品成熟度。然而，中国工业软件市场长期被欧美供应商主导，中国企业需求侧依赖国外工业软件，中国多数制造业企业对国产软件尤其是研发设计类工业软件不熟悉，担心软件成熟度、稳定性、兼容性等问题对科研生产进度和质量产生影响，导致国产软件应用生态薄弱。由于制造业企业长期缺乏应用场景和用户需求意识，国产工业软件在产品设计和技术创新方面相对滞后，这导致产品成熟度相对较低，同时也限制了中国工业软件在应用场景中的迭代空间。

5. 专业人才稀缺，人才流失严重

工业软件领域需要具备高度专业水平的人才，但目前国内工业软件人才相对匮乏，且人才流失严重，造成了行业发展的障碍。《关键软件人才需求预测报告》预测，2025 年，我国工业软件人才缺口将达到 12 万人。由于国内工业软件企业人才收入远不如国外知名工业软件企业及国内互联网企业人才收入，软件开发人才大多流向互联网"大厂"以及游戏开发、金融等行业高薪企业，工业软件人才"被分流"。

三　中国工业软件的发展趋势与机遇

目前，全球工业软件市场需求持续增长，尤其是新兴领域的需求更大。在这种形势下，国产工业软件有政策、需求和技术等方面的重要机遇。政府鼓励企业进行数字化转型和技术升级，并提供政策支持；与此同时，中国国内市场对于智能制造、工业大数据等新兴技术的需求也在不断增加；此外，中国在人工智能、云计算、大数据等领域有良好的技术基础和人才资源，这些优势有助于推动国产工业软件的发展。

（一）中国工业软件发展新趋势

1. 云计算和大数据技术深入应用

云计算和大数据技术在工业软件领域的深入应用是中国工业软件发展

的一个重要趋势。首先，云计算为工业软件提供了灵活、可扩展的基础设施。通过云计算平台，工业软件将运行环境迁移到云端，从而降低了企业的互联网技术成本并减轻了其管理负担。云计算还提供了弹性资源分配，使得工业软件在处理大规模数据时能够快速、高效地进行计算和存储，以满足日益增长的需求。

其次，大数据技术为工业软件提供了更全面、准确的数据支持。随着传感器技术和物联网的发展，工业领域产生了海量且复杂的数据。大数据技术可以帮助工业软件采集、存储、处理和分析这些数据，从中挖掘出有价值的信息。这为企业优化生产流程、改进产品设计、提高服务质量等提供了基础。

再次，云计算和大数据技术的结合也推动了工业软件的智能化发展。通过整合人工智能、机器学习和深度学习等技术，工业软件可以实现更智能的数据分析、模型建立和决策支持。例如，在预测维护方面，工业软件可以基于大数据技术对设备运行状态进行实时监测和分析，并预测设备故障的发生概率，从而提前采取维护措施，避免生产中断和损失。

最后，云计算和大数据技术的应用还促进了工业软件的创新和跨界合作。通过开放的云平台和大数据共享，不同企业和行业可以共享数据资源和技术知识，从而加快创新的速度，提高创新的效果。

2. 人工智能技术与工业软件融合

人工智能技术的快速发展引领了新一轮工业转型，同时也为工业软件领域带来了深刻变革和新机遇。

一方面，人工智能技术可以通过数据分析和机器学习算法，对工业软件中的海量数据进行处理和挖掘。这样可以帮助企业发现隐藏在数据背后的模式，并提供精确的预测和决策支持，从而优化生产流程、提高产品质量和降低成本。另一方面，人工智能技术还可以赋予工业软件更高的智能能力。例如，通过自动化和智能化的算法，工业软件可以实现设备故障预警和维护，提高设备可靠性和生命周期管理效率。同时，人工智能技术还可以被应用于机器视觉、自动化控制等领域，实现自主决策和智能控制，从而进一步提高生产效率和灵活性。此外，与人工智能技术的融合也为工业软件开启了新的商业模式和增值服务。例如，通过将人工智能技术应用于工业软件中的智能分析和预测模块，企业可以提供数据驱动的解决方案和咨询服务，帮助客户实现智能化的生产和运营管理。

综上所述，人工智能技术与工业软件的融合不仅可以提高生产效率、优化资源利用，还能够开拓新的商业机会。随着人工智能技术不断发展和应用，工业软件将进一步发挥其在工业智能化转型中的重要作用。

3. 跨界合作和开放创新逐渐兴起

在工业软件领域，跨界合作和开放创新成为一个新趋势。不同行业的企业、科研机构和软件企业合作并共同解决复杂问题，可以加快技术创新和应用落地。

首先，跨界合作可以打造出更具前瞻性和开拓性的工业软件产品。比如，在制造领域，企业可以利用工业软件与机器人、物联网、云计算等技术，打造出具有高度自动化和智能化的工厂设备和生产线。这些产品将大幅提高生产效率和产品质量，并且为数字化转型奠定坚实基础。其次，跨界合作还可以促进工业软件领域的开放创新。通过共享资源和知识产权，企业可以快速构建复杂的软件系统和确定解决方案，降低创新成本和时间成本。最后，企业可以通过开放式合作，吸收外部的技术和资源，激发内部创新活力，推动工业软件行业的快速发展。

4. 工业软件服务化成为发展的新方向

随着信息技术的不断发展，企业对软件产品的定制化需求也越来越多样化和复杂化。通过订阅模式，用户可以拥有更加丰富的选择，无论是在移动设备上还是在云端，都能够轻松地完成软件的设计和协作。此外，企业将文件和数据存储在云端，也能够与其他 SaaS 软件进行交流，降低协作成本，从而实现更快、更灵活、更可靠的软件部署和管理。

工业软件服务化可以提供定制化的解决方案。企业可以根据自身的实际需求，选择所需的软件模块和服务，并按照使用情况计费，避免大量投资和资源浪费，降低企业的运维成本，提高软件的效率和可靠性。同时，通过云

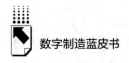

平台的开放 API 和标准接口，企业还可以方便地与其他系统进行集成，实现全面数字化转型的目标。

（二）中国工业软件的发展机遇

1. 数字转型的推动

随着"互联网+"和"工业 4.0"的推广和应用，制造业数字化转型正持续走深向实。数字化转型以数字技术为基础，通过改变传统工业生产和管理方式，实现智能化、自动化和高效率运营。随着数字技术的不断进步，企业对于工业软件的需求也在逐渐增长，特别是对于智能工厂、物联网、自动化控制等软件需求迅速增长。继硬件领域后，工业软件将推动新一轮产业变革，催生新的业态和模式，为制造业高质量发展注入新的动力。

2. 产业升级的需求

当前，中国正在迎来一个重要的历史机遇，即开始"中国智造"的转型升级。工业软件作为智能制造的重要组成部分，将在产业升级过程中发挥关键作用。首先，随着工业生产的自动化程度不断提高，企业对工业软件产品的需求日益增长。工业软件可以帮助企业实现物料、设备、信息等各方面的智能化管理，提高生产效率、降低成本。其次，智能制造是当前制造业发展的必然趋势。由于使用工业软件，企业可以实现数字化、信息化、无纸化等，这将为企业的生产和管理带来更多效益和价值。最后，随着国际竞争的加剧，中国工业企业需要借助工业软件实现产业升级，提高自身核心竞争力。工业软件可以帮助企业快速响应市场变化和客户需求，提高产品质量和服务水平。这样的转型和升级将有利于中国工业企业在全球市场中获得更大的话语权和竞争优势。

3. 国家政策的支持

近年来，工业软件行业受到国家高度重视，并成为国家产业政策的重点支持对象。相关政府部门相继出台多项政策，鼓励促进工业软件行业的发展与创新，为工业软件企业发展创造了良好的政策环境和提供了制度保障。如《"十四五"软件和信息技术服务业发展规划》《工业互联网创新发展行动计划（2021—2023年）》等产业政策为工业软件行业的发展提供了明确、广阔的市场前景，为企业提供了良好的生产经营环境。除了政策支持外，国家也制定了财政优惠政策来支持工业软件的发展。例如，2022年国家发布新的税收优惠政策，通过切实提高加计扣除研发费用比例，激励中小工业软件企业加大工业软件投入与研发的力度。国家还通过设立专项资金、引导社会投入等方式，为工业软件的技术研发提供了充足的资金和资源支持。

4. 国际竞争的压力

随着全球智能制造的快速发展，中国工业软件面临来自国际竞争对手的压力。由于中美贸易紧张局势加剧，美国政府采取了限购政策，限制了芯片、工业软件、设备器件、技术服务等对中国的出口，这给国内的工业生产带来了极大的挑战。2022年8月中旬，美国商务部工业和安全局（BIS）发布最终规定，将四项"新兴和基础技术"加入出口管制清单，其中三项涉及半导体，包括对设计GAAFET（全栅场效应晶体管）结构集成电路所必需的EDA软件。国际竞争压力虽然增加了中国工业软件企业的挑战，但推动了中国工业软件企业不断提高技术水平和服务质量。工业软件企业需要积极应对国际竞争的挑战，把握市场机遇，以在全球市场中获得更大的市场份额和商业价值。

5. 软件正版化加持

党的十八大以来，以习近平同志为核心的党中央高度重视知识产权保护工作，就全面加强知识产权保护做出了一系列重大决策部署，把软件正版化工作摆在了更加突出的位置，2002年《计算机软件保护条例》正式实施，正式启动了软件正版化工作。

随着国家软件正版化政策的推进，越来越多的企业和用户意识到购买和使用正版软件的重要性。在国家软件正版化政策和市场条件的双重推动下，中国研发设计类工业软件的正版化加速推进。随着中国软件正版化率的持续提高，采购将扩容，这为中国工业软件行业的发展带来了新的机遇和挑战。

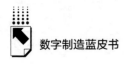

四　加快中国工业软件发展的对策建议

（一）构建生态，多方协同

任何一个国家做工业软件都需要协作，封闭体系不利于生产世界级的工业软件。中国工业软件企业必须融入或者主导构建生态体系，必须掌握自主可控的关键核心技术，建立中国自己的工业软件生态体系，并与世界对接。

通过完善生态系统，客户不仅可以购买工业软件，还能获得行业最佳实践、知识和经验。同时，工业软件企业也能更好地了解客户需求，持续改进产品和服务，并构建新的盈利模式，实现生态系统的良性循环。如数码大方以自有的 CAD、PLM 内核和平台为基础，持续完善构件算法、增加行业专业应用。一方面，企业已提高自有产品的更新迭代速度；另一方面，支持合作伙伴基于平台开发各种自有品牌的专业软件，在机器人仿真、产线智能设计、智能家居设计、BIM 设计、CAE 分析仿真等生态软件开发与应用上已取得一定成效。

中国要构建工业软件生态，首先，需要构建一个完整的行业生态系统，以企业客户为主体，围绕工业软件开发和应用，充分发挥硬件厂商、软件开发者、科研机构等的作用。通过不断的协同努力，中国可以提高产业效率，推动创新和升级。其次，企业需要加强合作，比如跨行业合作、跨地区合作等，共享资源、互惠互利，推动整个行业的发展。最后，政府需要倡导开放创新，鼓励各方共同参与工业软件生态系统。政府可以出台相关产业政策，引导各利益相关方共同参与行业生态系统，减少不必要的管制和限制，提高市场透明度和竞争力。企业可以采取开放的商业模式，引入更多的创新要素，快速响应市场变化。

（二）政策引导，创新合作

加大扶持力度，推进优先发展是中国工业软件发展的重要举措，政府需要加快制定工业软件发展国家战略，以政策引导行业，为其提供良好的发展环境和支持，推动工业软件产业的快速发展。

政府可以制定相关政策，引导企业加强工业软件的研发和应用。政府可以设立专项资金，支持企业开发和推广工业软件；制定相关税收优惠政策，鼓励企业投入更多的资源来推动工业软件的发展；加强对企业的财务支持，降低企业的融资成本；加强政府部门间的协同扶持。同时，政府还可以加强对工业软件产业的监管和引导，推动行业标准化、规范化，提高整个产业的竞争力和可持续发展能力。

针对核心关键技术，政府可以组织相关企业、研究机构和专家共同参与攻关项目，集中资源和力量开展共性关键技术的研发工作。政府可以建设开放性的创新平台，为企业提供创新服务和技术支持，通过技术交流、合作研发等方式，将科研成果快速转化为实用技术，推动工业软件的应用和发展。企业可以积极开展产学研合作，加强与高校、科研院所等的合作，共同推动技术创新和成果转化。同时，企业之间也可以进行合作，共享资源、互惠互利，推动整个行业的发展。

（三）优化环境，整合资源

为优化环境和整合资源，政府需要采取以下几项措施。

首先，政府需要优化市场环境，打造公平竞争的市场。为此，政府应加强行业自律，规范行业行为，打击不正当竞争行为，维护市场秩序等；同时，建立良好的信用体系，提高企业的诚信度，促进市场健康发展。

其次，政府需要整合各种资源，搭建平台，提高工业软件的研发效率，降低成本。比如，政府可以建设共享开发环境，以协同创新为核心推动软件开发；搭建行业公共服务平台，整合行业内的各种资源，提供一站式服务，为工业软件的研发、测试、发布、部署等全流程提供支持。政府可以加强产业协调，促进产业链上下游企业之间紧密合作。政府应通过整合产业资源，形成集中、规模化的生态系统，提高全局运营效率。政府、企业和科研机构等多方需要共同协作，实现资源的整合和优化，打造一个良好的环境，推动

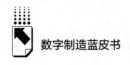

工业软件的发展。

最后，保护知识产权，推进软件正版化工作。政府应加大知识产权保护力度，会同行业主管部门加强监管本行业软件正版化工作，加大企业检查力度；积极鼓励使用国产软件，鼓励各企业科学合理配置软件。政府应持续加强宣传引导工作，营造自觉使用正版软件的良好氛围，同时要建立健全知识产权保护机制，维护软件开发者的合法权益。总之，政府、企业和社会各界应共同努力，形成多方合力，营造良好的市场环境，推动工业软件高质量发展。

（四）人才培养，推广应用

目前，国产软件复合型人才短缺，应用生态薄弱，要解决这两大问题，一方面，政府要积极培养工业软件领域的专业人才，为产业发展提供人才支撑。政府应关注工业软件关键技术和人才需求，创新人才培养模式，以创新型工业软件人才培养为目标，以深化产科教融合为抓手，通过改革人才培养模式、共建工业软件创新中心、攻关工业关键软件技术等，提升工业软件学科专业对加快中国现代化工业发展、产业升级、结构转型的支撑引领能力。

另一方面，政府应加大国产工业软件推广和应用的力度，加强国产工业软件推广和应用的政府统筹。一是制定高端装备产业国产工业软件新增和更换政策，发挥高端装备产业国产工业软件推广应用示范引领作用；二是部署高端装备产业国产工业软件应用路线图，聚焦船舶、航空、航天、汽车等重点行业，推动开放国产工业软件应用场景；三是支持用户企业在新建信息系统和生产线项目中优先采购国产工业软件；四是提高在重大工程项目中国产工业软件的采购比例；五是引导用户单位敢用、愿用国产工业软件；六是支持工业软件企业在重点行业进行试点和推广，打造国产工业软件行业应用标杆。

参考文献

［1］陈志杨：《工业软件：制造企业数字化转型的"支柱"》，《信息化建设》2022

年第 10 期。

［2］代小龙：《中国工业软件发展现状与趋势分析》，《软件导刊》2022 年第 10 期。

［3］黄实、王艺儒：《国内工业互联网产业现状与发展趋势简析》，《互联网天地》2021 年第 4 期。

［4］卢梦琪：《尽快提升国产工业软件研发应用能力》，《中国电子报》2023 年 3 月 7 日第 5 版。

［5］宁振波：《工业软件持续发展的动力：科学探索与制造业创新》，《软件导刊》2022 年第 10 期。

［6］陶卓、黄卫东：《中国工业软件产业发展路径研究》，《技术经济与管理研究》2021 年第 4 期。

［7］云梦妍、贾斐：《工业软件发展趋势与机遇研究》，《互联网天地》2021 年第 8 期。

［8］张倩：《加快研发设计类工业软件国产化步伐》，《中国企业报》2023 年 3 月 28 日第 6 版。

B.5
装备制造数字化的创新发展

中国机械总院集团云南分院有限公司 *

摘　要：　装备制造数字化是旨在提高装备制造生产效率、制造质量和核心
竞争力的先进生产方式。本报告分析了国内外装备制造业发展现
状及装备制造业数字化存在的问题和发展趋势，结合装备制造数
字化的特点，提出数字化创新发展"1235"基础框架——数字
化转型的1个中心、2个目标、3项重点任务、5种新型能力类
型。本报告提出装备制造企业数字化转型的发展基础、发展路径
和主要任务等，为装备制造业企业实施数字化创新发展提供可参
照的理论依据，解决装备制造企业数字化的痛点、难点。

关键词：　装备制造　数字化　数字经济

　　装备制造业是工业的核心，是国民经济发展的基础性、支撑性产业，
装备制造业的发展水平实时反映一个地区或国家的制造能力、科技创新和
综合实力。先进装备制造是装备制造业的核心，是中国长期重点支持发展
的高新技术密集型产业，也是推动工业转型升级的重要引擎和创新驱动的

---

* 中国机械总院集团云南分院有限公司是中国机械总院集团下属二级单位。主要开展机械设计
与制造、精密测试、工业自动化、工业软件与协同制造、工业机器人与智能制造等研究；从
事机电一体化产品研发、设计，机械产品全面性能试验、检测及司法鉴定；承担工业与民用
建筑工程项目的可行性论证、项目规划、施工设计，工业园区设计；提供定制及成套专用设
备设计、工艺、生产线整体解决方案；研发智能制造技术与制造业信息技术、两化融合技
术，开展工业园区及区域经济发展战略咨询服务。执笔人：余颖，高级工程师，战略咨询所
副所长，主要研究方向为企业数字化转型评估诊断。

主战场，在带动整个装备制造业和战略性新兴产业升级中发挥着重要支撑作用。

本报告阐述的装备制造数字化指的是在数字经济背景下应用新一代信息技术与装备制造企业研发、生产、销售等核心业务深度融合，应用数字化提高装备制造行业的研发水平、制造质量、供应链管理能力等核心竞争力。装备制造业数字化转型主要包括研发设计数字化、生产制造智能化、采购供应网络化、经营管理可视化、客户服务个性化等。

一 国内外数字制造装备的发展情况

（一）装备制造业发展情况

1. 全球装备制造业发展的总体态势

近年来，全球装备制造业呈现集群化发展趋势，大量同类产业或产业上下游企业在同一区域有机地集聚在一起，形成产业园区，通过协同创新而获得竞争优势。发达国家长期处于装备制造业的核心层，拥有强大的产业发展基础、较高的技术研发水平和资本运作能力，制定产业标准的话语权，拥有企业品牌、设计与全球销售的控制权，在产业分工中获得较高利润回报。德、美、日等国家掌控高端装备制造核心技术与关键零部件高附加值环节，在产业链上游的高附加值新材料产品中占据主导地位。目前，装备制造业向智能制造方向发展，数字孪生、人工智能、机器人、物联网等技术在生产车间中得到广泛应用，已成为企业提高生产效率、降低人力成本的重要手段。数字技术、网络技术和智能技术日益渗透融入产品研发、设计、制造的全过程，"异地设计、就地生产"的协同化生产模式已被企业广泛接受和采用。同时，受到中美产业竞争、全球经济下行、国际政治环境变化等多重因素影响，全球产业格局面临重构挑战。发达国家实施逆全球化发展战略，其"再工业化"、制造业回流策略导致贸易摩擦频繁，中国制造业原有的海外营销模式、技术发展路线、资本运作模式等均受到较大影响。

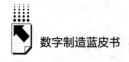

2. 中国装备制造业发展情况

装备制造业是国之重器，是国家安全的重要保障。近年来，中国装备制造业发展初具规模，形成以长三角地区、珠三角地区、武汉市、长沙市、西安市、成都市、重庆市为中心的多个制造业核心，取得举世瞩目的成就。2020年全国先进装备制造企业达到126.64万家、注册资本达157574.37亿元，先进装备市场规模近20万亿元，且呈每年上升趋势。"十四五"时期，随着工业互联网、大数据、5G、人工智能等信息技术的高速发展，中国先进装备制造的发展深度和广度日益拓展，以新型传感器、智能控制系统、工业机器人、自动化成套生产线为代表的先进装备智能化产业体系初步形成，一批具有知识产权的重大智能制造装备水平将提升。中国装备制造业大而不强的矛盾仍然突出，中国在制造规模、产业链完整度和市场需求规模等方面优势突出，但从产业利润、创新能力、工艺水平、核心技术、关键零部件、全球价值链分工地位、高端品牌认可度等方面衡量，中国装备制造业仍处于劣势地位。装备制造业的创新能力薄弱、产业链韧性不强的问题仍十分突出，而且中国装备制造业在国际分工体系中缺少话语权、产业发展受制于人，还不能满足高质量发展的需要。

（二）数字经济发展趋势

1. 全球数字经济发展的总体态势

根据联合国的分类标准，在测算的47个国家中，有20个发达国家、27个发展中国家，这可以反映不同经济发展水平国家的数字经济发展差异。根据世界银行的分类标准，在测算的47个国家中，有34个高收入国家、10个中高收入国家和3个中低收入国家，这可以反映不同收入水平国家的数字经济发展差异。整体来看，经济水平较高、收入水平较高的国家数字经济发展水平也较高。

在总量方面，高收入国家数字经济总量占全球比重超过七成。2021年高收入国家数字经济规模为286417亿美元，占47个国家数字经济总量的75.2%；中高收入国家数字经济规模为85694亿美元，占比22.5%；中低收入国家数字经济规模为 8745 亿美元，占比 2.3%。从不同经济发展水平来看，2021 年发达国家数字经济规模为 27.6 万亿美元，占 47 个经济体数字经济总规模的 72.5%；发展中国家数字经济规模为 10.48 万亿美元，占比 27.5%。

2. 中国数字经济发展情况

中国数字经济规模不断扩大，再上新台阶。近年来，数字经济蓬勃发展，已成为国民经济中最核心的增长极之一。中国数字经济增加值规模由 2005 年的 2.6 万亿元扩大至 2014 年的 16.16 万亿元，2014 年至 2021 年行业增加值继续快速增长，到 2021 年增至 45.53 万亿元，数字经济占国内生产总值（GDP）比重逐年提升，在国民经济中的地位进一步凸显。数字化与传统产业深化融合发展迈上新台阶，新零售、平台经济、共享经济等新型商业模式陆续涌现。数字化车间、工业互联网平台、智能制造建设全面加速。2021 年产业数字化规模达 37.18 万亿元，占 GDP 比重为 32.35%，占数字经济增加值比重由 2014 年的 73.95% 提升至 2021 年的 81.66%，为数字经济持续健康发展输出强劲动力。

"十四五"发展规划提出"十四五"期间要加快数字化发展，打造数字经济新优势，协同推进数字产业化和产业数字化转型，加快数字社会建设步伐，提高数字政府建设水平，营造良好数字生态，建设数字中国。多个"数字"的连续使用勾画出了"数字中国"的未来图景，也表明了中国数字经济发展将进入全面提速阶段，这意味着数字科技在推动产业数字化转型升级等方面的潜能将得到进一步释放，成为"十四五"发展的新引擎。中国数字经济的发展潜力巨大，在数字经济时代，行业、企业、政府部门都将"拥抱"数字化转型，分享数字经济红利。

"十四五"时期，随着制造业实施数字化转型，智能制造和工业互联网平台建设加速推进，数字化与传统产业的融合将不断加深，制造业实施数字化转型呈现巨大发展空间。制造业实施数字化转型发展的同时将带动工业软件、自动化硬件、互联网平台等数字化技术服务业高速增长，可能催生系统解决方案集成商、数字化创新服务机构等新服务公司。同时，随着数字经济

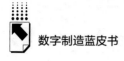

跨越式发展，中国广大的消费市场和数字经济基础设施共同促进数字消费领域的蓬勃发展。

（三）装备制造数字化转型趋势

装备制造业作为实体经济的主体，其发展趋势是数字化、网络化、智能化和高效化。从全球情况来看，产业数字化是数字经济发展的主战场，代表着数字经济在实体经济中的融合渗透。一方面，政府要利用网络、平台、安全三大体系，赋能装备制造业数字化转型；另一方面，政府要加快传统企业的"上云"步伐，培育产业数字化转型解决方案商。在此过程中，中国还需要克服产业企业在数字化转型过程中普遍存在的"不敢转""不会用""不能转"等障碍。

1. 智能制造

智能制造是一种深度融合新一代信息技术与先进制造技术的制造方式。它通过促成 5G 网络、模拟仿真技术、人工智能技术、数字孪生技术、虚拟现实和增强现实技术、边缘计算技术等新一代信息技术与先进制造技术深度融合，来降低成本、提升运营效率、优化客户体验，以及提高制造业产品质量和核心竞争力，主要包括数字化制造、数字化网络化制造和数字化网络化智能化制造。

2. 数字产品制造

数字产品制造是数字经济的核心产业之一，是"数字产业化"的组成部分。数字产品制造主要涉及 3D 打印技术、智能制造系统、机器人和自动化技术以及 VR/AR 技术等，通过以上技术的交叉应用，实现计算机、通信及雷达设备、数字媒体设备、智能设备、电子元器件及设备的制造。

3. 装备制造数字化

数字化制造业包含两个内容，一是利用数字技术与中低端制造业融合的手段，提升传统产品的种类和功能，增加产品的附加值，使中低端产品向中高端产品转变，从而实现装备制造数字化。二是将数字技术应用于高端制造，从而缩短科技成果产业化和成果应用商业化的周期，快速实现产业集约化、规模化发展。当前，装备制造业正向全面信息化方向迈进，在这一过程中中国将采用数字化设计、数字化制造、数字化检测、数字化维护等手段，实现产业的信息化、软件化、高附加值化。

二　装备制造数字化的创新发展

（一）发展基础

装备制造数字化是指在传统装备制造过程中，建立适应装备生产过程中机械技术与信息技术深度融合的数字化制造系统。数字化制造系统可以帮助企业在实际投入生产之前能在虚拟环境中模拟仿真和测试，在生产过程中也可同步优化整个生产流程并实现生产全过程数字化。企业将"人、机、料、法、环"五个层面的数据链接、融合并形成一个完整的闭环系统，通过对生产全过程数据的采集、传输、分析、决策，优化资源动态配置，增强产品质量管控。装备生产全过程数字化的重点工作是企业打通各种数据流，包括从生产计划到生产执行的数据流、MES 与控制设备和监视设备之间的数据流、现场设备与控制设备之间的数据流，自主研发或委托其他企业开发生产数字化集成平台，将不同生产环节的设备、软件和人员无缝地集成为一个协同工作的系统，以实现互联、互通、互操作。物联网通过嵌入电子传感器、执行器或其他数字设备将所有物品通过网络连接起来，通过万物互联来收集和交换数据以实现智能化识别、定位、跟踪、监控和管理，其中关键技术包括传感器技术、RFID 标签和嵌入式系统技术，可以实现透明化生产、数字化车间、智能化工厂，减少人工干预，提高工厂设施整体协作效率和产品质量一致性。

未来，物联网、5G、人工智能等新技术会不断被应用到装备制造业中，与装备制造业不断深度融合，使中国数字化装备行业保持较快增长。

（二）发展路径

装备制造企业为传统企业，在数字化转型过程中面临诸多问题。企业数

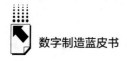

字化转型方向不明确、路径不清晰、投入资金大、人才缺失、实施方案难以在企业落地等成为企业实施数字化亟须解决的难题。结合装备制造企业特点，为辅助企业进行数字化转型，本报告提出数字化转型成功实施的基本框架——数字化转型"1235"框架，包括数字化转型的 1 个中心、2 大目标、3 项任务、5 种新型能力类型。

1. 数字化转型的1个中心

装备制造企业在数字化转型中以企业发展战略为中心，进行数字化转型的顶层设计，确立企业保持可持续竞争优势的建设方向。以企业发展战略为中心是装备制造企业数字化转型的基本前提。装备制造企业数字化转型通过分解战略目标、战略重点、战略举措，以及业务场景数字化创新，实现组织变革、流程贯通与优化以及发展网络技术。

2. 数字化转型的2大目标

装备制造企业数字化转型应把降本增效以及协同创新、生态合作为两大价值创造目标。从企业内部来看，实现降本增效是数字化转型的目的之一，装备制造企业通过加速全价值链优化，提高核心技术自主研发能力，提升生产运营效率和产品质量，推动企业的高质量发展；从产业全局视角，数字化转型能促进装备制造企业间攻克技术壁垒协同平台的搭建和共享，能为装备制造产业链上下游提供集成共享服务，促进装备制造企业间的生态合作、产业价值链的优化和资源整合，从而打造一个开放、创新的数字化新生态，实现装备制造企业和产业数字化转型的目标。

3. 数字化转型的3项任务

装备制造业数字化转型的 3 项任务如下。

（1）以新型能力建设为主线。

为实现数字化创新发展，装备制造企业需要以新型能力建设为主线，通过识别并分析企业发展内外部环境因素、公司关键核心业务流程现状、公司关键业务岗位职责情况、公司数字化技术现状、数字化软硬件基础现状等，结合新型能力建设内容及目标需求，策划形成数字化创新发展过程的业务流程与组织机构需求、技术实现及集成需求、业务所需数据开发利用需求、新型能力建设过程中的基础资源需求等系统性解决方案，并针对满足解决方案中的需求，打造新型能力支撑数字化创新发展。

（2）以数据开发利用为核心。

结合新型能力建设的需要，企业应梳理数据资产，对数据进行采集、清洗、分析、利用；发挥业务数据价值，驱动业务管理及模式创新。数据是数字化转型的基础，大部分装备制造企业虽然有相对完善的业务系统，但尚未形成覆盖企业全流程、全产业链、全生命周期的数据链；业务数据资源分散在现有业务平台系统，由于现有系统间的物理隔绝，大量的"数据孤岛"出现；企业内部数据开发利用率低且与外部融合度不高，数据流通的断环现象导致企业难以及时、全面地感知数据的分布与更新。针对上述问题，装备制造企业需要重点在技术文件结构化、管理流程标准化、数据感知智能化等方面加快转型。

一是技术文件结构化。企业应通过运用 PLM、物料清单（BOM）等主流技术系统，使源头数据结构化，给予源头数据可识别的身份标识，打好装备制造数字化的基础，并确保系统间可以实现相互串联和共享。

二是管理流程标准化。企业应根据产品的生产工艺特点、质量管理难点及标准要求，在关键点进行合理的流程控制，建立制造工艺流程和产品设计信息系统，基于控制设置数据采集、传输、录入接口。业务管理平台自动采集、录入控制点业务数据并生成统计分析报表，支撑生产过程精细化管理，实现生产过程数据化、结果可视化。

三是数据感知智能化。生产过程的工艺参数、设备运行状态、质量等数据由智能设备采集、分析处理并且被实时感知。因此，企业可通过引入传感、打码、扫码装置，实现参数自动提取，打牢产品数据化的基础；通过数据感知，实现数字化工厂数据采集自动化；通过对工业大数据挖掘、分析，实现生产过程控制及工艺调整的智能化。

（3）以平台建设为赋能工具。

企业应结合新型能力方向和数据采集、集成共享需求，形成所需的平台支撑能力，并通过平台赋能各项核心业务数字化。企业应围绕核心业务和流程构建数据中台，提升业务数据平台化管理能力；基于混合云架构搭建工业互联网平台，提升业务协同管理能力；完善数字化治理体系，围绕执行层关键指标、管理层需求指标、决策层目标指标搭建一体化治理平台，提升数字化治理能力。

企业应通过数字化平台集成共享，实现数据跨业务采集、流程跨部门驱动，从而打破传统"数据孤岛"的困境，依托数据中台收集核心业务平台实时数据，以实现数据资源有效整合；通过数据汇总分析，实现产品全流程追踪，从物料领用到生产执行、质量检验再到客户服务，实现产品全生命周期质量管控；提高需求响应效率，拓展服务范围，实现制造向服务型制造转型，提高客户服务水平；构建专家知识库，提升问题解决的时效性，避免同类型的问题重复发生。

4. 打造5种新型能力类型

为实现数字化转型，装备制造企业应围绕研发、制造、供应、服务、管理五种业务场景的特点，以实现可持续竞争优势为目的，开展价值效益策划，通过打造新型能力，实现业务重构；同时，分析内外部环境，梳理业务转型方向和数字化应用需求，围绕产品研发、制造执行、供应链管理、客户服务、管理赋能五类业务场景，通过流程优化、数据共享、系统集成，推动形成合则横向一体、分则纵向有为的数字化架构设计与转型建设模式。

（三）主要任务

在装备制造企业数字化转型过程中，数字化转型战略的制定、数字化新型能力的打造是转型成功的核心，数字化管理方式的转变是转型成功的有效保障。

1. 数字化转型需要转战略

企业应将数字化转型深度融入企业发展战略，围绕数字化企业建设需求，制定数字化转型专项战略规划；建立组织架构与管理模式的创新机制和管理体系，探索数字化环境下的商业模式创新和管理模式创新；制订数字化转型年度计划，建立覆盖全员的数字化转型绩效考核体系。

2. 数字化转型需要转能力

企业应围绕数据、技术、业务流程与组织架构四要素开展数字化环境下的新型能力建设；从产品创新能力、用户服务能力、数据开发能力、员工赋能能力、生态合作能力等新型能力视角进行项目建设，支撑装备制造业从传统生产运营管控能力向新能力进行转型，通过能力建设带动业务创新升级。

3. 数字化转型需要转管理方式

企业应提升领导对数字化企业的认知深度和加大培育数字化转型文化的力度；引导决策者培育数字化转型的战略洞察力和执行力，建立全员的数字化转型职能职责及沟通协调机制；推进数字化企业变革创新，加快培育数字业务。

企业还应探索数据驱动的网络型管理方式，实现全流程自适应管理，完善数字企业治理体系，实现数据、技术、业务流程和组织架构四要素的智能协同动态优化和互动创新。

三 装备制造数字化创新发展总结

装备制造企业可以分三步开展数字化转型。

第一，形成战略引领的业务洞察。数字化转型以企业战略为引领，以业务洞察为手段，探寻达成未来战略目标的过程。企业通过外部环境与资源能力分析，从几大数字化场景分析入手，结合装备制造业行业特点及传统管理难点形成数字化建设重点和需求，围绕业务需求策划并打造新型能力，支撑业务转型升级、商业模式创新探索、重构价值效益传递链条，提升竞争优势，实现战略转型升级。

第二，进行架构引导的数字化顶层设计。企业应从企业现状出发，围绕业务架构、组织架构、数据架构、技术架构等，策划数字化转型实施方案，将数字化治理体系融入现有管理架构。在数字化转型过程中，企业应从平台建设到功能实现，做好企业数字化转型蓝图与推进路线图的整体把控，以应对整体数字化运营带来的高度复杂性与风险性，确保战略、业务、技术等的

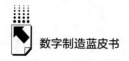
一致性和协调联动，促进整体协同效应的发挥。

第三，面向数字化变革的机制建设。企业应从转变意识着手，培育企业的数字化文化，建设完善数字化治理体制机制，结合企业文化推动数字化在企业内部融合，持续提升各级领导的数字化领导力，将数据作为数字化转型的核心要素和驱动力，优化业务流程和组织架构；建立数据驱动的管理架构，赋能员工数字化能力持续提升，形成健全的数字治理支撑体系。

四　代表性企业数字化转型案例分析

对企业而言，数字化转型需要一套智能化的优化方法，这套方法能够协助企业调整经营思路、优化运营方式和企业管理方法。企业开展数字化转型可使组织架构更具创新能力，更有利于企业发展。小型企业在应对智能化浪潮时，假如未积极主动部署并执行发展战略，就有可能在未来落后于竞争者，乃至撤出市场。反过来，假如小型企业根据数字化转型，立即掌握创业商机，运用企业"船小好掉头"的优点，迅速调整销售市场方位，就很有可能比大企业反应更快，早一步抢占市场先机。因而，数字化转型是当今企业发展的必备良药。

在一些特定领域的传统型生产企业眼里，数字化转型并不是它们发展的必由之路。诸多大中型企业现阶段仍选用传统、落伍的生产制造运营模式，尽管具备竞争优势，但这类优势是比较有限的，且公共数据无法得到合理的运用，数据信息存在"荒岛"，尽管现阶段这类大中型企业能够维持正常经营，但是它们依然存在发展瓶颈，而助力企业突破瓶颈的有效手段就是实现数字化转型。

（一）案例1：溢鑫铝业：应用工业互联网，构建电解铝智慧工厂

鹤庆溢鑫铝业有限公司（简称"溢鑫铝业"）成立于 2007 年 10 月，是云南铝业股份有限公司（简称"云铝公司"）的二级子公司。溢鑫铝业的主营业务为重熔用铝锭及铝加工制品生产、销售。溢鑫铝业承接了云铝公

司大部分优质资源、先进的生产技术装备、以国际标准化体系为主要特征的内部管控模式和高素质的员工队伍，奠定了溢鑫铝业改革发展的基石。2019年溢鑫铝业电解铝新工厂建成投产，2020年二期项目建成投产实现年产能45万吨铝锭。站在新的历史起点，溢鑫铝业发挥资源整合、专业管理优势，按照"安全高效、质量服务、与时俱进、科学管理"的发展思路，以做大做强云铝公司为使命，紧紧抓住中国铝工业"产能西移"、国家支持"水电铝"一体、共建"一带一路"的重大机遇，加快产业发展步伐，立足新起点，谱写新篇章。

当前，溢鑫铝业在生产管理方面面临三个问题。一是电解铝生产过程管理分散，存在大量"数据孤岛"。电解铝生产过程涉及的物料供应、电解控制、铝锭铸造、质量管理、能源管理为各个业务部门分散管理，"数据孤岛"现象严重且存在信息资源流失风险。二是生产经营管理手段落后，效率低下。原有管理流程为经营部负责物料供应，设备能源技术中心管理能源、设备以确保生产所需设备设施，电解生产管控中心负责生产。各部门间的流程衔接主要依靠人员协调，以纸质文档流转，这存在效率低、标准不统一等问题。三是生产运营管控成本高。电解铝生产过程涉及电解、铸造、能源供应、质量检验等生产设备，其运维、检修成本较高，现有能源和设备均由人工管理，能源利用和设备运维需要通过数字化实现精细化管理。

溢鑫铝业通过应用工业互联网、工业自动化技术，搭建电解铝生产经营管控一体化平台，形成集物料仓储、生产运行、生产监控、生产调度、能源设备、检斤计量、测试化验管理等为一体的管控平台，实现电解铝原材料采购、物料供应、电解控制、出铝调度、测试化验、铝锭铸造、打捆检斤、仓储运输全流程数字化、精细化管理。系统平台集成生产车间电解槽控系统、铸造设备生产线等工业设备系统建立电解铝生产数字化车间。溢鑫铝业通过系统平台实时跟踪与监控整个生产过程，并进行科学动态的调度管理，及时优化组织生产，保证生产流程畅通、工艺过程稳定，消除电解、出铝、铸造等生产过程的安全隐患，降低能源消耗，提高设备利用效率以及铝锭产品质量和品质。

1. 监控电解铝生产过程

管控一体化平台生产监控模块可以实现对电解铝生产车间和现场生产过程的实时数据采集和在线集中监控，使生产管理人员充分了解生产现场状况，实时掌握生产进度，并能对整个生产过程中发生的情况进行快速响应和资源协调。溢鑫铝业建立电解铝厂实时监控信息中心，可以在监控中心的大屏上集中监控电解铝生产过程中的主要工艺流程数据、生产运行情况、设备状态等。管控一体化平台提供人机交互界面，生产操作控制人员可以实时设定工艺指标，整定和调整控制过程控制参数，实现对生产过程的操控；如果出现异常，系统马上做出报警、停机等应急响应，指导生产操作人员进行相应的应急处理。

管控一体化平台实现各生产车间生产排班、交接班管理以及生产运行管理，对各车间、各生产工段和班次的生产工艺、质量、物耗、能耗、产量进行统计分析。

2. 生产过程质量管理

检斤计量系统实现计算机网络与数据通信接口、车辆识别 IC 卡、LED 显示屏（或声光报警）、车辆红外线定位与视频监控等技术的集成，实现物资检斤计量过程的无人值守自动化、网络化、数字化、透明化，有效防止计量争议事件。检斤计量系统的数据采集涵盖进厂原材料和出厂产成品的计量，以及厂内物资倒运的计量、物资调拨过程的计量，保证计量数据的真实性、准确性和实时性。检斤计量系统还实现了远程称重计量监视、远程打印过磅单等。

溢鑫铝业配备自动化、数字化检验设备，实现产品质量检验、中间过程产品（原材料、原铝、电解质、磷生铁等）的检验、产品和厂内物资的计量。现有检验设备包括直读光谱仪、X 射线荧光光谱仪、原子吸收光谱仪、标准检验筛机、电子天平、电导率仪、微控数显电热板、直视式电子吊秤、振动磨、压样机。

生产过程相关的槽样、铝锭与磷生铁由统一检测设备光谱分析仪进行检测，管控一体化平台采集检测设备数据并将其上传至系统平台进行统一管理。

3.阳极板组装自动化

溢鑫铝业应用物联网技术构建阳极组装生产线，通过对阳极板生产关键设备的数字化改造，实现从阳极上料、废料破碎到组装、下料全流程的自动化处理。阳极板组装设备包括悬链输送机、浇铸站、中频炉、导杆校直机、导杆清刷机、GW系列中频无芯感应电炉、蘸石墨装置、石墨烘干机、碳块输送链、残极压脱输送皮带、铁环压脱输送皮带、电解质清理输送皮带、破碎系统皮带输送机、导杆上下链小车、闭式冷却系统、阳极组装车间除尘系统、铁环滚筒清理机、颚式破碎机、反击式破碎、斗式提升机、液压系统、阳极组装车间天车、阳极组装行车。

4.电解过程数字化

电解生产管控平台集成电解槽控制系统，实现电解过程动态监控。溢鑫铝业已建成8个电解工区，共有电解多功能机组16台，500KA电解槽336台。电解槽通过控制系统由8台主控机进行生产管控。电解生产设备主要包括电解槽、多功能天车、槽控机、母线提升机、天车加料系统、供料净化排烟风机、氧化铝输送系统、精准出铝系统、脱硫系统、烟气净化系统。电解生产管控平台实现电解过程数字化管控，根据电解槽铝水平数据信息，制订出铝量计划，集成原铝化验分析报告数据信息和天车秤计量数据信息，形成排包出铝计划表和实际出铝量报表，实现自动排包与排炉，保证铸造铝锭的品级率，提高经济效益。

5.大数据分析提高生产智能化水平

溢鑫铝业构建生产经营大数据平台，实现各生产车间生产排班、交接班管理以及生产运行管理，对各车间、各生产工段和班次的生产工艺、质量、物耗、能耗、产量进行统计分析。生产经营大数据平台针对电解铝产品生产过程中的生产运营、产品质量、设备状态、能耗等相关数据进行开发利用，实现生产状态监控分析、质量统计分析、能源统计分析等应用，为生产过程管理提供数据决策支持。

溢鑫铝业应用物联网、移动互联网、大数据等技术，实现原料供应、能源利用、设备管理、生产过程、质量检验平台化管控，实现全厂范围的经营

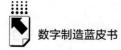

数字制造蓝皮书

管理信息、生产管理信息与安全监控管理信息的集成；打通基础支撑、生产过程、经营管理等业务领域，实现电解铝工厂生产过程自动化控制、经营管理的数据支撑。该公司通过生产数据信息与生产经营管理数据信息的融合与共享，实现经营、计划、目标、任务、成本与质量等的有效结合，形成一体化综合管理能力，科学动态地调度指挥与管理生产资源，及时优化和组织生产，确保生产流程畅通，工艺过程稳定，提高生产效率，保证产量与质量，减少消耗，降低成本，提高生产经营效益，实现生产经营管理自动化、网络化、数字化、集成化、模型化、可视化和智能化的现代企业目标。

（二）案例2：茨坝矿机：数字採宝建设，实现设计制造一体化

昆明茨坝矿山机械有限公司（简称"茨坝矿机"）成立于1977年，隶属于云南方舟集团，是一家集工业流程设计、产品研发、生产制造、销售服务为一体的高新技术企业。成立以来，茨坝矿机专注于选矿、物料筛分、物流搬运、输送等机械产品的研发与运用，是云南省矿山机械的龙头企业、西南地区矿山机械的知名企业，也是国内具有较大影响力的矿机研发生产和出口主要基地，以及物流搬运、输送设备的重要制造商。它可为客户提供工业流程设计、成套设备、安装调试、运维服务、配件供应、培训咨询等一站式整体解决方案和具有自主知识产权的单机设备。茨坝矿机先后获得云南省高新技术企业、云南省成长型中小企业、云南省创新型非公有制企业、中国矿山机械行业50强企业、昆明市科技创新型试点企业、昆明市优秀企业、昆明市20佳成长性中小企业、昆明市质量走廊示范点、盘龙区纳税突出贡献企业等多项殊荣。茨坝矿机通过了ISO9001质量管理体系、两化融合管理体系认证，并且通过云南省昆明市盘龙区总工会和劳动模范协会的认证。

当前，茨坝矿机在设计制造一体化管控方面面临和需要解决如下问题：产品工艺设计和生产制造仍采用手工管理，加之在用信息系统未实现集成，公司整体运营效率不高；新产品开发、老产品改型换代、产品投入市场速度不快；随着人工成本上升、买方议价能力增强，企业利润空间被严重挤压。随着客户需求的个性化、多样化和定制化，多品种、小批量生产成为公司主

112

要的生产方式。管理不断增加的种类繁多的物料，以及解决产品标准化程度低、BOM 录入工作量大、产品 BOM 不准确、设计过程不受控、新产品开发周期长、产品设计成本高、产品图纸资料查找困难、产品设计变更频繁、库存积压严重等问题成为公司目前的主要任务。

为彻底打通"数据孤岛""系统孤岛""业务孤岛""管理孤岛"，2019年 3 月，茨坝矿机对企业管理系统进行重新规划和部署，决定开展"数字采宝"建设。该公司通过搭建一个支撑公司高质量发展的信息化平台，实现销售、设计、采购、储存、生产、作业、质量、设备、服务、财务等关键业务一体化集成管理。茨坝矿机经过反复调研和多方对比，决定导入用友网络科技有限公司（简称"用友"）PLM 系统、用友 ERP 系统（已集成客户关系管理和财务管理功能），取代原有英泰 PLM 系统、企能 CRM 系统、金蝶 EAS 系统。公司计划用 3 年左右的时间分期、分阶段开展"数字采宝-PLM/ERP 系统项目"建设。

设计制造一体化管控能力实现项目统筹与专业协同的工程及研发一体化的项目管理、集中安全的图文档管理、设计生产统一的物料管理、产品结构数据化的 BOM 管理、结构化的产品工艺管理、多 CAD 集成协同、设计制造集成协同（物料集成、BOM 集成、工艺集成）七大关键应用。

1. 系统设计

（1）公司导入用友 PLM 系统，实现对产品全生命周期输出文档的标识、分类、审批；对公司物料统一分类、编码；按项目管理产品设计过程；使用内嵌的集成菜单，将 CAD、EDA、OFFICE 工作成果一步提交至 PLM 系统；进行产品设计，搭建设计 BOM；进行工艺设计，搭建工艺 BOM，编制工艺路线和说明；对生效后的设计 BOM、工艺 BOM、技术文档、工艺路线进行全程可追溯的变更管理。公司还通过对产品开发全过程的动态管理和对产品数据的有效管理，提高对企业产品设计知识、历史数据、成功经验的利用率，减少重复设计，提高自主开发能力和开发效率。

（2）公司导入 ERP 系统供应链子系统、生产制造子系统部分模块，实现从销售订单、生产工艺、生产计划、采购计划、采购执行、生产排程、制造执行、质量检验、完工汇报、产品入库、销售发货的端到端全流程监控和反馈，以及企业、车间一体化协同生产管控和全流程闭环动态管理。

（3）公司通过 PLM 内嵌的 ERP 接口和 ERP 内嵌的 PLM 接口，实现 PLM 与 ERP 的集成应用，将产品设计环节与生产环节紧密地连接在一起，保证设计数据快速、准确地向 ERP 传递，为生产制造部门及时、准确地提供所需产品数据；同时，将产品生产的相关库存、在制、成本等信息推送到 PLM 系统，有效控制产品设计成本。

2. 应用效果

茨坝矿机通过信息技术应用，实现设计制造一体化应用场景。

（1）设计生产统一的物料管理。茨坝矿机通过建立统一的产品数据源，实现系统自动查重，提高产品数据的完整性、准确性、一致性。该公司的产品数据准确率大于 95%；茨坝矿机还构建数据关联性，极大地提高了产品数据质量，实现了整个公司相关产品的数据共享，防止数据丢失。

（2）集中安全的图文档管理。该公司提高了数据检索效率，数据查找时间缩短 80% 以上；电子化审签减少纸质打印量 70% 以上；图文档审签发放流程缩短 30% 以上；合同技术评审及时率高于 96%。

（3）产品设计项目管理。茨坝矿机通过 WBS、甘特图、网络计划图等技术进行产品设计项目任务分解、计划、下达，实现设计团队管控、项目进度控制、项目质量管理。产品设计按期完成率高于 96%；新产品开发计划按期完成率高于 90%。

（4）产品结构数据化的 BOM 管理。茨坝矿机提高设计重用率，压缩物种，重复设计减少 70%，缩短人员成长周期 30%；优化提升制造和物流资源，产品研发成本降低 30%。

（5）结构化的产品工艺管理。茨坝矿机通过工艺打通研发与制造之间的数据结构和业务过程，实现并行工程，提高设计效率，减少研发和工艺的设计错误，提升产品质量，提高协同设计效率 40%。

（6）规范设计变更管理。该公司建立对生效后的设计 BOM、工艺 BOM、技术文档、标准工序进行全程可追溯的变更管理，实现变更的多版本管理。技术问题处理及时率高于96%。

（7）设计人员使用不同的软件工具完成设计图文后，使用PLM内嵌的CAD、EDA、OFFICE集成菜单，一步将成果提交至PLM系统，提高设计效率，减少一致性差错。

（8）设计制造一体化直达车间，生产任务和加工图纸同时显示在现场终端，避免传统管理中容易出现的加工错误，给生产管控和统计带来极大便利，提高了精益管理水平，使多品种、小批量的定制生产变得效率高、成本低、交货快。生产计划按时完成率高于92%。

参考文献

［1］《国务院关于印发〈"十四五"数字经济发展规划〉的通知》，中国政府网，https：//www. gov. cn/zhengce/content/2022-01/12/content_ 5667817. htm。

［2］《机械工业"十四五"发展纲要》，机经网，http：//www. mei. net. cn/jxgy/2021 05/1620303069. html。

［3］《全球数字经济白皮书（2022年）》，中国信息通信研究院网站，http：//www. caict. ac. cn/kxyj/qwfb/bps/202212/t20221207_ 412453. htm。

［4］《中国数字经济发展报告（2022年）》，中国信息通信研究院网站，http：//www. caict. ac. cn/kxyj/qwfb/bps/202207/t20220708_ 405627. htm。

［5］《中华人民共和国国民经济和社会发展第十四个五年规划和2035年远景目标纲要》，中国政府网，https：//www. gov. cn/xinwen/2021-03/13/content_ 5592681. htm。

B.6
中国数字制造应用现状与成效

张　穗*

摘　要： 当前，中国企业处在数字化制造转型的不同阶段。得益于国家政策的积极引导、扶持与广大企业的不懈推进，数字制造方兴未艾。本报告梳理了数字制造的发展背景，阐述了中国数字制造的发展基础、应用现状，深入分析了数字制造的典型场景与发展成效，从政策引领、技术发展、行业应用等角度展望了数字制造的未来发展趋势。

关键词： 数字制造　高技术制造业　装备制造业　典型场景

一　中国数字制造的发展背景

数字制造融合了计算机数字技术、网络信息技术与制造技术，是指在对制造过程进行数字化描述而建立的数字空间中完成产品的制造和优化过程。[1] 同期被研究且可归为整个概念体系的还有信息驱动的数字化制造[2]、数码工厂[3]等。2018年，中国工程院"新一代人工智能引领下的智能制造研究课题组"将智能制造总结为三个基本范式——数字化制造、数字化网络化制

---

* 张穗，法学、经济学双硕士，望海康信（北京）科技股份公司战略咨询中心高级咨询顾问，主要研究方向为战略运营管理，数据服务创新。

[1] 周祖德、余文勇、陈幼平：《数字制造的概念与科学问题》，《中国机械工程》2001年第1期。

[2] 张伯鹏：《信息驱动的数字化制造》，《中国机械工程》1999年第2期。

[3] 李荣彬：《数码工厂——资讯年代的制造业》，《中国机械工程》2000年第Z1期。

造、数字化网络化智能化制造（新一代智能制造）①，虽然仍有人认为没有必要对智能制造进行代际划分，② 但数字制造常被视为"第一代智能制造"。我国大多数企业尚未完成数字化制造转型，仍需进一步"补课""夯实"③。当前，工业 4.0、智能制造、数字化转型等概念的范围与边界虽与数字制造有所不同，但在具体研究与实践中，它们事实上已被视为数字制造的延伸和发展。

（一）国内外政策背景

虽然各国制造业的发展基础与文化基因不同、核心竞争力与未来布局不同，但都不约而同地致力于寻求制造业的新崛起。④ 美国自 2009 年以来出台了一系列重振制造业的战略。2018 年 10 月，《先进制造业美国领导力战略》（Strategy for American Leadership in Advanced Manufacturing）指出，美国需以数字制造为大背景，进一步加强对产品、流程及物流信息的展示、建构、交换、存储、标准化及安全保护等方面的工作。⑤ 2022 年 10 月，《国家先进制造业战略》（National Strategy for Advanced Manufacturing）亦将数字制造作为首选要素，数字制造与人工智能制造、以人为中心的技术应用以及制造业网络安全等被共同列为引领未来制造的关键。⑥ 德国政府提出工业 4.0战略，核心是通过信息物理系统（Cyber-Physical Systems，CPS）实现人、设备与产品的相互联通，构建一个高度自动化、柔性化、数字化、网络化和

---

① 周济：《走向新一代智能制造》，《中国科技产业》2018 年第 6 期。
② 沈烈初：《关于智能制造发展战略的八点建议——我对中国工程院提出的〈中国智能制造发展战略研究报告（征求意见稿）〉的一些看法》，《中国仪器仪表》2018 年第 2 期。
③ "新一代人工智能引领下的智能制造研究"课题组：《中国智能制造发展战略研究》，《中国工程科学》2018 年第 4 期。
④ 〔美〕李杰、倪军、王安正：《从大数据到智能制造》，上海交通大学出版社，2016。
⑤ The National Science and Technology Council, *Strategy for American Leadership in Advanced Manufacturing*, Oct. 5th, 2018, https://www.manufacturingusa.com/reports/strategy-american-leadership-advanced-manufacturing.
⑥ The National Science and Technology Council, *National Strategy for Advanced Manufacturing*, Oct. 7th, 2022, https://www.manufacturingusa.com/reports/national-strategy-advanced-manufacturing.

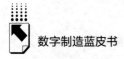

智能化的制造模式。① 日本在 2015 年、2016 年分别发布《新机器人战略》和工业价值链参考架构，后又在《制造业白皮书（2018）》中明确"互联工业"是日本制造的未来。

中国以重点领域技术创新绿皮书的形式分别发布了"技术路线图"的 2017 年版和 2019 年版。2021 年 12 月，《"十四五"智能制造发展规划》（工信部联规〔2021〕207 号）印发，强调在"十四五"及未来相当长一段时期，大力推进智能制造战略。②

（二）国内外研究综述

2006 年，美国 ARC 顾问集团（ARC Advisory Group）提出了"数字化工厂"的概念，指出数字化工厂实现了以制造为中心、以设计为中心和以管理为中心的数字制造。③广义的观点认为"数字制造"与"智能制造"两者互以对方为自己的子领域，如美国数字化制造与设计创新研究院 2014 年的战略投资领域就包括智能工厂、智能机器和信息物理制造。④

数字制造的关键技术主要包括数字化设计技术、数字化工艺技术、基于嵌入式的数字化控制技术、数字化加工与 3D 打印技术等。⑤ 不断提升的数据存储和新计算能力正好能与计算智能、自动化和机器人技术、3D 打印技术等共同支撑制造业创新。⑥ 制造业的数字化革命已从单一技术走向集成系统，不仅体现为智能互联的生产方式，而且更新了产品价值链条上新的组织

---

① 中国社会科学院工业经济研究所智能经济研究组：《智能+：制造业的智能化转型》，人民邮电出版社，2021。

② 《八部门关于印发〈"十四五"智能制造发展规划〉的通知》，中国政府网，https：//www.gov.cn/zhengce/zhengceku/2021-12/28/content_ 5664996. htm。

③ 刘敏、严隽薇：《智能制造：理念、系统与建模方法》，清华大学出版社，2019。

④ 刘继红、江平宇：《人工智能：智能制造》，电子工业出版社，2020。

⑤ 周祖德、谭跃刚：《数字制造的基本理论与关键技术》，武汉理工大学出版社，2016。

⑥ B. Hartmann, W. P. King, S. Narayanan, "Digital Manufacturing: The Revolution Will Be Virtualized," McKinsey 2015.

与管理水平。[①]

综合来看，目前数字制造领域的研究多集中于以下几点。一是将数字制造视为技术基础，与人工智能、工业机器人等先进制造技术和工具一起，[②]共同支撑制造业数字化转型；二是研究数字制造中资源智能化、生产过程自动化和效率提升等关键问题，寻找并落地关键价值场景，通过数据分析、增材制造（3D 打印）等技术大幅缩减多种不同类型项目的材料成本和生产时间，数字制造已经逐渐改变了航天产业的生产模式；[③] 三是以数字化统筹制造业各环节的协同整合，制造价值链包括针对生产制造系统自下而上的纵向集成、贯穿供应商到客户链条的横向集成，以及以工厂为载体、从设计到服务的工程数字化集成这三种集成方式。[④]

二　中国数字制造的发展现状

（一）中国数字制造的发展基础

中国各地区制造业发展水平差异明显，东部地区的制造业发展水平最高，其次是中西部地区的制造业发展水平，东北地区的制造业发展水平最低，广大中小企业仍处于数字化初期阶段。[⑤] 高技术制造业和装备制造业是数字制造技术的主要应用领域。[⑥] 近年来，中国深入实施先进制造业集群

---

① A. Albers, B. Gladysz, T. Pinner, et al., "Procedure for Defining the System of Objectives in the Initial Phase of an Industry 4. 0 Project Focusing on Intelligent Quality Control Systems," Procedia CIRP, 2016, 52: 262-267.

② 国务院发展研究中心课题组：《借鉴德国工业 4.0 推动中国制造业转型升级》，机械工业出版社，2018。

③ 郑力、莫莉：《智能制造：技术前沿与探索应用》，清华大学出版社，2021。

④ 雷万云、姚峻：《工业 4.0：概念、技术及演进案例》，清华大学出版社，2019。

⑤ X. Jiang, J. He and L. Fang, "Measurement, Regional Difference and Promotion Path of High-quality Development Level of Manufacturing Industry," Shanghai Economic Research, 2019 (7): 70-78.

⑥ 戚聿东、徐凯歌：《新时代十年我国智能制造发展的成就、经验与展望》，《财经科学》2022 年第 12 期。

发展专项行动，加快培育和发展新兴产业。根据工业和信息化部运行监测协调局发布的《2022 年中国工业经济运行报告》（2023 年 6 月），2022 年中国高技术制造业增加值和投资比上年分别增长 7.4% 和 22.2%，增速明显高于整体工业。图 1 显示，2018~2021 年高技术产业（制造业）投资中，除信息化学品制造业外，其他各细分行业均持续有所增长。其中，2021 年电子及通信设备制造业、医疗仪器设备及仪器仪表制造业，以及计算机及办公设备制造业投资年增幅分别为 25.8%、22.6% 和 21.1%，均超过 20%。

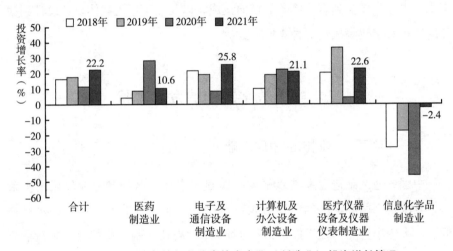

图 1　2018~2021 年按行业分高技术产业（制造业）投资增长情况

注：①高技术产业（制造业）分类依据《高技术产业（制造业）分类（2017）》（国统字〔2017〕200 号），包括医药制造，航空、航天器及设备制造等 6 个行业。②本图数据口径为年主营业务收入 2000 万元及以上的工业企业法人单位。

资料来源：国家统计局社会科技和文化产业统计司，2019~2022 年《中国高技术产业统计年鉴》。

（二）中国数字制造的应用现状

1. 高技术产业（制造业）、装备制造业 R＆D 经费内部支出整体保持增长

2021 年，高技术产业（制造业）研究与试验发展（Research ＆ Development，

R&D）经费为5684.6亿元，投入强度（与营业收入之比）为2.71%①；装备制造业R&D经费为10581.6亿元，投入强度为2.18%，均显著高于规模以上工业企业（1.33%）。

图2显示，从绝对值看，电子及通信设备制造业以千亿元的科技投入规模量级遥遥领先于其他细分行业。按可比价格计算，2017～2021年，高技术产业（制造业）中，除信息化学品制造业外，其他各细分行业R&D经费内部支出年均复合增长率均为正值。其中，航空、航天器及设备制造业（14.4%）、电子及通信设备制造业（14.2%），以及医药制造业（12.9%）、医疗仪器设备及仪器仪表制造业（12.9%），年均复合增长率均超过10%。

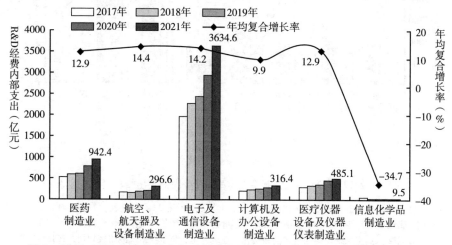

图2 2017～2021年高技术产业（制造业）R&D经费内部支出情况（分行业）

注：①绝对数按当年价格计算；增长速度按可比价格计算。②航空、航天器及设备制造业由高技术产业（制造业）合计值减去其他5个细分行业计算所得。

资料来源：国家统计局社会科技和文化产业统计司、科学技术部战略规划司，2018～2022年《中国科技统计年鉴》。

图3显示，从绝对值看，计算机、通信和其他电子设备制造业的R&D经费规模显著高于其他细分行业的R&D经费规模。按可比价格计算，

---

① 《2021年全国科技经费投入统计公报》，国家统计局网站，http://www.stats.gov.cn/sj/zxfb/202302/t20230203_1901565.html。

2017~2021 年，所有细分行业的 R&D 经费内部支出年均复合增长率均为正值。其中，金属制品业（16.3%），计算机、通信和其他电子设备制造业（13.2%），专用设备制造业（10.6%），以及通用设备制造业（10.3%），年均复合增长率均超过 10%。

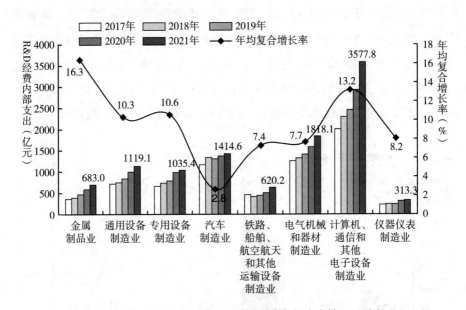

图 3   2017~2021 年装备制造业 R&D 经费内部支出情况（分行业）

注：①装备制造业依据《国民经济和社会发展统计公报》统计口径，包括金属制品业、通用设备制造业等 8 个行业。②绝对数按当年价格计算；增长速度按可比价格计算。

资料来源：国家统计局社会科技和文化产业统计司、科学技术部战略规划司，2018~2022 年《中国科技统计年鉴》。

2. 多数制造业企业仍未达到或正处于数字制造转型升级阶段

如前所述，数字制造常被视为"第一代智能制造"。参考中国电子技术标准化研究院《智能制造成熟度指数报告（2022）》（2023 年 5 月），基于智能制造评估评价公共服务平台的数据统计发现，如图 4 所示，2019~2022 年，近 6 万家制造业企业样本中，63% 的企业智能制造能力成熟度位于一级及以下（其中 32% 达到一级），与 2019 年（当年样本量约为 8200家，85%）相比，共减少了 22 个百分点，大量中小企业已经迈出了数字化改造的步伐，实现核心业务的流程化管理；21%的制造业企业实现了核心业务环节的数字化、网络化，达到成熟度二级；12%的制造业企业实现了网络化集成及单点智能，达到成熟度三级。整体上，二级、三级和四级及以上的企业占比均较 2019 年有所增加，分别增加了 9 个、10 个和 3 个百分点。

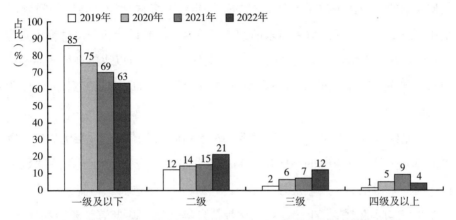

图 4　2019~2022 年全国制造业企业智能制造能力成熟度等级分布

注：①智能制造的五个等级划分依据为 GB/T39116-2020《智能制造能力成熟度模型》。
②2019~2022 年样本量分别约为 8200 家、12000 家、20000 家、近 60000 家。
资料来源：中国电子技术标准化研究院：《智能制造发展指数报告（2021）》，2022 年 3 月；《智能制造发展指数报告（2022）》，2023 年 5 月。

3. 中国数字制造的应用模式概览

一是数字化生产服务，即利用数字技术和信息系统，为制造业提供全面的生产服务和解决方案。如企业通过数字化设计与仿真等，提供包括产品设计、工艺规划、生产调度、质量控制等在内的全过程服务；通过收集和分析大量的实时数据，实现对生产过程的监测、优化和预测,[①] 推进生产计划的优化、设备故障的预测和维护等；通过互联网和物联网技术，实现各环节之间的实时协作和信息共享。典型应用包括"可视化数字工厂"，通过 ERP 系

---

① 郭箫玥：《机电一体化数控技术的应用现状与前景研究》，《造纸装备及材料》2023 年第 2 期。

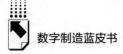

统、MES 等一体化信息平台的集成应用，实时收集车间实际生产进度和质量数据，清晰呈现工厂计划与实际完成的匹配情况，提升生产制造精细化管理水平。①

二是定制化服务。它有别于传统的批量生产和标准化服务，强调个性化、差异化和灵活性。数字制造提供了收集和分析大量消费者数据的能力。数据流动的自动化解决了制造系统的不确定性、多样性和复杂性等问题。②企业可以更好地了解消费者需求的细节和差异，产品设计和开发过程也更为高效和灵活。如借助 CAD 软件和 3D 打印技术，企业可以快速进行产品设计和原型制作，数字化的制造设备和工艺可以更快适应产品变种和个性化要求。

三是供应链整合服务。它通过数字技术和信息系统，整合与优化供应链各个环节，促进供应链的高效协同和信息共享。供应链的数字化是"数字化红利"来得最快、效益最好的部分，③供应商、制造商、物流公司等各方可以共享实时的库存、生产计划、交货信息等数据，减少信息滞后和误差，提高整体响应速度和效率。企业通过对历史数据和市场趋势的分析，对需求和供应进行智能预测与规划，从而优化生产计划和库存管理，减少供需不平衡的情况；数字平台和协同工具可以实现供应链各方之间的即时通信和协同决策；通过生产物流设施、设备及生产物资和物料等硬件资源的数字化，企业将相应的数字孪生体归类为标准的物流功能模块或物资/物料单元，并进行管理、调度，实现对生产物流系统的智能管理与控制。④

四是数据分析和智能决策支持。企业对数字制造中产生的海量数据，包括生产过程中的传感器数据、设备数据、质量数据等，通过大数据分析技术提取有价值的信息和洞察，发现业务上的待优化点和缺陷，⑤揭示潜在的规

① 张洁、吕佑龙、汪俊亮等：《智能制造系统：模型、技术与运行》，机械工业出版社，2023。
② 安筱鹏：《重构：数字化转型的逻辑》，电子工业出版社，2019。
③ 周倩：《中国制造业数字化转型新趋势》，《中国工业和信息化》2023 年第 6 期。
④ 赵敏、宁振波：《铸魂：软件定义制造》，机械工业出版社，2020。
⑤ 史凯：《精益数据方法论：数据驱动的数字化转型》，机械工业出版社，2023。

律和关联；通过对实时数据的分析，可及时发现生产异常、质量问题等，并提前采取相应的措施，避免生产中断，提高良率。

三　中国数字制造的应用成效

（一）中国数字制造的典型场景

1. 数字制造的典型场景广泛分布于多个制造环节

本报告参考工业和信息化部等四部门公布的 2021 年、2022 年智能制造示范工厂揭榜单位及其典型场景名单，分析中国数字制造所覆盖的制造环节与应用领域。四部门连续两年联合开展的智能制造试点示范行动，累计揭榜遴选了 209 家"智能制造示范工厂揭榜单位"，凝练了近 2400 个"智能制造优秀场景"。

图 5 显示，2021 年、2022 年，生产作业、质量管控、仓储物流（仓储配送）、计划调度和设备管理这 5 个环节的典型场景个数位列制造各环节的前五，各环节场景数均接近或超过 100 个。生产作业环节典型场景数两年来均位列第一且均超过 200 个，其中，"产线柔性配置"和"精益生产管理"这两个典型场景的个数均位列生产作业环节的前三。

2. 产品数字化研发与设计、工艺数字化设计是数字制造的典型场景

2022 年，智能制造示范工厂揭榜单位及其典型场景共计为 69 个，较 2021 年的 55 个有所增加，但每项中场景个数不低于 20 个的典型场景项数占比自 2021 年度的 44% 降至 2022 年度的 30%，典型场景分布更为分散。其中，产品数字化研发与设计（产品数字化设计与仿真）、工艺数字化设计、数字孪生工厂建设、工厂数字化设计等典型场景的个数均超过 30 个；典型场景中，亦有大量体现为在线检测、运行监测、数据监测等高度依赖数字化的应用。

图 6 显示，2021 年，工艺设计环节的"离散型工艺数字化设计"典型场景多达 71 个，占当年优秀场景总数的 6.1%，广泛分布于全国 25 个省

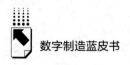

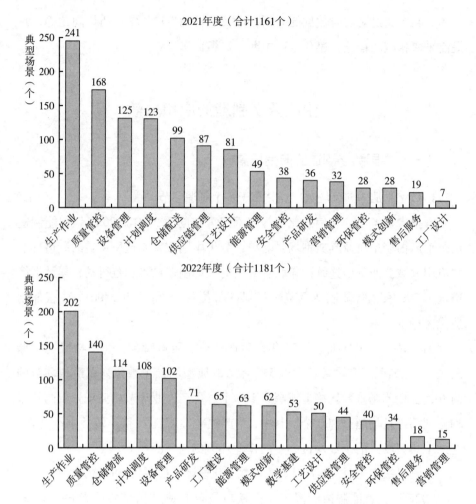

**图5 2021~2022年智能制造示范工厂揭榜单位和优秀场景
在各智能制造环节的典型场景分布情况**

注：因申报时所参考的《智能制造典型场景参考指引》有所调整，2021年、2022年智能制造环节分别为15个、16个。

资料来源：工业和信息化部官方网站，笔者据"2021年度智能制造示范工厂揭榜单位名单、智能制造优秀场景名单"（2022年2月）与"2022年度智能制造示范工厂揭榜单位名单、智能制造优秀场景名单"（2023年1月）整理。

（区、市）；产品研发环节的"产品数字化设计与仿真"典型场景为32个，占当年优秀场景总数的2.8%。

126

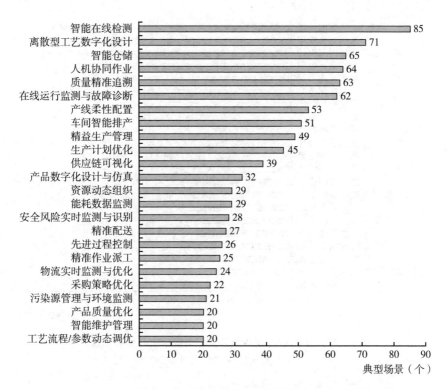

图6 2021年度智能制造示范工厂揭榜单位和优秀场景的
典型场景分布（≥20个）

注：本图仅列示数量≥20个的典型场景。

资料来源：工业和信息化部官方网站，笔者据"2021年度智能制造示范工厂揭榜单位名单、智能制造优秀场景名单"（2022年2月）整理。

图7显示，2022年，产品研发环节的"产品数字化研发与设计"典型场景达到63个，占当年优秀场景总数的5.3%，分布于全国22个省（区、市）；工艺设计环节的"工艺数字化设计"典型场景为45个，占当年优秀场景总数的3.8%；工厂建设环节的"数字孪生工厂建设"和"工厂数字化设计"典型场景分别为33个和32个。

（二）中国数字制造的发展成效

1. 全国工业企业数字化转型稳步推进

截至2023年1月，全球共有132家"数字化制造全球化4.0"示范的

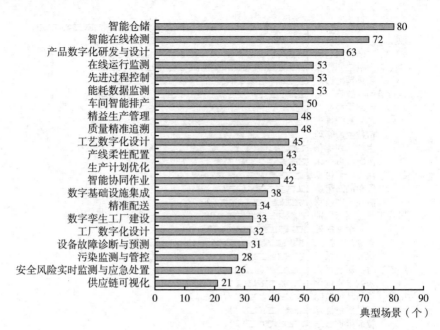

**图7 2022年度智能制造示范工厂揭榜单位和优秀场景的
典型场景分布情况（≥20个）**

注：本图仅列示数量≥20个的典型场景。

资料来源：工业和信息化部官方网站，笔者据"2022年度智能制造示范工厂揭榜单位
名单、智能制造优秀场景名单"（2023年1月）整理。

"灯塔工厂"，中国以50家的数量位列第一。① 截至2022年底，中国多层次
工业互联网平台体系中，重点平台连接设备超过8100万台（套）②；工业互
联网平台普及率、企业工业设备上云率分别提升至20.8%、17.3%。③ 图8
显示，2022年全国工业企业关键工序数控化率与企业数字化研发设计工具

---

① 刘志彪、徐天舒：《我国制造业数字化改造的障碍、决定因素及政策建议》，《浙江工商大
学学报》2023年第2期。注："灯塔工厂"由世界经济论坛联合麦肯锡（McKinsey &
Company）从全球工厂中遴选，在"数字化制造"和"工业4.0"方面示范效应显著，代
表当今全球制造业领域智能制造和数字化的最高水平。

② 《第三届两化融合暨数字化转型大会在苏州召开》，中华人民共和国工业和信息化部网站，
https：//www. miit. gov. cn/jgsj/xxjsfzs/gzdt/art/2023/art_ bc2a0bd8d9c8478ebc8a008c27f1f3f4.
html。

③ 陶元、窦克勤、王程安：《推进新型工业化背景下制造业数字化转型的定位、态势和路
径》，《新型工业化》2023年第6期。

普及率较 2015 年分别增加 13.0 个和 15.9 个百分点，分别达到 58.6% 和 77.0%。

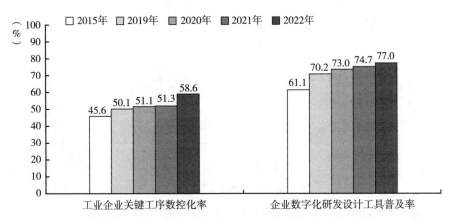

图 8　2015～2022 年全国工业企业关键工序数控化率和数字化研发设计工具普及率

注：2020 年工业企业关键工序数控化率为截至 2020 年 6 月的数据，其他均为截至当年 12 月底的数据。

资料来源：笔者据国家统计局、工业和信息化部官方网站公开资料整理。

2. 企业数字化研发设计能力不断提升

据中国电子技术标准化研究院《智能制造发展指数报告（2021）》，目前数字化研发工具已在企业得到了普遍应用，数字化研发工具普及率由 2020 年的 73% 提高至 2021 年的 89%。2021 年，30% 的企业应用了数字化设计建模仿真技术，55% 的企业实现基于三维模型的设计，32% 的企业建立并能有效应用典型组件和设计知识库（见图 9）。

3. 助力企业提高生产效率，降低生产成本

虚拟仿真和优化是数字制造的重要手段。通过虚拟仿真技术，企业可以对产品设计、工艺流程和生产线进行模拟和优化。在产品设计阶段，虚拟仿真可以预测和优化产品的性能和工艺要求，降低制造成本，缩短开发周期。在生产过程中，虚拟仿真可以优化工艺流程、提高资源利用率和生产线平衡度。数字化制造技术的应用可以实现生产过程自动化和生产流程优化，在保证生产质量的同时降本增效。数字化制造技术还可以帮助企业实现产品设计

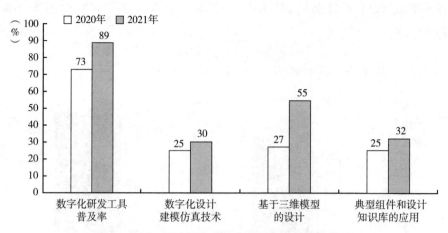

图9   2020~2021年企业数字化研发工具使用情况

资料来源：中国电子技术标准化研究院：《智能制造发展指数报告（2021）》，2022年3月。

可视化和仿真试验，缩短产品设计周期，提高产品创新能力，实现生产过程的实时监控和数据分析，进行实时动态显示和可视化展示,[①] 以及提高设备利用率和生产效率。

四 中国数字制造的趋势展望

（一）国家政策趋势

一是高质量发展。中国制造业政策倡导从数量扩张向质量提升转变。各级政府通过支持技术创新、提升制造业水平和质量标准，推动制造业向高端、智能化方向发展。二是智能制造。中国政府鼓励企业通过数字化、自动化和物联网技术的应用，提高生产效率、降低成本、改善产品质量。三是绿色可持续发展。中国政府提出了节能减排、资源回收利用等环境标准，鼓励

---

① 陈江、吴海波、张艺潇、李全峰：《面向数字孪生的车间运行三维实时监控系统》，《现代制造工程》2023年第4期。

企业采用清洁生产技术和绿色制造方法，促进循环经济的发展。四是产业转型升级。中国政府支持传统制造业向高技术、高附加值领域转型升级，加强知识产权保护，提升品牌价值和竞争力。

（二）数字制造技术的发展趋势

过去的几十年里，学术界和工业界提出了大量数字制造的参考架构，用以指导复杂信息系统的设计和开发，但构建用于比较和评估的参考体系结构则困难重重，工业应用也仍然有限。[①] 一项基于数据的制造工艺序列和优化潜力评估的研究认为，企业首先要从不同目标维度对制造进行基于数据的整体评估；其次要收集使用数据优化制造的方法，优化整个工艺顺序；最后要建立统计模型以识别跨进程的依赖关系，进而完成跨进程数据分析并提出应对方案。[②]

当前，3D 打印技术已在原型制作、定制化生产和零部件制造等许多领域得以应用，随着材料科学和打印技术的不断进步，3D 打印将变得更加高效、精确和多样化。未来，数据分析和大数据技术将是数字制造的核心。通过数据分析，制造业企业可以实现更精确的预测、优化供应链、改进产品设计和提高生产效率。同时，边缘计算和云计算的融合将为数字制造提供更强大的计算和存储能力。前者可以实现实时的数据处理和决策，后者则提供了更强大的数据存储和分析能力，两者融合将进一步推动数字制造技术的发展和应用。

（三）数字制造行业应用的发展趋势

数字制造在各个行业都具有广阔的应用前景，各类型企业均可通过数字制造加速实现产品开发和制造，提高生产效率，更好地满足市场的个性化需求。数字制造还可以促进协同合作和资源共享，推动整个产业链的协同发展。

---

① J. Kaiser, D. McFarlane, G. Hawkridge, et al., "A Review of Reference Architectures for Digital Manufacturing: Classification, Applicability and Open Issues," *Computers in Industry*, 2023, 149.

② A. Beckers, T. Hommen, M. Becker, et al., "Digitalized Manufacturing Process Sequences-foundations and Analysis of the Economic and Ecological Potential," *CIRP Journal of Manufacturing Science and Technology*, 2022 (39): 387-400.

例如，汽车制造业通过数字化设计和智能制造等技术，可提高车辆的生产效率和质量，并实现产品的个性化定制；机械制造业采用数字化设计和网络化协同等技术，可优化机械零部件的制造流程和工艺；航空航天制造业应用数字孪生和虚拟现实等技术，可以改进设计和制造流程，提高产品的可靠性和安全性；电子信息制造业通过数字化设计和智能制造等技术，可大幅提高电子产品的制造效率和质量，满足不同消费者的需求；医疗器械制造业利用数字化技术，可以实现医疗器械的个性化制造，并支持产品开发、测试和维护等。

（四）数字制造面临的挑战及应对措施

数字制造面临的主要挑战有：一是技术与设备更新换代。企业需要不断跟进和更新技术与设备，但这往往涉及高昂的成本和复杂的实施过程。二是数据安全和隐私保护。数字制造涉及大量数据收集、传输和存储工作，企业需要采取有效的措施来保护数据免受黑客攻击、防止数据泄露和未经授权的访问，政府要维护带来创新成果的企业及科研机构对于数据的"主权"。[①]三是人才和技能需求。现有制造工人可能缺乏相应的培训和经验。四是标准与互操作性。数字制造涉及的各种技术和设备往往由多个供应商提供，带来了集成和协调的挑战。五是文化和组织变革。企业需要推动文化和组织变革，培养数字化思维和敏捷的工作方式，对数字制造的难点和效果秉持科学的预期，以适应数字制造所带来的变化。

为加快实现自主可控的数字制造技术、产业及应用的一体化发展，[②] 中国需要充分依托国内外数字化元素，培育灵活精益的生产体系，突破"低端锁定"陷阱；要夯实新型基础设施的数字技术发展基础，不断升级5G、大数据、云计算和人工智能等基础设施，加强高性能芯片、基础软件等关键通用技术的研发创新，尽快摆脱对国外核心技术的依赖。[③]

---

① 彭俊松：《工业4.0驱动下的制造业数字化转型》，机械工业出版社，2016。
② 李伯虎、柴旭东、侯宝存等：《智慧工业互联网》，清华大学出版社，2021。
③ Fu, Qingwei, "How Does Digital Technology Affect Manufacturing Upgrading? Theory and Evidence from China," PLOS ONE 17 (5): e0267299.

热 点 篇

Hotspots

B.7
智慧工业互联网研究与实践

李伯虎 柴旭东 刘阳 侯宝存 李潭 公茂震*

摘 要: 新一轮科技革命和产业革命突飞猛进,全球产业结构和布局深度调整,我国正处于向制造强国、网络强国迈进的重要阶段。工业互联网作为新一代信息通信技术、智能科学技术与工业技术深度融合的产物,是新一轮工业革命的重要基石。加快工业互联网高质量创新发展,对推进我国实现新型工业化,建设制造强国和网络强国具有重要意义。在这样的背景之下,本报告提出了一种适应我国现阶段工业化征程的新型工业互联网系统——智慧工业互联网,首先概述了智慧工业互联网发展的新背景和新征程,提出

---

* 李伯虎,中国工程院院士,北京航空航天大学自动化学院教授、博士生导师,主要研究方向为系统仿真和制造业信息化技术研究与应用;柴旭东,航天云网科技发展有限责任公司党委副书记、总经理,主要研究方向为云制造;刘阳,中国航天科工集团北京计算机技术及应用研究所高级工程师,主要研究方向为智能制造、云制造、工业互联网等;侯宝存,博士,中国航天科工航天云网天副总经理、研究员,主要研究方向为建仿与仿真;李潭,博士,南昌大学信息工程学院教授,主要研究方向为工业元宇宙;公茂震,北京计算机技术及应用研究所高级研究员,主要研究方向为机械工程及自动化。

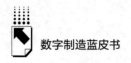

了新背景下智慧工业互联网的作用、系统体系架构、技术体系框架;其次,分析和梳理了智慧工业互联网赋能工业系统的应用场景和典型应用案例;最后,提出了智慧工业互联网推进新型工业化在技术、产业、应用等方面的发展建议。

关键词: 数字制造 新型工业化 智慧工业互联网

一 引言

新型工业化发展面临新形势,新一轮科技革命和产业变革突飞猛进,我国正处在向制造强国迈进的重要关口。工业互联网作为新一代信息通信技术与工业深度融合的产物,是新一轮科技革命和产业变革的重要基石。工业是国民经济的主体,是立国之本、兴国之器、强国之基。在我国新征程下,工业发展的机遇与挑战并存,而工业发展的新征程就是推进新型工业化。党的二十大报告提出,到2035年基本实现新型工业化,强调坚持把发展经济的着力点放在实体经济上,推进新型工业化,加快建设制造强国。本报告认为,工业的发展必须适应加快推进新工业化,可体现在三个重要方面:一是工业互联网作为新型工业化的重要引擎,将会迈向新发展阶段,即"智慧工业互联网"阶段;二是贯彻"创新、协调、绿色、开放、共享"新发展理念;三是构建和执行"技术、产业、应用、人才、政策及保障体系一体化创新"新发展格局。加快智慧工业互联网的高质量发展,必将为推进我国新型工业化提供坚实支撑。

二 智慧工业互联网概述

工业互联网的名词及其初始理念于2012年由美国GE公司提出①,本报

---

① 潘云鹤:《中国新一代人工智能》,首届世界智能大会,2017。

告将其解读为工业互联网 1.0。本报告在新背景下提出了适应新型工业化征程的智慧工业互联网（本报告将其解读为工业互联网 2.0）的特征和作用、系统体系架构、技术体系框架等。

（一）智慧工业互联网的特征和作用

智慧工业互联网在"创新、协调、绿色、开放、共享"新发展理念指引下，在新一代人工智能技术（包括数据驱动下深度强化学习智能、基于网络的群体智能、人机混合增强智能、多模态跨媒体智能、自主智能等技术）[①] 引领下，借助新时代各类新技术群跨界融合，贯穿于产品设计、生产、服务等全生命周期的各个环节及其相应系统的优化集成，具有对工业全系统及全生命周期活动中人、机、物、环境、信息自主感知、分析、认知、学习、决策、控制与执行等智能特征。智慧工业互联网有利于建立工业领域中"人、虚拟空间与现实空间"虚实映射/交互/融合、以虚促实、以虚强实的工业全要素链、全产业链、全价值链（三链）智慧、协同、开放、服务、互联的复杂数字化、网络化、智能化工业经济系统。

（二）智慧工业互联网的系统体系架构

智慧工业互联网是一种复杂系统，是一种新型高质量工业互联网系统。其系统体系架构包括以下几层。[②]

①新智慧制造资源/能力/产品层；

②新智慧感知/接入/通信层；

③新智慧边缘处理平台层；

④新智慧制造系统云端服务平台层；

---

① 潘云鹤：《中国新一代人工智能》，首届世界智能大会，2017。

② 李伯虎、柴旭东、侯宝存等：《云制造系统 3.0——一种"智能+"时代的新智能制造系统》，《计算机集成制造系统》2019 年第 12 期；李伯虎、张霖等：《云制造》，清华大学出版，2015；李伯虎、柴旭东、张霖等：《智慧制造云》，化学工业出版社，2020；李伯虎、柴旭东、侯宝存等：《一种新型工业互联网——智慧工业互联网》，《卫星与网络》2021 年第 4 期。

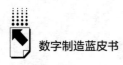
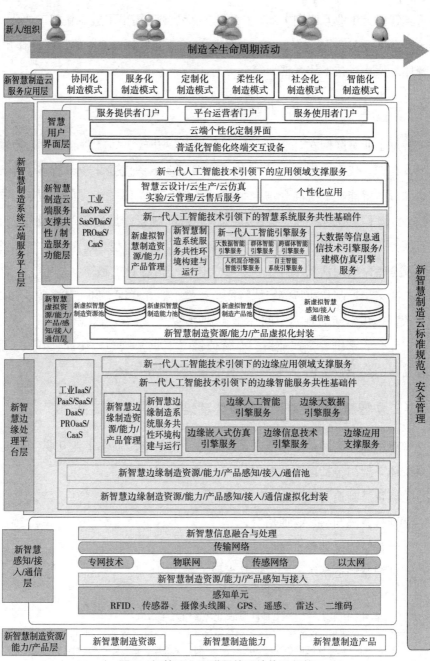

图1 智慧工业互联网的系统体系架构

资料来源：笔者自制。

⑤新智慧制造云服务应用层；

⑥新人/组织。

此外，各层具有新标准及新安全管理支撑。该体系架构适用于工业系统的纵向应用、横向应用以及端对端应用。

该体系架构的新特色体现在以下几个方面，特别是在新一代人工智能技术引领下：①具备边缘、云、端协同制造新架构；②突出以云计算、人工智能、大数据、新互联网、区块链、建模仿真等为代表的新信息通信技术与新制造技术融合；③增加感知/接入/通信层虚拟化、服务化，进而全系统实现了虚拟化、服务化；④各层具有新时代"新"内涵及内容；⑤强调以用户为中心的新智慧制造资源/能力/产品智慧共享服务；⑥特别增添新智慧制造资源/能力/产品层。

（三）智慧工业互联网的技术体系框架

智慧工业互联网的技术体系架构支撑系统体系架构，智慧工业互联网的多维技术体系框架①主要包括两大类技术体系，一类是智慧工业互联网系统技术子体系，涵盖系统的总体技术、感知与网络通信技术、平台技术、应用（制造）分系统技术等；另一类是智慧工业互联网系统的支撑（赋能）技术子体系，涵盖新工业技术、新一代信息通信技术、新智能科学技术、新制造应用领域专业技术等（见图2）。

1. 智慧工业互联网系统技术子体系

智慧工业互联网系统技术子体系主要包括总体技术、感知与网络通信技术、平台技术、应用（制造）分系统技术等。以下将对涉及的主要技术展开简要论述。

---

① 李伯虎、柴旭东、侯宝存等：《云制造系统3.0——一种"智能+"时代的新智能制造系统》，《计算机集成制造系统》2019年第12期；李伯虎、张霖等：《云制造》，清华大学出版社，2015；李伯虎、柴旭东、张霖等：《智慧制造云》，化学工业出版社，2020；李伯虎、柴旭东、刘阳等：《新时期信息通信类赋能技术在工业环境下赋能智能制造研究》，《中国工程科学》2022年第2期。

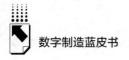

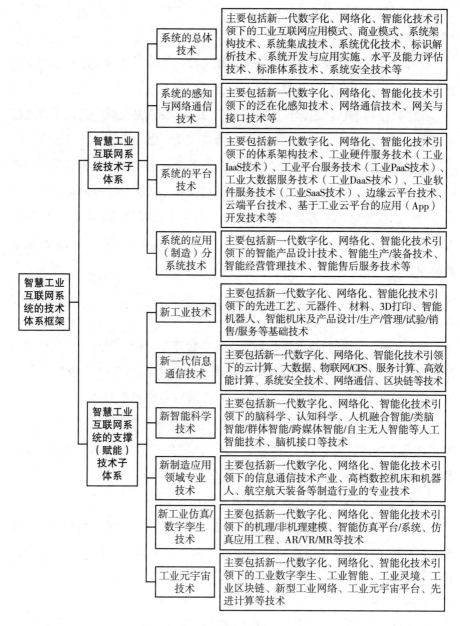

图2 智慧工业互联网的技术体系框架

资料来源：笔者自制。

（1）智慧工业互联网系统的总体技术

智慧工业互联网系统的总体技术包括工业互联网系统集成技术、系统优化技术、标识解析技术、系统开发与应用实施、水平及能力评估技术、标准体系技术、系统安全技术等。该总体技术主要是以新一代信息通信技术、新一代人工智能技术、新制造科学技术以及制造应用领域专业技术四类新技术深度融合的数字化、网络化、云化、智能化技术为新工具，通过对工业复杂系统集成，实现纵向、横向、端对端的三类集成，并依赖跨学科技术的集成与系统优化技术，使得工业系统及产品全生命周期活动中的人/组织、技术/设备、管理、数（据）/模（型）、材料、资金六要素及人流、技术流、管理流、数（据）/模（型）流、物流、资金流"六流"实现优化。标准体系技术是实现面向海量工业用户的工业互联网系统运行、产业和应用推广的基础。系统安全技术则是确保工业互联网系统整体运行安全的重要保障。

（2）智慧工业互联网系统的感知与网络通信技术

智慧工业互联网系统的感知与网络通信技术主要包括新一代数字化、网络化、智能化技术引领下的泛在化感知技术、网络通信技术、网关与接口技术等。以下将对涉及的主要技术进行简要论述。

①感知技术是工业互联网应用的基础，通过实时获取环境和设备状态的数据，为工业互联网提供智能感知、远程监测、智能控制。它涉及的主要技术包括传感器技术、传感器网络技术、RFID 技术等。其中，传感器技术主要是通过传感器收集工业现场设备、环境等数据，将数据转化为数字信号，上传工业云端平台进行处理。传感器网络技术是借助海量分布式微型传感器节点协同实时监测、感知设备、环境等多源信息，并依托嵌入式系统对信息进行处理，通过无线通信网络将感知信息传送分发，在一定程度上构建实现无处不在的计算模式。RFID 技术主要通过无线电波识别技术，实现物品的自动识别和追踪，主要用于物料追踪、设备管理等方面。

②网络通信技术是指通过各种通信协议和技术手段，实现设备之间的数据传输和通信连接。它包括物理层技术、链路层技术和网络层技术等多个层次技术。网络通信技术是工业互联网实现工业自动化、网络化、物联

化等的基础设施底座技术，而工业互联网能促进通信网络的物理层、链路层、网络层的创新。在工业领域，网络化技术与工业领域不断融合创新，特别是在新型工业网络方面，无线通信技术、5G、工业以太网、TSN、SDN、IPv6 等新技术加速工业互联网的创新应用。[①] 其中，无线通信技术可以满足工业环境下不同场景中的数据传输要求。物联网所感知的数据通过 5G 低延时直接上云，增强了终端能力。工业以太网从高速、交换和同步机制等方面改进以太网，提供实时和可靠性数据传输。TSN 在工业以太网链路层报头增加服务质量分类，允许高优先级帧抢占低优先级帧，以保证低延时。SDN 是一种新型网络架构，将网络控制功能从硬件设备中分离出来，通过软件进行管理和配置，使得网络更加灵活和可配置，而且从软件定义网络到软件定义一切和数据驱动网络架构将会成为未来网络发展的主要趋势。

③网关与接口技术是实现不同设备之间数据交互和通信的重要技术手段，具有提供采集、传输异构设备数据、工业 OT 组网与通信协议转化等功能。网关技术可以解决不同协议之间的兼容性问题，接口技术可以实现设备之间的物理连接和数据传输。网关与接口技术的应用可以实现设备的互联和数据集成，提高工业互联网应用的互联化、智能化水平。其中，网关技术可以转化和适配不同协议的数据，使得不同设备之间可以进行数据交互和通信，可分为协议转化网关和物联网网关。协议转化网关用于连接不同的通信协议，如 Modbus、OPC UA 等；物联网网关用于连接不同的物联网设备和工业云平台，可将物联网设备的数据传输到云平台进行处理和分析，实现设备的远程监控、运维服务等。接口技术实现不同接口和通信协议设备之间的连接和数据传输，包括以太网接口、串口接口、无线接口等，而以太网接口是一种常用接口技术，可以通过工业以太网线缆连接设备，并通过 TCP/IP 协议进行数据交换，广泛应用于工业自动化和控制系统，实现接入工业互联网的设备之间的远程监控和工业控制等。

---

① 邬贺铨：《工业互联网的网络技术》，工业互联网大会，2020。

（3）智慧工业互联网系统的平台技术

智慧工业互联网系统的平台技术主要包括新一代数字化、网络化、智能化技术引领下的体系架构技术、工业硬件服务技术（工业 IaaS 技术）、工业平台服务技术（工业 PaaS 技术）、工业大数据服务技术（工业 DaaS 技术）、工业软件服务技术（工业 SaaS 技术）、边缘云平台技术、云端平台技术、基于工业云平台的应用开发技术等。以下将对涉及的主要技术展开简要论述。

①工业互联网系统的平台体系架构技术主要是在数据驱动型应用开发以及基于物联网的应用模式的双轮驱动下的设计平台体系架构。

②工业硬件服务技术是工业互联网平台中开发、中立的组织级云管理层，向下对接传统 IT 资源和云资源池，向上为系统管理员提供 IT 资源管理能力，实现面向用户的云服务交付。工业 IaaS 技术借助虚拟化、服务化、分布式存储、负载调度等网络、计算、存储等资源进行云池化管理，内置丰富的资源管理与交付功能，提供虚拟资源池等异构资源的统一管理、动态分配和调度，以满足多应用需求，实现资源的管理、调度和按需分配。根据工业 IaaS 对接的 IT 资源类型，可将工业 IaaS 提供功能划分为存储资源管理、计算资源管理和网络资源管理三类。

③工业平台服务技术是工业互联网的核心，其本质是在工业 IaaS 基础上构建一个具有可扩展性的操作系统环境，为企业提供获得云服务所必需的各类中间件、分层动态扩展机制、应用开发和运维，为面向行业的场景化工业应用软件的开发提供基础支撑环境。工业 PaaS 将工业互联网系统中的工业知识、行业经验、基础工艺、模型工具等进行规则化、软件化和模块化，并且封装为可复用的组件，并将这些数字化模型以微服务架构呈现在工业 PaaS 上，形成面向终端用户的微服务池，并通过容器及微服务架构实现平台即服务、系统资源集中管理、动态分配监控和调度，满足用户应用开发业务的统一部署和业务连续保障。技术架构主要分为异构资源接入、运行环境、工业核心引擎、应用开发工具和模型及算法五层。

④工业大数据服务技术实现数据的集中管理与服务，通过数据服务封装

实现工业数据全生命周期所有数据服务集中式处理，如数据融合、数据清洗、数据质量管理、数据确权等，同时，以 Web 服务为技术手段，实现数据的全面汇聚、开发和管理，为应用层提供数据分析、挖掘、建模等数据服务。工业大数据平台主要分为数据采集与分发、数据存储、数据资源管理、数据分析与处理和数据服务五层。

⑤工业软件服务技术通过 Web 浏览器或 API 接口向用户提供软件服务，工业 SaaS 使用 IaaS 和 PaaS 提供的基础计算资源和开发运行环境，并且在服务提供商的数据中心运行。工业 SaaS 作为一种新型酸碱布局模型，通过工业互联网为用户完成工业应用服务的托管、部署及接入等。

⑥边缘云平台技术是在边缘侧的轻量化云平台技术，在边缘制造平台上运行和部署，可在边缘侧快速构建云环境，实现企业设备、产线等快速接入边缘云，提供边缘智能服务。边缘制造平台是工业互联网云平台的轻量化版，可在边缘侧独立部署，为企业提供私有云服务环境。边缘云平台技术向下与工业现场设备、传感器、企业 IT/OT 系统互联，向上与云平台互通，提供安全、实时、轻量化的系统开发环境，通过边缘计算、网络、存储资源调用管控，来提供边缘应用所需要的基础运行、存储环境、中间件、API 等平台化服务，同时，搭建边缘云的应用服务，通过快速构建工业现场设备、边缘一体机、云平台之间的互联互通，可将云平台训练的工业激励模型在边缘侧终端部署、运行，并针对工业现场生产管控、设备运维提供实时、精准的服务。

⑦基于工业云平台的应用开发技术为企业提供高端工业软件应用技术。基于工业云平台的 App 具有灵活性、稳定性、开发快速等特点，逐渐成为工业应用软件的主流发展方向。例如，基于低代码开发技术构建图形化用户界面的 App 开发环境，使得具有不同经验水平的开发者使用拖拽组件和模型驱动的逻辑来创建工业云平台 App，并向开发者提供 API、微服务、面向行业的场景化组件库等各类开发资源。

（4）智慧工业互联网系统的应用（制造）分系统技术

智慧工业互联网系统的应用（制造）分系统技术主要包括新一代数字

化、网络化、智能化技术引领下的智能产品设计技术、智能生产/装备技术、智能经营管理技术、智能售后服务技术等。以下将对涉及的主要技术展开简要论述。

①智能产品设计技术是面向群体智能和跨媒体推理的设计技术、物理与数字云端交互协同技术，基于云计算的产品协同设计仿真技术、人机工程仿真技术，基于数据驱动与知识指导的设计预测、分析和优化技术，云 CAX、DFX 技术，智能虚拟样机技术，云设计标准等。

②智能生产/装备技术是智能传感器技术、智能柔性生产装备、工业机器人、智能 3D 打印、面向跨媒体推理的智能生产工艺、基于大数据的智慧云生产技术、基于群体智能的生产调度仿真技术/生产性物流规划仿真技术、云生产标准等。

③智能经营管理技术是基于人工智能的智能决策支持管理系统、智能客户关系管理系统、基于知识图谱的智能供应链管理系统、基于数字孪生的智能仓储与物流管理系统、云营销标准、云管理标准、商业安全与管理安全防护技术以及面向过程的工业要素标识技术等。

④智能售后服务技术是基于数字孪生的虚拟运维技术，基于大数据的智能售前/售中/售后综合保障服务技术，智能增值服务技术，智能云装备故障诊断、预测和健康管理技术等。

2.智慧工业互联网系统的支撑（赋能）技术子体系

智慧工业互联网系统的支撑（赋能）技术子体系主要包括新工业技术、新一代信息通信技术、新智能科学技术、新制造应用领域专业技术、新工业仿真/数字孪生技术、工业元宇宙技术等。以下将对涉及的主要技术展开简要论述。

①新工业技术是指新一代数字化、网络化、智能化技术引领下的先进工艺、元器件、材料、3D 打印、智能机器人、智能机床及产品设计/生产/管理/试验/销售/保障/服务等基础技术，为智慧工业互联网系统提供应用领域需求及应用专业技术。

②新一代信息通信技术是指新一代数字化、网络化、智能化技术引领下

的云计算、大数据、物联网/CPS、服务计算、高效能计算、系统安全技术、网络通信、区块链等，为智慧工业互联网系统提供计算、存储、物联、信息传输、安全等使能技术。

③新智能科学技术是指新一代数字化、网络化、智能化技术引领下的脑科学、认知科学、人机融合智能/类脑智能/群体智能/跨媒体智能/自主无人智能等人工智能技术、脑机接口等，为智慧工业互联网系统提供人、机、物、环境、信息的智能感知、认知、学习、分析、融合、运算、监控和处理使能技术。

④新制造应用领域专业技术是指新一代数字化、网络化、智能化技术引领下的信息通信技术产业、高档数控机床和机器人、航空航天装备、海洋工程装备及高技术船舶、轨道交通、节能与新能源汽车、电力装备、新材料、生物医药及高性能医疗设备、农业机械装备、家电等行业的专业技术。

⑤新工业仿真/数字孪生技术是指新一代数字化、网络化、智能化技术引领下的机理/非机理建模、智能仿真平台/系统、仿真应用工程、AR/VR/MR等技术，为智慧工业互联网系统提供基于模型的高效智能研制与运行的使能技术。

⑥工业元宇宙技术是指新一代数字化、网络化、智能化技术引领下的工业数字孪生、工业智能、工业灵境、工业区块链、新型工业网络、工业元宇宙平台、先进计算等技术，为智慧工业互联网系统提供人、虚拟空间与物理空间的虚实映射、交互、融合的使能技术。

（四）"智慧工业互联网"是一种新型高质量工业互联网系统

"智慧工业互联网"是一种新型高质量工业互联网系统，其"智慧"和"高质量"分别体现为"八化"和"六新"，具体阐述如下。

（1）智慧工业互联网的"智慧"意指在新一代数字化、网络化、智能化技术引领下相互联系、层层递进的系统的"数字化、物联化、服务化、协同化、定制化、绿色化、柔性化和智能化"（简称"八化"）。

（2）智慧工业互联网的新型高质量表现在它具备"新技术、新模式、新业态、新特征、新要素/流、新目标"（简称"六新"）。

①新技术：它基于新型互联网，在新发展理念指引下，借助新时代的八类新技术群，尤其是在新一代人工智能技术引领下，借助新网络技术、新信息通信技术、新智能科学技术及新工业领域专业技术四类新技术群跨界深度融合的数字化、网络化、云化、智能化技术，"虚实映射、虚实交互、虚实融合、以虚强实、以虚促实"地将工业领域人、虚拟空间与现实空间中的工业全要素链、全价值链、全产业链智慧地连接融合在一起，提供虚实融合的智慧资源、智慧产品与智慧能力，随时随地按需服务的一种新型智慧服务互联工业经济系统的新技术。

②新模式：一种虚实映射、虚实交互、虚实融合、以虚强实、以虚促实，工业全要素链、全价值链、全产业链"数字化、物联化、服务化（云化）、协同化、定制化、柔性化、绿色化和智能化"的去中心化的云边协同的智慧新模式。

③新业态："万物智联、智能引领、数/模驱动、共享服务、跨界融合、万众创新"的新业态。

④新特征：对新制造全系统、全生命周期活动（产业链）中的人、机、物、环境、信息进行自主智能的感知、互联、协同、学习、分析、认知、决策、控制与执行。

⑤新要素/流：促使制造全系统及全生命周期活动中的人/组织、技术/设备、管理、数（据）/模（型）、材料、资金（六要素）及人流、技术流、管理流、数（据）/模（型）流、物流、资金流（六流）新集成优化。

⑥新目标：高效、优质、节省、绿色、柔性、安全地制造产品和服务用户，提高企业（或集团）的市场竞争能力。

三　智慧工业互联网的初步实践与应用案例

（一）智慧工业互联网雏形——"航天云网2.0"攻克的关键技术

"航天云网2.0"是由中国航天科工集团的航天云网公司研发。在工业

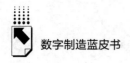

互联网的实践中，"航天云网 2.0"攻克了以下十类关键技术。①

①平台体系架构/平台技术。它支持实现在新一代数字化、网络化、智能化技术引领下的"人、信息（赛博）空间与物理空间融合"的"新智慧制造资源/能力/产品"智慧互联协同服务的工业互联网系统。

②智能驱动的工业 PaaS 技术。它支持实现多源异构应用场景的动态构建、调度及运行。

③智能工业 App 快速开发技术。它支持实现基于工业机理模型服务化封装和动态组合调度的工业 App 快速开发。

④智慧互联网系统的集成优化技术。它支持实现跨企业、跨平台、跨领域的异构制造资源、数据和应用服务的互联、集成与优化。

⑤面向丰富应用场景的人工智能/大数据服务构建技术。它支持实现企业研发、生产、经营过程中产生的海量数据处理和分析。

⑥面向制造全生命周期的智能云建模与仿真技术/数字孪生技术。它支持实现企业协同制造过程仿真资源、环境布局的按需动态构建、全生命周期活动协同仿真及优化运行，以达到最终实现以模型与数据为主要载体的数字制造新模式转型。

⑦"5G+边缘计算+工业互联网"融合技术。它支持实现应用、算法模型、设备的云边协同高效运行与处理。

⑧基于智慧工业互联网的管理技术。它支持政府、企业实现管理的精准化、智能化。

⑨标准化技术。它支持实现"数字主线"。

⑩安全技术。它支持全系统多层次安全使能。

（二）应用场景与典型应用案例

本报告以面向工业系统的纵向集成应用为例来梳理和总结应用场景、典

---

① 魏毅寅、柴旭东：《工业互联网：技术与实践》，电子工业出版社，2017；李伯虎、柴旭东、侯宝存、刘阳：《一种新型工业互联网——智慧工业互联网》，《卫星与网络》2021 年第 4 期；李伯虎、柴旭东、侯宝存等：《智慧工业互联网》，清华大学出版社，2021。

型应用案例。工业系统的设计、生产组织往往具有比较明显的层级性，自下向上一般会划分为设备级、产线级、工厂级、跨企业级等，每个层级都包含物理系统和信息系统，此外，还包括各类技术、管理、操作人员，共同形成了每一层级人—信息—物理系统（HCPS）。本报告研究的智慧工业互联网赋能工业系统的应用场景就按层次来梳理，从工业设备级、产线级、车间级、工厂级、产业链级等不同层次工业系统实现系统纵向范围的应用，基于技术攻关成果和实践，并形成了下述典型应用案例。①

（1）工业设备智能化应用场景及典型应用案例

①设备级应用场景。企业利用智慧工业互联网技术及相关技术，对工业现场的传感器、工业机器人、工业设备等进行智能化改造，实现设备的自动化、智能化控制、管理、监测、预测维护等，提高工业现场的生产效率和生产质量。

②设备级应用案例——设备远程预测性维护应用。叶片结冰是风电设备所面临的常见问题，结冰会影响叶片的形状，会改变风机的动态响应，从而改变风机载荷和输出功率，同时，冰层可能会改变风机的检测信号系统，导致错误反馈信息，此外，极限低温可能会改变风机部件的材料及结构性能等，对风机部件造成安全性影响。实际应用中企业面临的挑战是很难对结冰的早期过程进行精确预测。针对这种难题，企业基于云平台采用工业大数据智能技术实现风电设备的故障诊断和预测性维护，通过对采集的各类数据进行预处理、特征提取，经过工业机理分析和大数据分析综合分析，应用机器学习、神经网络等算法构建风机故障诊断的机理模型，并对模型进行评估、验证，最后将模型输出结果用来实现故障诊断和预测维护，从而实现对结冰过程的提前预测并控制除冰系统，减少结冰对风机部件的影响，实现风机的预测维护。

---

① 魏毅寅、柴旭东：《工业互联网：技术与实践》，电子工业出版社，2017；李伯虎、柴旭东、侯宝存、刘阳：《一种新型工业互联网——智慧工业互联网》，《卫星与网络》2021年第4期；《航天云网技术报告集（内部）》；周济、李培根等：《智能制造导论》，高等教育出版社，2021。

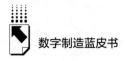

（2）产线数字化级协同化生产应用场景及典型案例

①产线级应用场景。企业利用智慧工业互联网技术及相关技术，对生产过程进行数字化、智能化管理，并对生产计划、生产调度、生产监控、生产控制等进行人机协同、云边协同等，以提高生产效率，优化生产流程、工艺过程及质量等。

②产线级应用案例——5G+边缘计算的云边协同柔性生产应用。南京某电气公司是一家工业信号接口仪表的研发制造公司。该公司面对 2020 年全球新冠疫情，为协助园区企业复工复产，需要把原有的产线快速转产为应急物资产线。面对紧急需求，该公司通过集成航天云网研发的 INDICS EDGES 边缘一体机快速构建应急物资生产管理与产能监控系统，利用 5G+边缘计算的云边协同的快速柔性转产，实现"云+边+端"协同制造模式，实时掌控生产数据，对产线进行高效管理，提升设备利用率、产品质量管理水平，降低设备、能耗、人员等成本，使生产效率提升。

（3）智能工厂级应用场景及典型案例

①工厂级应用场景。企业利用智慧工业互联网技术及数字孪生技术，通过对工厂内机加、焊接、装配等不同车间的设备状态参数、生产订单、产品数据、生产数据、工艺参数等信息进行连接、集成和处理，来协调优化工厂内资源；通过对工厂级不同车间生产过程、信息系统的共享、协同、优化决策、管控，实现生产过程的可追溯和提高透明度。

②工厂级应用案例——数字孪生的黑灯工厂应用。针对机加、装配、物流等环节大部分为人工操作造成的生产的高端精密产品一致性不高、一次交验合格率不高，以及混线加工生产效率低导致的生产准时完成率低等问题，企业依托航天云网的 INDICS 边缘云构建基于数字孪生技术的黑灯工厂，通过对工厂生产运营指标监测、关键设备状态监测、供应链状态监测等，构建"云—管—边—端"一体的工厂级数字大脑，对生产线实现实时控制，满足了多品种小批量柔性混线生产模式要求，实现交付周期缩短，设备有效使用效率提升。

（4）供应链及产业链优化应用场景及典型案例（见图 3）

①供应链及产业链级应用场景。国家通过智慧工业互联网及相关技术，

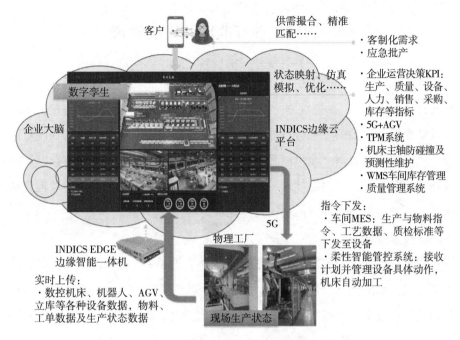

客户

供需撮合、精准匹配……

·客制化需求
·应急批产

数字孪生

状态映射、仿真模拟、优化……

·企业运营决策KPI:
 生产、质量、设备、
 人力、销售、采购、
 库存等指标
·5G+AGV
·TPM系统
·机床主轴防碰撞及
 预测性维护
·WMS车间库存管理
·质量管理系统

企业大脑

INDICS边缘云平台

5G

指令下发:
·车间MES:生产与物料指
 令、工艺数据、质检标准等
 下发至设备
·柔性智能管控系统:接收
 计划并管理设备具体动作,
 机床自动加工

INDICS EDGE
边缘智能一体机

物理工厂

实时上传:
·数控机床、机器人、AGV、
 立库等各种设备数据,物料、
 工单数据及生产状态数据

现场生产状态

图3　供应链及产业链优化应用场景

依托工业互联网平台,打通企业间生产、制造、供应等各环节数据流,通过龙头企业带动上下游企业的整体配套,实现供应链实时、精准、可控、可调,形成供应链上下游长期稳定的协同协作关系,提升产业链、供应链协同能力,并依托平台构建覆盖全产业链、供应链服务体系,实现整个产业链资源的共享与调用,助力实现上下游资源要素的融通。

②供应链及产业链级应用案例——服务供应链、产业链优化治理。国家通过建设产业链分析检测平台,实现对供应链及产业链优化治理,建立了汇集97家央企、超过15万家国企经营和产业链数据,覆盖20个门类、1382个行业小类、1219条产业链的产业级数字大脑,识别出400多种“卡脖子”产品和200多个薄弱环节,并对供应链中的薄弱环节、高风险与堵点、断点进行分析优化,支撑了“十四五”国资布局与结构战略性调整规划,提升了产业治理能力。

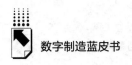

四 智慧工业互联网的发展建议

总体来讲，在"政府引导，市场主导""创新驱动，攻克短板""问题导向，技术推动""系统规划，分步实施"等原则下，在国家、地方的战略和政策支持下，我国重视科技创新体系、复合型人才培养、新型基础设施建设、政策特别是数据产业机制和政策的完善与落实、创新与攻克短板以及国内外开放合作等，并注重技术、产业、应用的一体化协调发展。笔者将分别从技术、产业、应用等方面提出发展建议。

1. 技术发展建议

我国应重视工业智能、工业数字孪生、工业区块链、工业网络、先进计算等热点技术的创新发展；重视数据中台、数据模型库、通用算法库等共性基础及平台技术；重视新型工业化系统虚实融合、虚实共生等新技术手段、新模式、新生态的研究；重视符合工业"共享经济"的商业模式研究；重视工业互联网安全技术、标准技术及评估指标体系等研究，增强网络和数据安全保障能力；重视新一代人工智能技术的新发展方向，即正向"强人工智能、通用人工智能、超人工智能发展"；重视工业互联网的未来形态发展，特别是重视工业元宇宙[①]、生成式人工智能、视觉大模型[②]等技术的发展，以及与工业互联网的融合应用等。

2. 产业发展建议

我国应促进工业互联网平台新型软件、新型硬件及云基础设施产业，特别是促进所有软硬件及平台云化服务的高质量工业互联网平台产业发展；重视智能产品产业，特别是通过人工智能、5G、边缘计算、AR/VR等数字技术催生的智能产品及其产业；重视支撑工业互联网的数字化系统构建与运行产业，特别是为实现用户价值和企业持续盈利的目标，对系统构建运行需要

---

① 李伯虎、柴旭东、李潭等：《工业元宇宙模式、技术与应用初探》，世界元宇宙大会，2022。
② 黄铁军、余肇飞、李源等：《脉冲视觉研究进展》，《中国图像图形学报》2022年第6期。

的各类内外要素进行整合、重构，并形成高效且具备竞争力的自主运行模型；重视工业互联网平台运营服务产业，特别是满足多样化、个性化产品或服务需求，以工业互联网为依托开展数字化服务的产业。

3. 应用发展建议

我国应突出应用行业、企业的特点，同时聚焦重点行业、重点企业；重视以问题为导向的工业互联网系统模式、技术手段和业态变革；强调工业互联网系统的"六要素""六流"的综合集成化、优化、智慧化；落实系统工程的实施原则，做好近期、中期、长期等各阶段的发展规划与实施方案等工作。

五　小结

我国工业发展正步入新征程，即推进新型工业化，催生了适应新征程的新型工业互联网——智慧工业互联网。从本质上来讲，智慧工业互联网是一种适应新征程并具有中国特色的高质量先进工业互联网系统。智慧工业互联网还在继续发展，其发展还需要全国企业、全球企业的合作与交流，同时我国要充分重视各国的特色和各行业、企业的特点。

B.8
"双碳"目标下的制造业数字化转型趋势

赵海峰 *

摘 要: 随着"双碳"目标的提出,中国制造业面临新的机遇与挑战,制造业企业的数字化转型将有利于提升制造业效率及企业创新能力,应对全球减排压力。本报告探究了在"双碳"目标下制造业数字化转型的趋势,从人工智能、物联网等角度分析了制造业企业数字化转型的发展前景与低碳化转变,为制造业今后的发展提供了新的思路,具有借鉴意义。

关键词: 数字制造 制造业数字化 "双碳"目标

"双碳"即碳达峰和碳中和的简称,是中国提出的两个阶段碳减排奋斗目标。"双碳"目标倡导绿色、环保、低碳的生活生产方式,促进了制造业进行产业转型升级,引导绿色技术创新。数字化转型是利用数字化技术来推动组织架构、业务模式进行变革的一系列措施,也是制造业为了应对减排压力、保证企业创新能力及竞争优势的重要举措。在"双碳"目标下制造业的数字化转型已经成为未来发展的必然趋势。

一 人工智能持续促进制造业能源利用效率进一步提升

随着时代的进步与科技的发展,人工智能已经成为制造业转型升级的重

---

* 赵海峰,管理学博士,同济大学经济与管理学院教授,博士生导师,美国斯坦福大学访问学者,服务型制造创新与研究中心主任,主要研究方向为服务型制造、服务运营、应急行为、人才素质及人才培养。

要因素，其能够进行自主学习以及自动执行任务等特点极大地解放了人们的双手，在节省工人脑力和体力的同时使制造业企业的效率得到提升。通过利用人工智能，我们将从源头入手精准预测风险，管理原材料，提高全要素生产力和制造业效率。

（一）精准风险预测和高级管理持续提高生产效率

在过去的 30 多年里，中国积极参与全球经济分工，成为上一轮全球产业特别是劳动密集型产业供应链转移的受益者，不仅构建了全球最齐全的工业体系与供应链网络，还发展成为世界上最大的贸易出口国。但在全球供应链重构的当下，出口下滑、外贸承压的挑战正不断加剧。特别是逆全球化、贸易保护主义的抬头，给中国既有的全球产业链分工地位带来巨大挑战。面对动态多变的国际市场格局，国内制造业企业对于供应链愈发重视，领先的制造业企业需要权衡韧性和效率，以确保自身供应链系统的有效运行。随着"近岸生产"和"制造网络多元化"逐渐成为企业的优先策略，制造业产业链分工日益深化。[①]

随着供应链及相关条件的快速变化，关键材料的采购与销售工作已经成为企业的一大沉重负担。针对这类问题，驻地采购团队及供应链也在推进大规模转型，希望借此建立竞争优势。面对难以预测的全球经济态势，跨国制造商的任务就是有效把控风险，优先考虑数字化转型、优化 MRO（维护、维修、运行）支出分析，并将供应商智能解决方案纳入采购流程。[②] 这些改革的目的就是推动采购体制显著转变，利用 AI 技术将采购计划与战略从纯粹的战术行动改造为新的战略决策模型。这种方式被 Gartner 定义为"自主采购"，如果措施落实到位，将有望帮助组织提升竞争水平与智能化程度，

---

① 李舒沁、王灏晨：《人工智能对老龄化背景下制造业劳动力的影响——来自中国的证据》，《科学学与科学技术管理》2021 年第 7 期。
② 李舒沁、王灏晨、汪寿阳：《人工智能背景下工业机器人发展水平综合动态评价研究——以制造业为例》，《系统工程理论与实践》2020 年第 11 期。

进一步提高采购效率与节约成本。其中,认知计算将贡献不容忽视的力量。① 基于 AI 和云的新兴技术有助于实现数据协调与供应链网络架构优化。这些技术能够帮助采购团队及其组织适应现实变化,保证反应速度始终高于竞争对手,同时强化与供应商之间的合作关系。此外,实时信息也将帮助组织快速做出更为可靠的数据驱动决策。但管理这种变革对于任何技术执行团队来说都是一项艰巨的任务。② 因此,我们有必要深入探究这场变革的前置条件、成功要素以及实施基础。Globality 最近一项研究表明,90%的全球采购领导者正迅速调整其运营模式和流程,希望更好地应对当前动荡、充满不确定性的现实商业挑战。研究披露的多个数据点也表明这种迹象已经开始形成整体性趋势。大部分受访者(87%)正专注于建立数字与数据团队,希望获得预测性洞察力,部署新技术,借此加快对未来颠覆及经济震荡的反应速度;81%的采购负责人认为,从企业内部获得更多支持,才有望实现这一关键数字化转型。

基于 AI 和高级管理的持续推进,中国制造业生产效率稳步提升。从比较优势来看,中国制造业门类齐全,随着工业自动化、人工智能、3D 打印、5G 等技术得到越来越广泛的运用,数字化更好地赋能中国企业在全球价值链中的地位攀升。③ 各种数字化技术和工具能够帮助国内制造业企业降低信息传递和跨境交易成本,提高中间品、服务和技术的可获得性。截至 2023 年 1 月,全球"灯塔工厂"数量达到 132 家,其中中国本土拥有 50 家,居全球首位。而国际环境的愈加多变,对于中国企业实现产业链和供应链升级、培育"以我为主"的链条是一个重要的战略机遇。④ 供应链上的多维布

① 刘斌、潘彤:《人工智能对制造业价值链分工的影响效应研究》,《数量经济技术经济研究》2020 年第 10 期。

② 谢萌萌、夏炎、潘教峰等:《人工智能、技术进步与低技能就业——基于中国制造业企业的实证研究》,《中国管理科学》2020 年第 12 期。

③ 李舒沁、王灏晨、汪寿阳:《人工智能背景下制造业劳动力结构影响研究——以工业机器人发展为例》,《管理评论》2021 年第 3 期。

④ 李新娥、喻子君、夏静等:《人工智能技术应用下制造业企业就业效应研究——基于 101 家上市公司的实证检验》,《中国软科学》2021 年第 S1 期。

局将有效降低企业经营成本和交易成本，提高各环节的协同效益。其中，以产品服务化为代表的商业模式创新是有利于打通生产和消费的环节、促进供需匹配、优化配置的重要手段。Gartner 调研数据显示，73% 的制造商将在 5 年内实现产品服务化。随着制造业面临技术、市场和社会的诸多挑战，产品服务化是摆脱制造业困境的有效方案。这意味着，AI 引领的数字浪潮正深刻渗透制造业，有效推动制造业的快速发展。

（二）数字化下原材料与能源利用率的提升

人工智能通过对生产过程中的能源消耗、废弃物排放等数据进行实时监测与优化，可以有效减少生产过程中的原材料与能源浪费，在提升生产率的同时避免浪费，有助于推动制造业的可持续发展，助力制造业逐步实现绿色发展。

目前，中国的年度碳排放量大概为 103 亿吨，位居全球第一，而单位 GDP 的能耗却是全球平均值的 1.5 倍。如何提高能源的利用率是亟待解决的问题。其中，交通领域是碳减排的主要领域之一。在通向碳达峰的未来十年间，汽车产业仍将以燃油车增长为主。所以，对存量的燃油车进行减排，以增量的新能源替换化石能源，成为交通能源转型和低碳减排非常重要的一个手段。为此，中国建构了数字化下的产业能链，以解决交通能源领域的碳排放问题。能链构建于 2016 年，经过六年多的发展，其业务逐渐从传统的燃油领域拓展至新能源充电领域，覆盖"一张油网，一张电网"。同时，能链也打通了上、中、下游产业链。2021 年，能链有效减排 89.68 万吨二氧化碳，实现了绿色、低碳的充电服务，进而实现绿色、低碳，而这仅仅是中国在能源领域数字化的缩影。

在原材料及基础工业方面，中国持续推进数字化减排机制发展。以钢铁行业为例，2020 年，"双碳"政策提出后，钢铁行业面临巨大的碳减排压力。据国家统计局公布的数据，2020 年中国粗钢产量为 10.53 亿吨，占 2020 年度全球粗钢产量的 56.5%，中国是世界最大的钢铁生产国，钢铁碳排放量占全球钢铁碳排放总量的 60% 以上。对国内来讲，钢铁行业碳排放量占中国碳排放总量的比例高达 15%以上。为实现碳达峰，中国钢铁工业协会（简称"中钢协"）已编制完成《钢铁行业碳达峰及降碳行动方案》和碳中和技术路线图制定工作。2022 年 2 月，工业和信息化部、国家发展和改革委员会、生态环境部联合发布《关于促进钢铁工业高质量发展的指导意见》（下称《意见》），提出钢铁行业"确保 2030 年前碳达峰"，将钢铁行业碳达峰时间延后五年。这一改变有利于稳定推进碳达峰行动，确保安全降碳。其中，国家重点推进数字化减排措施。钢铁行业朝着数字化、智能化方向快速发展，如创新能源管理模式，通过数字化的引导，有序构建更高效、更清洁、更经济的能源体系；搭建钢铁生产碳排放的数字化平台，助力钢铁行业低碳发展。目前，中国钢铁行业的智能化水平在全球位居前列。目前钢铁行业的主要工序已经实现了高度数字化，包括物流、能源、设备、环保全部做到效率最大化，通过手机管控主要工序。例如，智能碳管控平台通过数字化管理算出超低排放标准下的碳排放量，然后用这个标准来指导生产。钢铁行业通过高效节能，特别是数字化、智能化等节能新手段，可以把能效利用率提升到 60%以上。

总体而言，数字化正赋能传统行业碳中和。目前高耗能行业主要有工业、电力、能源、建筑、交通等行业，其中工业领域的钢铁行业、石油化工行业、建材行业、有色金属行业等最为突出。为实现"双碳"目标，除行业自身的技术升级外，这些行业还可以通过数字技术的赋能助力降低碳排放。

据相关国际组织研究，未来十年内 ICT 产业有望通过赋能其他行业贡献全球碳减排 20%。大数据、人工智能、物联网、区块链等技术与能源、建筑、交通、工业、农业等领域融合是促进降低碳排放的有力手段。目前，工业互联网在制造业高质量发展中的价值已经显现，可助力制造业实现提质、降本、增效。中国通过发展工业互联网，达到数字化转型的目标，进而实现对低碳发展的赋能。

（三）数字化下全要素生产率的提升

在数字化的趋势下，企业将数字技术运用到传统的经营管理之中，实现了现代信息技术与产业的全方位融合，改变了原有单一机械化的业务流程，不仅提高了企业的创新能力，而且使全要素生产率有所提高。所谓全要素生产率就是指以生产单位为系统中各个要素的综合生产率，是衡量纯技术升级所引起的生产力提升的重要因素。而全要素生产率与绿色全要素生产率的提升将有助于"双碳"目标的实现。大数据、物联网、云计算等技术加快了企业信息化进程，推动生产经营管理智能化发展。制造业企业运用数字技术丰富了信息获取渠道，缓解了行业内部的信息不对称问题，进而降低了交易成本。企业通过大数据获取各项客户信息以优化产品结构，可进行产业升级，及时应对客户需求的转变。此外，数字化转型企业具有良好的经营状况与发展潜力，能够吸引专业技术人才参与研发，提升整体创新能力，从供给端提高企业生产率，从根本上解决制造业人才缺乏、创新能力低下的问题。总体来讲，制造业的数字化转型从多方面对全要素生产率进行提升。

就"双碳"目标的实现而言，一方面，数字技术发展可以帮助企业优化资源配置和节约能源。工业企业进行数字化转型，能够减少资源错配，进而提高资源的使用效率，特别是发挥数字经济发展在工业污染物治理和资源优化配置方面的作用，通过优化生产流程和生产工艺，有效提高资源的采集效率，实现资源的最优配置。[①] 因此，数字技术发展不仅能够提升资源使用效率，还能通过优化产业结构降低能源消耗。另一方面，数字经济发展可以对我国实现"双碳"目标起到推动作用。政府可以利用互联网进行环境信息公开、自动监测和环保宣传等，搭建环境信息治理、外部监督平台，尤其是发挥区块链技术作用，利用其去中心化的特点，搭建绿色基础设施融资平台，该平台包括光伏发电站、共享交通工具、城市绿化等基础设施，可确保工业新基建与碳减排目标要求一致。

[①] H. Zhang, Q. Zhang, "How Does Digital Transformation Facilitate Enterprise Total Factor Productivity? The Multiple Mediators of Supplier Concentration and Customer Concentration," *Sustainability*, 2023, 15 (3): 23-47.

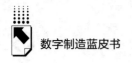

（四）自动化和机器人技术持续发展

自动化和机器人技术持续发展是制造业数字化转型的另一个关键趋势，它们有助于实现生产过程的智能化和高效化。一方面，精确的生产计划、智能的供应链管理和优化的工艺流程可使自动化系统和智能化系统提高能源使用效率，避免不必要的能源浪费。① 机器人可以精确执行任务，减少生产中的物料浪费，提高资源利用率。另一方面，自动化系统可以精确控制和监测生产过程，避免人为操作中的失误和能源浪费，提高生产效率和能源利用率，有助于实现资源的最佳利用。同时，自动化和机器人技术的广泛应用可以促进可再生能源的开发和利用。例如，在太阳能和风能领域，自动化和机器人技术可以用于高效地制造、安装和维护设备，推动可再生能源行业的发展。自动化和机器人技术也可以为清洁技术的研发和应用提供支持平台，促进低碳技术的创新和推广。此外，自动化和机器人技术可以降低人工操作对环境的影响和环境风险。自动化系统能够在高风险环境中操作，降低事故和污染的风险。机器人技术可以替代一些危险的人工操作，降低对工人的人身伤害风险。未来，自动化和机器人技术将促进制造业的可持续发展，推动制造业向更加绿色、环保、高效的方向发展，实现经济增长与环境保护的良性循环。

二 制造业服务化持续转型促进产品全生命周期能耗降低

制造业智能服务化转型是依托人工智能、5G、云计算等新一代信息技术推进制造业高质量发展的重要途径，是全球范围内新一代智能技术与制造业深度融合的具体体现，将深刻改变制造业的发展模式。制造业智能化发展能够为客户提供更便捷的服务，比如一些企业推出配送服务机器人、智能温度检测仪等智能产品，有效助力了人们的生活，因此未来新一代信息技术在

---

① 刘广迎、叶河云：《碳中和时代新能源供应链管理的创新与实践》，《企业管理》2021 年第 S1 期。

发挥牵引作用的同时，将会引导制造业在研发设计、加工制造、品牌营销、售后服务等环节提升融合创新能力，帮助制造业为客户提供产品和服务完美融合的体验。

（一）产品的智能化升级持续推进

根据微笑曲线可知，[①] 提供服务通常比提供产品有更高的利润，而且提供服务能确保更为稳定的收益来源，而服务化转型作为制造业为响应市场环境变化进行的一场战略上的变革，正是利用微笑曲线的启示将单一产品转化为包括产品、技术、知识等在内的服务包提供给客户。在进入数字经济时代后，云计算、大数据、物联网、人工智能、区块链等新一代信息技术的迅速发展和广泛应用改变了传统制造产业和现代服务产业的形态，为制造业服务化转型升级提供了有利的机会和方式，企业数字化转型将加快我国制造业服务化升级的进程。数字化是产品实现智能化升级的基础，企业需要采用数字化产品设计和工艺设计软件工具、数字化装备，建设数字化产线、车间、工厂，实现产品的智能化升级。[②] 因此，数字化转型是制造业推进产品智能化升级的起点，产品的智能化升级是制造业数字化转型的主攻方向，它的充分发展会引发制造业制造范式、企业形态和产业模式发生根本性转变，推动制造业实现数字化转型。具体来讲，产品的智能化升级已经在多个领域不断推进，如智能家居、智能交通、智能医疗等领域。产品不断更新迭代，将创造更广阔的应用空间和市场前景。此外，产品的智能化升级不仅持续向个性化、定制化方向发展，满足消费者的个性化需求，[③] 而且能够通过互联网技术实现设备之间的远程控制、数据共享、智能化协同等功能，以及多个设备之间的无缝连接，提升产品的综合性能和用户的体验，从而形成完整的智能生态系统。

[①] 简兆权、伍卓深：《制造业服务化的路径选择研究——基于微笑曲线理论的观点》，《科学学与科学技术管理》2011 年第 12 期。

[②] 李廉水、石喜爱、刘军：《中国制造业 40 年：智能化进程与展望》，《中国软科学》2019 年第 1 期。

[③] 钱晶晶、何筠：《传统企业动态能力构建与数字化转型的机理研究》，《中国软科学》2021 年第 6 期。

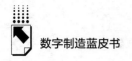

（二）预测性维护更加精准

在维护服务领域中，大多数制造业企业仍主要采用故障后维护和预防性维护这两种基本维护模式。① 但是，这两种传统维护模式均存在诸多缺陷，前者的缺陷在于，如果企业生产设备故障发生在使用高峰期，那么企业会有长时间停机的损失；后者忽视了部件或系统的实际运行状态，导致保养过剩和保养不足的矛盾。随着近年来以数字化、智能化为核心特征的第四次工业革命的到来，在物联网、云计算和大数据等技术支撑下的数字化制造迅猛发展，一种更加高效、实用的维护模式——预测性维护应运而生。

预测性维护服务通过收集和分析设备数据，提前预警设备可能出现的问题，减少设备停机时间和维修费用，降低维护成本，提高设备的可靠性和运行效率，为制造业企业提供一个高效、实用的解决方案，从而推动制造业服务能力达到一个更高的水平。② 目前，数字化技术在预测性服务领域的应用基础就是要首先收集和存储制造业生产要素（设备）工作状态数据，例如温度、压力、振动等数据；此外，通过数据分析，挖掘设备性能的变化趋势，预测设备健康状态，从而为制造活动提供预警和决策支持。未来，随着数字技术的不断发展，制造业数字化转型不断深入，预测性维护服务将进一步优化制造业全生产系统，提升预测准确性，提高企业生产效率，为制造业带来更多实际效益。一方面，随着人工智能和机器学习技术的不断发展和应用，预测性维护服务将在更强大算法的加持下实现数据分析的自动化和高效化，提高预测设备故障的准确率。另一方面，随着物联网技术的普及，设备之间的连接性会更加紧密，这将有助于预测性维护服务实现跨设备、跨工厂、跨区域、跨领域的数据整合，为制造业企业提供更加智能、可靠和高效的维护服务，实现企业智能化和数字化转型。

---

① M. Shafiee, S. Chukova. "Maintenance Models in Warranty: A Literature Review," *European Journal of Operational Research*, 2013, 229（3）: 561-572.

② 陈菊红、黄放、张雅琪等：《基于公平熵的预测性维护服务价值衡量及收益分配机制研究》，《预测》2018 年第 5 期。

（三）制造业智能服务化转型

制造业是国民经济的主要组成部分，是技术创新和产业升级的重要基础。随着新一轮科技革命和产业变革的加速，中国制造业面临产业结构调整和商业模式创新的压力。推进制造业向智能服务化转型是顺应时代发展趋势的关键举措，是制造业创新发展的重要方向，也是引领制造业向价值链高端提升，培育经济增长新亮点的动力所在。具体来看，制造业智能服务化本质上是制造业企业以满足客户需求为导向，突破传统的单一产品销售模式，通过打造数字化、智能化服务平台，采用基于全方位、个性化服务的全生命周期价值提供模式，实现制造全要素、全过程的服务增值。

在制造业智能服务化转型中，数字技术则通过发挥其数据、算法和算力、加工制造等能力，借助生产数据采集分析、状态感知控制等手段，催生了用户参与、按需定制等一系列新模式，从而拓展了制造业价值链、提高了产品的附加值和服务质量。可见，数字赋能下的制造业智能服务化转型不仅是消费市场消费升级的需求，还是提高制造企业竞争力、推动制造业产业升级和可持续发展的需要。如何加速数字化在制造业智能服务化中的应用推广，推进制造业发展模式向智能服务化转型，再塑中国制造新优势，成为当前最紧迫的问题。为此，我国应加速数字化、智能化技术研发和产业化，尽快推进数字化服务体系建设，加强人工智能技术应用，实现资源高效利用和高层次的自动化、智能化生产，建立全生命周期创新服务模式，强化跨部门联动，形成政策合力，推动制造业智能服务化转型，推进产业链协同发展。

（四）数字化背景下客户深度参与对制造业绿色创新持续赋能

正式的环保要求和非正式的消费趋势都对企业绿色发展提出更高要求，满足客户对绿色产品和服务的需求已经成为制造业新产品研发的重要维度。[①]

---

① 王琳、周昕怡、陈梦媛：《从"培育者"到"影响者"：数字化转型如何推动绿色创新发展：基于浪潮的纵向案例研究》，《中国软科学》2023 年第 10 期。

在数字经济时代，客户不再简单满足于被动单向地接受来自供应商的产品和服务，客户具有更强的自我意识，要求更高的互动性并积极参与其中。为更精准地把握客户需求和市场消费趋势，企业通常需要客户参与绿色产品研发流程，以提升绿色创新能力。① 大数据、人工智能、5G、工业互联网、区块链、数字孪生等新一代信息技术的发展，为绿色发展提供了强劲的动力。无论是研发和生产制造，还是服务和营销，更多地要基于数据，用数据说话。数据背后的算法发展使企业的运营管理以数据为基础，这是工业 4.0 区别于工业 3.0 的标志。

因此，利用重点产品全生命周期绿色低碳基础数据平台以及绿色低碳数据和工业大数据资源，推动数据汇聚、共享和应用，驱动制造业生产方式变革，借助数字化协同平台，深化客户参与，获取最新的与绿色产品应用场景相关的知识，形成助力企业的关键研发创意，② 缩短研发周期；基于碳足迹、水足迹等分析核算能力，发展绿色服务新业态，引领客户需求，探索绿色创新新场景，为制造业绿色创新持续赋能，将成为制造业的新命题。

三　物联网持续促进制造业低碳化转变

物联网可利用二维码、RFID、各类传感器等设备，通过互联网等各类异构网络及其联网，获取无处不在的现实世界的信息，实现机器与机器之间、机器与人之间高效的信息交互方式，支持高智能的信息化应用，最终实现智能 ICT 基础设施与物理基础设施的全面融合。物联网作为信息化的一种新的技术手段，可以通过对物质世界的感知和智能管理，发挥降低能

---

① C. M. Sashi，"Digital Communication，Value Co-creation and Customer Engagement in Business Networks：A Conceptual Matrix and Propositions," *European Journal of Marketing*，2021，55（6）：1643-1663.

② 赵慧娟、姜盼松、范明霞等：《数据驱动中小制造企业提升创新绩效的机理——基于扎根理论的探索性研究》，《研究与发展管理》2021 年第 3 期。

耗、节约资源和提高效率的作用,是发展低碳经济的得力工具。物联网推动制造业低碳化转变主要体现在促进快速质量检测、加速绿色供应链转型、发展循环经济生态、推进联网生产四个方面。

(一)物联网促进快速质量检测的实现

近年来,随着我国科技的不断发展,物联网技术得到了极大的提升,逐渐在更多的领域以及行业中得到运用,这让物联网数据共享服务以及物联网数据安全服务等得到了强有力的保障。[①]

在传感器技术领域,企业通过安装传感器,实时监控生产线的运转数据,例如温度、湿度、压力和电流等参数。物联网接收并分析这些数据,进而识别潜在的问题,提高生产线的效率和可靠性。同时,物联网可以使各设备相互连接、有序交流并协同工作,检测流程自动执行,从而提高生产线的效率和一致性。

物联网产生大量数据,这意味着物联网是大数据分析项目的重要驱动力,因为它允许企业创建庞大的数据集并对其进行分析。物联网为企业提供大量关于其零部件在现实世界中的行为方式的数据,可以帮助它们更迅速地改进零部件。这也意味着物联网基于收集到的数据进行分析,使用人工智能和机器学习技术分析生产线的数据,监测与控制质量,帮助检测流程变得更快、更准确,减少人为错误。

可见,物联网技术可以减少人工审核的成本和质量问题,加快检测流程的速度,实现快速质量检测。

(二)物联网加速绿色供应链转型

物联网可以对绿色供应链转型做出积极贡献。在能源管理方面,物联网能够通过传感器收集厂区的能源数据,借助云平台对数据进行汇总和分析,

---

① 中国科学院文献情报中心战略前沿科技团队、于杰平、王丽:《趋势观察:数字经济背景下物联网发展态势与热点》,《中国科学院院刊》2022年第10期。

可以更加全面、精准地掌握企业的能源使用情况。[①] 有了这些数据，企业可以根据自身情况制定降低能源消耗和节约成本的方案，例如减少用电峰值、使用高效节能设备等。在物流管理方面，物联网可以对物流管理的各个环节实现实时掌控，使企业在运输环节中更加精准地掌握时间、地点和物流流动情况。此外，物联网可以协同运营企业与第三方物流公司优化物流网络，减少运输过程中的能耗和废弃物排放。在废弃物管理方面，物联网可以帮助企业实行垃圾分类和回收，例如使用智能垃圾箱识别垃圾种类，自动分拣垃圾，最大限度地减少废弃物的排放量。在环保数据公示方面，企业可以通过物联网在网站和移动应用上公布自己的环保数据，包括企业的能源使用、废水和废气排放、环保投资等信息，让消费者可以准确、及时地获取这些信息。这样可以使信息更加透明化，满足消费者对环保信息的需求，提高企业的环保形象。

总之，物联网可以协助企业实现绿色供应链的转型和升级，帮助企业达到绿色经济发展的要求，减少企业在环保方面的成本和风险，增大企业在市场竞争中的优势。

（三）发展循环经济生态

制造业数字化转型将促进循环经济的发展。该模式试图将废弃资源再利用，并缩短从产品制造到消费的周期。通过数字技术，制造业企业可以更好地监控和管理从原材料到废弃物的流程，从而实现更高的资源利用率。物联网具有提高资源使用效率、减少浪费和增强可追溯性等优势，在促进制造业循环经济发展方面具有巨大潜力。[②] 物联网在制造业的集成可以促进整个产品生命周期中不同参与者之间的合作，这些合作涉及供应商、制造商、分销商、零售商、消费者和回收商。这可以使多个利益相关方之间实现更高效的

---

① A. Gandomi, M. Haider, "Beyond the Hype: Big Data Concepts, Methods, and Analytics," *International Journal of Information Management*, 2015, 35（2）: 137-144.

② 中国科学院文献情报中心战略前沿科技团队、于杰平、王丽:《趋势观察：数字经济背景下物联网发展态势与热点》,《中国科学院院刊》2022年第10期。

通信、数据共享和协调，有利于改进决策、降低成本和更快地解决问题。企业可以从其运营中提高的灵活性和弹性中受益。此外，客户可以获得个性化的产品和服务，而更好的产品跟踪和召回能力以及增强的售后支持可以提高客户满意度和忠诚度。最终，这些改进有助于在物联网的驱动下建立一个更可持续、更具竞争力的制造业生态系统。

物联网可以通过多种方式在制造业中推广循环经济原则。例如在资源效率方面，物联网传感器和监控系统可以收集生产过程中材料使用、能源消耗和废物产生的实时数据。通过分析这些数据，制造商可以提高工艺效率，减少原材料投入，并最大限度地减少浪费。在产品设计方面，物联网设计工具可以帮助设计师创造出在使用寿命结束时可以轻松拆卸、维修、重复使用或回收的产品。智能传感器可以随着时间的推移监测产品性能，并为未来的产品开发决策提供信息。在供应链透明度方面，物联网设备可以通过复杂的全球供应链跟踪材料，确保企业遵守环境法规、道德劳动实践和其他可持续性标准。提高可见性有助于企业识别风险领域，并就其采购战略做出明智的决策。在循环商业模式方面，物联网实现了新的基于服务的商业模式，使企业优先考虑产品寿命、重复使用、翻新和再制造，而不是计划淘汰。这类产品鼓励客户延长耐用商品的使用时间，从而减少频繁购买新商品的需求。在材料回收方面，物联网驱动的资产跟踪和库存管理有助于企业从被退回的、过剩的或报废的资产中回收宝贵的资源，确保它们尽可能长时间地保持流通。[①] 实时数据分析指导公司根据商品价格、加工能力、运输物流和其他因素确定最佳回收方法。在教育与合作方面，物联网驱动的数字平台将不同的利益相关方、教育工作者、研究人员和政策制定者聚集在一起，分享在整个制造过程中推进循环经济原则的知识、经验和观点，促进新观点和新知识的传播与转化。

---

① 段妍婷、胡斌、余良等：《物联网环境下环卫组织变革研究——以深圳智慧环卫建设为例》，《管理世界》2021 年第 8 期。

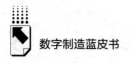

数字制造蓝皮书

（四）推进联网生产

制造业数字化转型可以推进联网生产。借助物联网技术，制造业可以建立机器之间的连接，并实时通信和共享数据。这可以提高生产效率和质量，并为系统优化提供更完整的数据和反馈。物联网技术在制造业的整合使网络化生产（通常称为"工业 4.0"）工作取得了进一步的进展。这种方法利用各种互连组件，如工业自动化、大数据、云计算、人工智能、网络安全、机器人、高级通信协议和模块化架构，在生产线上实现更高的效率、精度、速度、可扩展性、适应性、安全性和可持续性。物联网技术可以被应用在预测性维护、传感器集成、供应链可见性、质量管理和检验自动化等各个方面，以实现促进网络化生产深入实施的目的。

国家将物联网纳入制造业，通过无缝集成设备和创建连续反馈回路来推进数字化工作，使企业能够做出明智的决策，提高效率、灵活性、透明度和竞争力。物联网产生和积累的大量数据使管理者能够理解并根据其资产绩效指标得出的见解采取行动，企业最终通过减少浪费、增加回收计划、优化材料流和精简流程来促进可持续性实践。如果应用得当，联网生产将有助于企业在当今快速发展的商业环境中进行战略定位。因此，当我们探索将工业4.0 原则与我们不断扩大的物联网可能性知识相结合时，需要始终顺应发展趋势，同时始终优先考虑对资源、人员和社会的负责任管理。

四　人工智能加速新能源、新材料和新工艺的应用

人工智能方兴未艾，正逐步拓展到多个领域，助力各行各业的蓬勃发展，在新能源、新材料和新工艺等诸多领域的贡献尤为突出。越来越多的制造业企业将人工智能作为重要的辅助工具，利用其强大的数据分析能力以及自主学习能力等进行供应链管理、材料设备监测、构建生产模型等。这一方面促进了制造业的数字化转型，将人工智能与新能源、新材料与新工艺的生产过程融合；另一方面降低企业成本、提升效率，使我国制造业进一步迈向"双碳"目标。

（一）人工智能加速清洁新能源的进一步应用

人工智能加速新能源的进一步应用对于制造业数字化转型至关重要。人工智能可以被应用于能源系统的优化和管理，通过数据分析和预测模型，实现能源的智能调度和优化配置。这有助于提高能源利用效率、降低能源消耗，并优化制造过程中的能源管理，减少对传统能源的依赖。[①] 新能源如太阳能和风能具有间歇性和不稳定性的特点，人工智能可以被应用于预测、监测和控制新能源系统，帮助提高新能源的可靠性和稳定性，通过智能预测和控制，可以促进能源供应平衡，减少能源波动对制造业生产流程的影响。新能源的应用往往涉及复杂的能源供应链，包括能源生产、储存、输送和销售等环节。人工智能可以被应用于能源供应链管理，通过优化供需匹配、降低能源损耗、提高供应链的可靠性和稳定性，帮助制造业企业实现能源供应链的优化和协同发展。[②] 人工智能技术还可以与自动化技术相结合，推动制造业向智能制造转型。企业通过将人工智能应用于机器人、自动化设备和生产线控制系统，可以实现智能监测、自适应调整和自动化控制，提高生产效率、质量和灵活性。通过人工智能算法和分析工具的应用，新能源领域的潜在问题和机会将越来越多地被发现，这有助于制造业实现技术升级，推动产品的创新和开发，从而增强制造业企业的竞争力，这些应用均有力地促进了制造业实现绿色、智能和可持续发展，提高生产效率和产品质量，完成其数字化转型。

（二）人工智能助力环保新材料的应用

人工智能在助力环保新材料应用方面发挥着越来越重要的作用。新材料的研发和应用对于实现"双碳"目标具有重要意义，而人工智能的加速应

---

① 余畅、马路遥、曾贤刚等：《工业企业数字化转型的节能减排效应研究》，《中国环境科学》2023 年第 7 期。

② 习明明、倪勇、刘旭妍：《数字化转型如何促进产业链供应链现代化——基于产业链供应链结构优化视角》，《兰州大学学报》（社会科学版）2023 年第 4 期。

用可以为新材料的发展和推广提供强大的支持。首先，人工智能可以被应用于新材料的设计和优化过程。企业借助人工智能的算法和模型，可以加快环保材料设计的过程。通过对大量材料数据的分析和挖掘，人工智能可以识别出潜在的新材料组合、结构和性能，提供更准确的材料设计方案。这种基于人工智能的材料设计方法可以显著缩短研发周期，加快新材料的应用进程。其次，人工智能可以在新材料的制备和加工过程中提供智能化的支持。将人工智能技术与制造设备和控制系统相结合，可以实现对材料制备过程的智能监测、调整和优化。人工智能算法可以实时分析数据，预测制备过程中的异常情况，并提供相应的调整建议，以确保新材料的质量和稳定性。最后，人工智能可以在新材料的性能测试和评估中发挥重要作用。传统的实验方法往往需要大量的时间和资源，并且受制于实验条件。而人工智能技术可以通过建立模型和算法，对材料的性能进行预测和评估。基于人工智能的虚拟测试和模拟可以使企业更快速地获取材料的性能数据，并为材料的改进和优化提供指导。这种基于模型的评估方法可以大大加快新材料的推广和应用速度，降低研发成本，促进制造业的数字化转型，实现更加环保和可持续的生产方式，推动制造业向更加环保和可持续的生产方式转型。

（三）人工智能助力绿色新工艺的应用

在制造业数字化转型中，人工智能与 3D 打印技术的结合为绿色新工艺的应用带来了巨大的创新和变革。特别是在原型制作过程中，3D 打印技术通过其高速、低成本和灵活性的优势与人工智能相互协作，加速了产品开发和制造。[①] 传统的原型制作方式需要通过复杂的加工工艺和手工调整来实现，耗时且成本较高。然而，借助 3D 打印技术，制造业企业可以更加迅速地实现原型的创建和迭代。人工智能的应用使 3D 打印过程更加智能化和自动化。对产品数据的精确控制和算法优化可以使企业完成更高效的原型制作

---

① K. Tan, "The Framework of Combining Artificial Intelligence and Construction 3D Printing in Civil Engineering," 3rd International Conference on Civil Engineering and Materials Science（ICCEMS），2018.

过程。这不仅提高了制造速度，还降低了制造成本，为产品的快速开发和创新提供了有力支持。此外，3D 打印技术的灵活性和创新性为制造业带来了新的商业模式。传统制造业通常采用批量生产模式，难以满足个性化和定制化需求。然而，借助 3D 打印技术，制造业企业可以实现大规模定制，为客户提供个性化的产品和服务。人工智能的应用使原型设计和生产更加简单高效，从而推动制造业向大规模定制转变。这种定制化生产模式不仅能够满足消费者多样化的需求，还可以促进创新和商业模式的发展。这些应用将为制造业的数字化转型和实现"双碳"目标带来积极的影响，并助力推动更环保、更绿色、可持续的生产方式的实现。

B.9
人工智能在制造业中的探索与实践

蒋明炜*

摘　要： 随着新一代人工智能技术爆发式增长，人工智能技术与制造业的
深度融合成为国际竞争的战略制高点，深刻地影响着人类社会的
政治、经济、文化、法律等诸多方面。同时人工智能技术也将深
刻改变制造业的核心竞争能力，成为新一轮科技革命和产业变革
的核心驱动力，它将催生制造业新的研发模式、新产品、新业
态、新的生产方式和服务模式。人工智能技术与智能制造的深度
融合必将为制造业带来无限的可能。本报告从介绍人工智能技术
的发展态势入手，构建基于人工智能技术的智能工厂框架，分析
人工智能技术在机电产品、研发设计、经营管理、生产制造、客
户服务、经营决策等场景的探索与实践。最后，本报告提出制造
业应用人工智能技术的若干建议。

关键词： 数字制造　人工智能　智能制造　智能工厂

一　人工智能技术的发展

（一）人工智能技术的演进和发展

谈论人工智能的演进和发展，我们就要提到英国"计算机之父""人工

* 蒋明炜，北京机械工业自动化研究所有限公司软件事业部首席专家，国务院政府特殊津贴专
家，研究员级高级工程师，中国机械工业联合会专家委员会委员，工信部智能制造专家委员会前
委员，在两化融合领域深耕 40 余年，是我国最早投身制造业信息化事业的专家之一，曾获多项国
家奖励；主要研究方向为制造业数字化、网络化、智能化以及两化融合。

智能之父"阿兰·图灵（Alan Turing），这位为赢得反法西斯战争的胜利做出了巨大贡献的英雄。1948年，图灵提前几十年预见了人工智能和人工神经网络的发展。1950年，他在论文《计算机器与智能》（Computing Machinery and Intelligence）中，开篇就问了这样一个问题：机器能思考吗？这个问题启发了人们无穷的想象，标志着人工智能的开始。

1965年夏天，人类历史上第一次人工智能研讨会在美国的达特茅斯大学举行，会上约翰·麦卡锡、马文·明斯基、克劳德·香农、赫伯特·西蒙、艾伦·纽厄尔等人第一次正式提出人工智能（Artificial Intelligence，AI）的概念。人们一般将1965年称为人工智能元年。

几十年来，人工智能的发展起起落落，究其原因，主要是基础信息化水平差、数据采集困难、计算能力弱等。

2010年至今为人工智能的蓬勃发展期。深度学习和大数据的兴起促进人工智能的爆发式发展。由于物联网的发展，大量设备互连，采集了大量数据，一系列大数据的产品Hadoop、Spark、HBase相继问世，云计算、人工智能芯片的应用大大提高了计算能力。卷积神经网络（CNN）、循环神经网络（RNN）、深度神经网络（DNN）使深度学习得到实质性的发展，推动了人工智能技术的快速发展。

什么是人工智能？人工智能是研究、开发用于模拟、延伸和扩展人的智能的理论、方法、技术及应用系统的一门新的技术科学。人工智能是计算机科学的一个分支，它企图了解智能的实质，并生产出一种新的能以与人类智能相似的方式做出反应的智能机器或系统。研究领域包括机器视觉，自然语言处理，知识表现，智能搜索、推理、规划，机器学习，知识获取，组合调度问题，感知问题，模式识别，自动程序设计，不精确和不确定的管理，人工生命，神经网络，复杂系统，遗传算法。

人工智能的四大核心要素是数据、算力、算法和场景。为了使用某AI应用场景，人们需要采集相关数据，构建算法模型，通过机器学习的训练，实现应用执行。

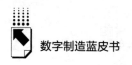

（二）世界主要国家对人工智能技术的战略部署

新一代人工智能技术爆发式发展，成为国际竞争的战略制高点，深刻地影响着人类社会的政治、经济、文化、法律等诸多方面。同时人工智能技术也将深刻改变制造业的核心竞争能力，成为新一轮科技革命和产业变革的核心驱动力，它将催生制造业新的研发模式、新产品、新业态、新的生产方式和服务模式。人工智能技术与智能制造的深度融合必将成为制造业转型升级与向高质量发展的新引擎，因此受到各国政府的高度重视。各国政府纷纷出台了一系列相关国家战略和规划。

根据英国牛津洞察智库 2022 年 1 月发布的《政府 AI 就绪指数报告》，全球已有约 40% 的国家发布或将要发布国家人工智能战略，各国均试图通过国家战略层面的率先布局谋划，成为人工智能领域的领先者。

美国继续维持在人工智能领域的领导地位，从安全、技术创新、本土发展、国际合作等方面展开战略部署，同时强调"AI+国防"，美国国防部在 2022 年 2 月发布的备忘录中就明确把 AI 列为维护美国国家安全至关重要的关键技术。在组织机构方面，美国在 2022 年 5 月的人工智能咨询委员会第一次会议中提出组建领导人工智能的 5 个工作组，共同为美国 AI 领域发展提供决策建议。

在欧洲，英国将"AI+国防"作为"全球人工智能超级大国"的重要组成部分，英国国防部在 2022 年 6 月发布《国防人工智能战略》中提出将通过科学和技术获取国防战略优势；7 月，英国国防科技实验室宣布成立人工智能研究国防中心，专注于与实现人工智能能力发展相关的基础问题，成果将惠及英国国防及更广泛的经济社会。法国政府出台新的"人工智能国家战略"，预计在未来 5 年内投入 22 亿欧元用于加快人工智能发展，旨在加快法国人工智能应用并提升竞争力。

在亚洲，多国正加大力度资助人工智能产业的培育和发展。2022 年 3 月，韩国表示计划未来三年在人工智能等领域投资超过 20 万亿韩元，并提供研发支持和税收激励，以推动人工智能产业的发展。2022 年 3 月，日本表示将制定与人工智能等尖端技术相关的国家战略，从根本上强化研发投资。

中国作为全球第二大经济体，在各国紧锣密鼓地制定人工智能发展战略时，已向世人宣告了发展全球 AI 理论、技术和应用的雄心。2016 年 8 月，国务院发布《"十三五"国家科技创新规划》，明确人工智能是发展新一代信息技术的主要方向。2017 年 7 月，国务院颁布《新一代人工智能发展规划》，该文件包含了研发、工业化、人才发展、教育和职业培训、标准制定和法规、道德规范与安全等各方面的战略，目标是到 2030 年使中国人工智能理论、技术与应用总体达到世界领先水平，中国成为世界主要人工智能创新中心。其后中国还发布了一系列文件，2020 年 7 月国家发改委等部门发布《国家新一代人工智能标准体系建设指南》，2022 年 7 月科技部等部门发布《关于加快场景创新以人工智能高水平应用促进经济高质量发展的指导意见》等。上述文件的发布充分体现了中国对人工智能技术的高度重视。

（三）人工智能技术的发展态势

2021 年清华大学的《人工智能发展报告（2011—2020）》有以下重要发现。

（1）十年间十大 AI 研究热点分别为深度神经网络、特征抽取、图像分类、目标检测、语义分割、表示学习、生成对抗网络、语义网络、协同过滤和机器翻译。

（2）十年间人工智能国际顶级期刊的最佳论文奖项较多授予的研究领域是计算理论、安全与隐私和机器学习。

（3）十年间全球人工智能专利申请量为 521264 项，中国专利申请量为 389571 项，位居世界第一，占全球总量的 74.7%，是排名第二的美国专利申请量的 8.2 倍。

（4）全球范围内，美国 AI 高层次学者的数量最多，占比 62.2%，是第二位国家（中国）AI 高层次学者数量的 6 倍以上。

（5）中国在自然语言处理、芯片技术、机器学习、信息检索与挖掘等

10多个AI子领域的科研产出水平紧随美国之后，居世界前列；在多媒体与物联网领域的论文产出量超过美国，位居全球第一；而在人机交互、知识工程、机器人、计算机图形、计算理论领域，中国还需努力追赶其他国家。

（6）人工智能未来重点发展的技术方向包括强化学习、神经形态硬件、知识图谱、智能机器人、可解释性AI、数字伦理、知识指导的自然语言处理等。

另外，目前人工智能讨论最热烈的话题就是ChatGPT（Chat Generative Pre-training Transformer），一种人工智能的预训练生成模型。有人把它称为聊天机器人、搜索工具、文本创造工具等。它把人工智能技术从"分析型AI"发展成"生成式AI"，做人类擅长的创造性的工作。它把过去人工智能的内容由专家生产、用户生产变成由人工智能生产。ChatGPT能帮助学生写论文、帮程序员写程序，能翻译，会考试，能构思小说，能回答人关心的若干问题。而且随着用该应用的人越来越多，数据、参数、知识越来越丰富，ChatGPT会越来越"聪明"。按照ChatGPT发明人山姆·奥特曼的宏伟计划，下一步是开发通用人工智能AGI，AGI重点不在于掌握某一种技术，而是拥有学习的元能力，可以向任何人需要的方向发展。也许有一天这种"生成式AI"、通用型人工智能将改变制造业，进行产品创新设计、智能经营管理、智能生产和服务。

IDC最新数据显示，全球人工智能市场在2022～2026年预计实现18.6%的年复合增长率，2023年突破5000亿美元，到2026年将突破9000亿美元。

中国科学院大数据挖掘与知识管理重点实验室所发布的《2019年人工智能发展白皮书》披露全球人工智能企业TOP20榜单，排名前10的分别是微软、谷歌、Facebook、百度、大疆创新、商汤科技、旷视科技、科大讯飞、Automation Anywhere和IBM。让人高兴的是，在前10名企业中，来自中国的科技企业占据5席，体现出中国在人工智能方面的实力，有与微软、谷歌等国际巨头同台竞技的实力。

二 基于人工智能技术的智能工厂参考架构

基于人工智能技术的智能工厂总体架构见图1。

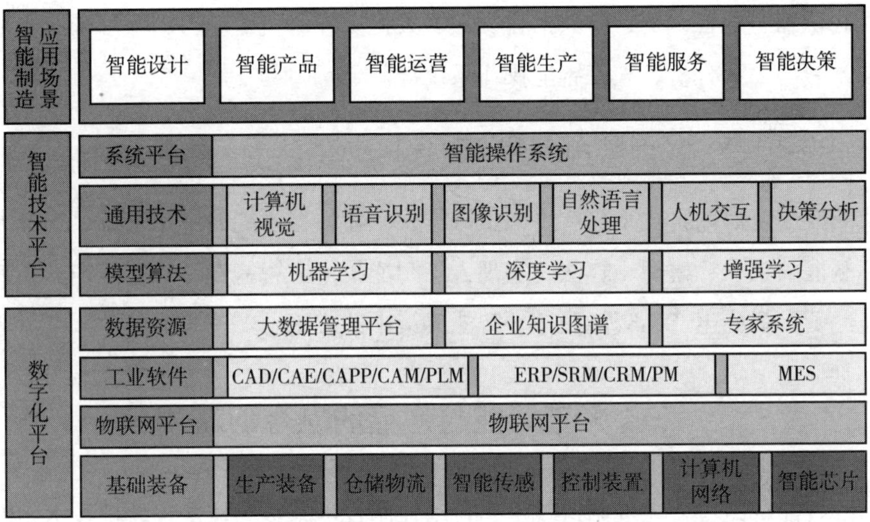

图1 基于 AI 的智能工厂总体架构

资料来源：笔者自制。

基于 AI 的智能工厂总体架构分为3层：数字化平台、智能技术平台和智能制造应用场景。

（一）企业数字化平台是实现智能制造的基础

生产装备、仓储物流装备要实现数字化，需要安装各种传感器、控制装置、智能芯片，通过物联网平台实现万物互联，采集大量的设备及产品工艺运行参数，为优化控制提供数据。企业通过一系列工业软件和制造执行系统，实现产品设计、工艺设计数字化，以及经营管理和生产制造过程的数字化。企业数据通过大数据平台、企业知识图谱、专家系统被清洗、分类、储存，是人工智能应用的基础数据。

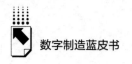

（二）智能技术平台是实现智能制造的工具

如今一大批人工智能企业开发了一系列人工智能通用工具、软件、产品、人工智能开放开源平台。制造业企业可以购买这些成熟的产品，充分利用这些平台，将其应用于不同的优化场景。这些成熟的产品包括图像识别、人脸识别、声音识别、自然语言交互、人机交互、机器学习、深度学习、增强学习、决策分析、人工智能操作系统等。

（三）应用场景是 AI 在智能制造中的应用

应用企业数字化平台产生大量数据，企业根据不同的应用场景，选择人工智能的工具、模型、算法，实现人工智能技术在智能设计、智能产品、智能经营、智能生产、智能服务、智能决策中的应用。

三　人工智能与产品的融合创新

智能产品可将先进制造技术、自动控制技术、传感技术、软件技术、嵌入式系统和人工智能技术进行集成和深度融合，使产品具有感知、分析、推理、决策、控制功能，以及信息存储、传感、无线通信功能。这类产品可应用于物联网，具有远程监控、远程服务的能力。智能产品有智能加工中心、自适应数控机床、自动驾驶汽车、智能仪表。

人工智能技术在智能产品中得到最充分的应用，如机器视觉及图像识别、语音识别、深度学习、优化算法、优化控制、预测性维修等被广泛应用。

发展智能产品是企业的发展战略，产品智能化是决定企业生存的大事。数码相机兴起，"胶卷帝国"柯达轰然倒下；智能手机问世，一大批老牌手机公司受到极大影响。大多数生产机电产品的公司有实现智能化的需求，必须站在战略的高度发展智能产品。

智能产品因其智能化的水平不同而不同。小到垃圾桶、智能家电、智能家居产品，大到无人驾驶汽车、无人飞机、智能电厂、智能输变电系统、自适应数控机床、具有认知智能的机器人等，它们的智能化水平不同。

四　人工智能与研发设计的融合创新

智能设计是深化 CAX 的应用，开展基于模型定义的设计、基于模型的企业 MBE、基于数字孪生的产品设计。设计人员在设计知识库、专家系统的支持下进行产品创新设计，在虚拟环境下设计出数字孪生产品，对其结构、性能、功能、工艺进行模拟仿真，并优化设计，而且能从事并行设计、协同设计。企业在工艺知识库的支持下进行工艺设计、工艺过程模拟仿真，最大限度地缩短产品设计、试制周期，快速响应客户需求，提高产品设计的创新能力。

人工智能在产品研发设计中的应用很多，例如基于数字孪生的产品研发设计、基于产品生命周期管理（PLM）和主数据管理（MDM）系统的研发设计知识管理、产品配置专家系统、参数化设计、基于人工智能的数控编程等。

（一）基于数字孪生的产品研发设计

产品数字孪生是由产品物理实体在虚拟环境中多维建模而来，是一个集成的多物理、多尺度、超写实、动态概率的仿真模型，借助数据模拟产品实体在物理世界中的行为和状态，在虚拟环境中构建的产品物理实体全要素的数字化映射。

数字孪生的产品设计通过虚实交互反馈、数据融合分析、决策迭代优化等手段，可用来模拟、监控、诊断、预测、控制产品实体的形成过程、状态和行为，其原则是虚实融合、以虚控实。

产品数字孪生面向产品全生命周期，通过不断提高自身模型信息的完整度和精度，最终完成对产品实体完全和精确的描述，为产品创新和优化迭代提供支持。

图 2 是基于数字孪生的产品研发设计系统。

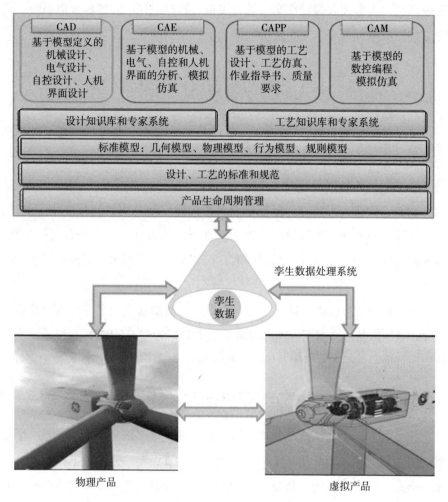

图2　基于数字孪生的产品研发设计系统

资料来源：笔者自制。

　　笔者认为基于数字孪生的产品研发设计系统是应用基于模型定义的机械设计、电气设计、自控设计、人机界面设计一系列CAD建模设计软件支持下完成多层次（原材料元器件、零部件、子系统、系统、整个产品）的几何建模、物理建模、行为建模和规则建模，完成产品的初步设计和详细设计；在基于模型的机械、电气、自控、人机界面的分析和模拟仿真软件的支持下完成设计阶段的模拟仿真和优化迭代；在基于模型的工艺设计、工艺仿真软件，基于模型的计算机辅助编程和仿真系统等一系列研发设计软件支持下，充分使用标准模型库、设计知识库、工艺知识库，在产品生命周期管理系统的集成环境下构建出多要素、多维度的数字化虚拟产品，这个虚拟产品是物理产品全要素的真实映射。

样机试制完成，实际制造数据返回设计数字孪生体后，基于数字孪生的复杂产品设计才完成。产品数字孪生实现了设计与制造的一体化协同，在设计与制造阶段之间形成紧密闭环回路，实现产品迭代、优化。基于数字孪生的产品研发设计为装备的运维服务提供了基础保障。

波音公司的 777 客机就是利用初期数字孪生技术开发设计的典型实例。波音公司在波音 777 客机的整个研发过程中没有使用过图纸模型，所涉及的300 多万个零部件完全依靠数字孪生技术进行模拟、实验。据报道，该技术帮助波音公司减少了 50% 的返工量，有效缩短了 40% 的研发周期。有关信息研究机构分析，未来 1~2 年之内，全世界超过 50% 的大型工厂将会使用数字孪生技术，并提高近 10% 的生产效率。

（二）基于 PLM/MDM 系统的研发设计知识管理

在客户个性化定制需求越来越高的今天，产品研发设计的工作量越来越大。然而产品研发设计是一项知识密集的创新工程，它需要遵守国家、行业、企业的一系列标准，并运用企业多年积淀的大量设计知识。有资料统计，大约 70% 的设计工作为用户化的变形设计，这部分设计中有 90% 的设计工作依赖于企业成熟的设计成果和大量的设计知识。即使是 30% 的新产品设计工作中也有 60% 以上的工作基于以往的设计成果、经验和知识。所以对以往的设计成果、知识和经验的管理就非常重要。笔者认为，由于设计知识对象明确、关系清晰、层次分明，产品生命周期管理系统和主数据管理系统完全可以承担研发设计知识管理的重任。图 3 为基于 PLM/MDM 系统的研发设计知识管理架构。

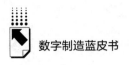
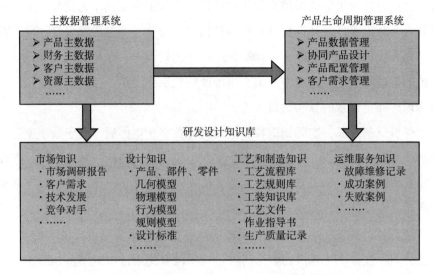

图3 基于 PLM/MDM 系统的研发设计知识管理架构

资料来源：笔者自制。

（三）产品配置专家系统

产品配置管理（Product Configuration Management）是对产品结构、配置信息和物料清单的管理。图4显示了产品配置管理原理。

企业首先要构建通用产品结构，它代表了一系列产品的构成要素，当客户提出需求时，企业输入参数或案例产品找到通用产品结构（平台），通过产品配置专家系统的若干规则，从通用产品结构中配置出客户个性化产品结构。

企业基于产品配置专家系统的配置设计，根据客户需求和配置设计任务，在产品配置器的交换屏幕上输入产品型号、特征、参数、选配要求，系统找到通用产品结构（平台），运行该产品的产品配置规则，这些规则涉及选装、互换、替换、组合、冲突等，系统经过逻辑运算"IF－AND－OR－NOT"，生成客户化的物料清单，进行合规性和有效性检查，输出精确的客户物料清单和有关的几何模型信息、版本、分析结果、技术说明、工艺文件等。

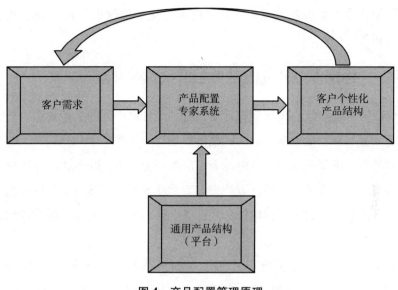

图 4　产品配置管理原理

资料来源：笔者自制。

产品配置管理是人工智能技术最早的应用场景，被大量应用于汽车、机床、工程机械等需要个性化定制的场景。

五　人工智能与经营管理的融合创新

企业将先进的管理理念——精益生产、敏捷制造、网络化协同制造、人工智能技术的理念，融入企业资源计划、供应商关系管理（SRM）、客户关系管理系统之中。在传统产、供、销、存和人、财、物管理信息化的基础上，企业应用新一代信息技术和人工智能技术，实现整个价值链上从客户需求、产品设计、工艺设计、智能制造、进出厂物流、生产物流到售后服务整个供应链上的业务协同、计划优化和控制，使客户的需求、变动、设计的更改等信息，在整个供应链的网络中得到快速传播、及时响应。

在经营管理中，人工智能可应用于构建基于模型驱动的供应链计划控制体系、市场需求预测、用户画像、营销风险管理、机器人流程自动化、

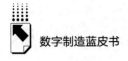

企业知识管理、供应商寻源和管理、成本优化和控制以及财务分析和财务风险分析等。

（一）构建基于模型驱动的供应链计划控制体系

供应链管理的核心是供应链计划，特别是针对不同的生产类型，如项目型制造、多品种小批量制造、大批量流水生产、大规模个性化定制构建不同的计划模型。模型驱动的供应链计划控制体系见图5，以多品种小批量生产计划为核心，集成了不同的计划类型。为简化图形，该图忽略了所有与计划有关的其他系统，只显示供应链计划这条主线，图中事先定义的流程均为计划模型。

联宝（合肥）电子科技有限公司（简称"联宝科技"）是全球最大的PC研发和制造基地，2021年生产笔记本电脑整机3668万台，销售收入为1227亿元。为了提高供应链的效率，联宝科技构建了数字化云供应链系统，正确应用供应链计划和动态闭环控制，面对庞大物流场景，实现了人均每小时产出电脑不少于1.91台，原材料库存周转天数14天，产成品库存周转天数1.5天，材料48小时齐套率不低于87%，快速响应了客户的需求，取得了非常好的经济效益。

（二）市场需求预测

随着商品经济的迅速发展，市场不断扩大，商品的供求和价格变化多端，经济关系日趋复杂，新一代信息技术快速融入产品和服务，加快了产品更新换代，智能产品快速增长，也使市场的不确定性增加。市场需求预测对企业评估市场营销机会、选择目标市场、确定新产品开发及上市时机、制订营销计划有着十分重要的意义。

市场需求预测按照时间维度分为短期预测、中期预测和长期预测3种；按照空间维度分为区域、国内和国外3种；根据预测范围的不同，有宏观市场需求预测、行业需求预测和企业需求预测3种。

预测方法可分为时间系列分析、因果分析。时间系列分析可用的模型如

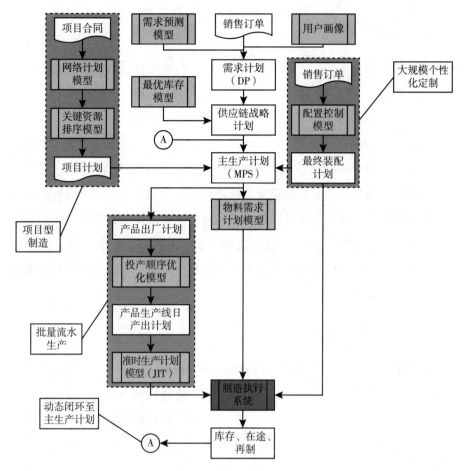

图 5　模型驱动的供应链计划控制体系

资料来源：笔者自制。

移动平均法、移动加权平均法、指数平滑法；因果分析可用的模型如消费系数分析法、回归分析法。

新产品市场需求预测使用巴斯模型。

市场需求预测的过程为确定预测的目标—收集相关数据—选择预测方面—建模和预测—结果评估—书写预测报告。

上文提到的联宝科技的供应链计划就是正确地应用了长期预测、中期预测和短期交货计划相结合的模式，取得了很好的经济效益。

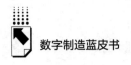

（三）用户画像

用户画像是企业应用互联网、电子商务、社交媒体、大数据、人工智能技术深入挖掘不同客户的需求、偏好、能力，为产品设计、精准营销、客户服务提供科学的依据。

B2B（Business to Business）与 B2C（Business to Customer）商业模式不同，因此用户画像有很大区别。B2B 用户画像涉及以下问题：客户需要什么？谁是决策者？客户采购的决策机制是什么？他们的支付能力如何？竞争者是谁？购买意向为何？企业画像、采购决策体系画像和联系人画像是必需的。B2C 用户画像涉及以下问题：他们是谁？他们喜欢什么？购买能力如何？他们买了些什么？他们住在哪里？人口属性画像、兴趣爱好画像和地理位置画像是必需的。

（四）机器人流程自动化

机器人流程自动化（Robotic Process Automation，RPA）是以机器人为虚拟劳动力，依据预先设定的程序与现有用户系统进行交互并完成预期的任务。RPA 适用于高重复性、逻辑明确、规则清晰的作业流程。目的是用机器（准确地说是软件机器人）替代人工操作重复、繁杂的业务系统，解放人的双手。

企业运行着各种业务系统如 ERP、SRM、CRM，在这些业务系统中选择重复度高、逻辑性强、规则清晰的人工作业，通过 RPA 系统的流程创建、流程管理、流程执行、迭代优化，让虚拟机器人代替人工对信息系统执行自动化操作。

RPA 有以下优势。第一，降低人力成本。RPA 通过软件自动化脚本重复实现人工任务的自动化操作，仅需少数业务管理人员与运营维护人员。第二，提高生产效率。RPA 可以实现 24 小时不间断工作，并且执行效率高。第三，出错率低。RPA 基于明确的规则操作，无差别化，尽可能消除人为因素产生的错误。第四，操作可监控。机器人的每个步骤均可被监控和记录，RPA 在保存丰富的审计记录的同时有助于企业的流程改善。第五，周期短，见效快。RPA 以外挂的形式部署在客户现有系统上，与业务系统的运行环境无关。该项技术被越来越多的企业采用。

六　人工智能与生产制造的融合创新

智能生产系统由智能装备、智能控制、智能物流、制造执行 4 个分系统组成。它接受 ERP 的生产指令，进行优化排产、资源分配、进度跟踪、智能调度、设备的运行维护和监控、过程质量的监控和分析、产品的追溯、绩效管理等。智能生产装备和控制系统构建多条柔性生产系统（FMS、FMC、FML）进行产品的加工、装配。自动化仓储和物流配送、生产过程物流的自动传输以数字孪生技术实现物理车间的虚拟映射，进行工艺过程模拟仿真、优化控制。总之，智能生产系统可执行从生产任务下达到产品交付全过程的人、机、料、法、环、测的优化管理和闭环控制，处置一切例外事件，实现柔性、优质、高效、低成本的智能生产活动。

人工智能在智能生产中的应用很多，例如生产装备、生产线、物料存储和搬运的自动化和智能化；在生产管理中根据不同的作业环境编制最优作业计划、作业调度；在质量控制方面，可进行在线质量检测、分析和控制；在深度学习的基础上，改进质量和优化工艺过程；机器视觉在制造业中的应用等。生产智能化的目标是实现数字孪生车间。

（一）数字孪生车间

北京航空航天大学陶飞教授团队在数字孪生方面进行了深入的研究，提出数字孪生车间（Digital Twin Workshop，DTW）的定义。数字孪生车间是在新一代信息技术和制造技术驱动下，通过物理车间与虚拟车间的双向真实映射与实时交互，实现物理车间、虚拟车间、车间服务系统的全要素、全流程、全业务数据的集成和融合；在车间孪生数据的驱动下，实现车间生产要素管理、生产活动计划、生产过程控制等在物理车间、虚拟车间、车间服务系统间的迭代、优化，从而在满足特定目标要求和约束的前提下，达到车间最优生产和管控的一种车间运行新模式。

数字孪生车间系统组成见图6。

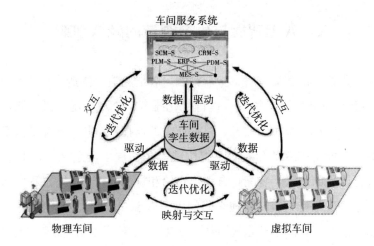

图6 数字孪生车间系统组成

资料来源：陶飞等：《数字孪生车间——一种未来运行新模式》，《计算机集成制造系统》2017年第23期。

企业通过数字孪生车间系统，实现在生产前构建基于与物理车间实体高度相近的虚拟车间模型，对车间服务系统的生产计划进行迭代仿真分析，真实模拟生产的全过程，从而及时发现生产计划中可能存在的问题，实时调整和优化生产过程。在生产中，虚拟车间不断积累物理车间的实时数据与知识，在对物理车间高度保真的前提下，对其运行过程进行持续调控与优化。同时，虚拟车间逼真的三维可视化效果可使用户产生沉浸感与交互感，有利于激发灵感、提升效率。虚拟车间模型及相关信息可与物理车间的相关信息进行叠加与实时交互，实现虚拟车间与物理车间的无缝集成、实时交互与融合。

在陶飞教授团队与航天五院专家的不懈努力下，数字孪生技术在卫星总装车间的设计部署及验证上成功落地。在疫情期间，口罩等医疗纺织物的需求量暴增，这对纺织厂的生产效率提出了新的挑战。陶飞教授团队将数字孪生技术应用于纺织工厂，实现了远程监测、巡检、运维，帮助工厂制定更为合理、紧密的工作流程，减少工人现场操作的工作时长与各环节的无效等待时间，降低工伤的概率，实现生产效率的突破性提高。

（二）机器视觉在制造业中的应用

机器视觉是研究用计算机来模拟人的视觉的科学技术，机器视觉系统的首要目标是用图像创建或恢复现实世界模型，然后认识现实世界。

机器视觉在制造业中有广阔的应用前景，可分为基于产品空间特征的检查（检查产品二维或三维的几何特性，如形状、位置、方向、圆度等特征，以及检查自动驾驶、PCB 电路板 AOI、零件加工尺寸精度、装配/包装质量等）；基于产品表面品质特征的检查（对产品表面凹陷、划痕、裂纹、精度、粗糙度和纹理的检查）；基于产品结构特征的检查（对装配正确性、包装质量等的检查）；对机器人视觉的检查（对定位、导引、作业的检查）。

机器视觉系统由四个部分组成，即图像获取——针对目标不同，可能是工业相机、红外相机、X 光甚至 γ 射线等；图像识别——图像标注、图形分割、分类等；图像分析——应用 AI 技术、根据样本知识做出决策；控制执行——按照最终决策通过控制系统执行操作。

在工信部智能制造新模式项目——中建材（宜兴）新能源有限公司"超薄光伏玻璃基板材料智能制造新模式应用"中，企业应用人工智能技术检测光伏玻璃表面质量和加工形状、尺寸、质量，首先进行图像识别和深度学习，引导系统训练学习标准图库已知的缺陷种类的图像，训练结束后系统将产生一套记忆系数。企业输入待识别的图像，系统凭记忆系数识别缺陷种类，更准确地识别各类缺陷；系统还提供自定义缺陷种类的方式，对未曾学习的缺陷进行在线采集并分类。光伏玻璃全面缺陷在线检测系统解决了人工检测成本、质量较高及剔除不良品搬运易发生人身安全事故等问题。同样的技术在工信部智能制造新模式另外两个项目中也得到成功应用：其一，河北衡水老白干酒业"传统白酒生产全流程智能制造新模式"项目中，酒瓶盖封装图像识别系统降低了人工成本，提高了质量；其二，福建省漳州市华安

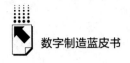

正兴车轮有限公司"商用车铝合金车轮智能制造新模式应用"项目中，企业应用图像识别技术对高温下的铝合金轮毂几何形状和尺寸进行在线监测，提高了生产效率和质量。

（三）人工智能在生产工艺过程中的应用

在机械制造业中，生产工艺是买不来的核心技术，它决定了零部件和产品的质量、效率、成本。所以将人工智能技术应用于生产工艺过程的优化，实现工艺创新是制造业的不懈追求。这方面应用很多，如在铸造和金属冶炼中，应用机器学习技术进行炉料的配方优化设计；应用人工神经网络法构建合金性能与合金组分、工艺参数之间的关系，实现创新合金的设计；在机械制造中金属热处理是保证零部件的内在质量以及提高其承载能力、使用寿命和可靠性的关键工序，但热处理过程中工件内部的传热、扩散、相变、内应力与应变以及工件与周围介质之间的换热或界面上的化学反应等是极为复杂的，企业通过人工智能建模，模拟不同热处理工艺参数对产品质量的影响，可以提高热处理质量。

七　人工智能与客户服务的融合创新

智能服务是运用人工智能技术，按客户的需求提供主动的智能服务，即通过捕捉客户的原始信息和后台积累的数据，构建需求结构模型，进行数据挖掘和商业智能分析，主动为客户提供精准、高效的服务。

人工智能技术在客户服务中的应用主要有客户服务机器人、设备远程运维服务和预测性维修。

（一）客户服务机器人

客户服务机器人（简称"客服机器人"）可预先准备大量专业的客户服务相关信息的问题和答案，建立服务机器人知识库。客服机器人接收到客户提出的问题后，它通过自然语言处理技术和算法模型，理解用户所表达的意思，然后找出与此问题匹配的答案并发送给客户。客服机器人通过自主学习技术，对问答过程进行深度学习，自动扩充知识库内容，提高下一次回答的准确率。常见的客服机器人有微软的小冰、苹果的 Siri、京东的 JIMI 等。

（二）设备远程运维服务和预测性维修

企业在众多的设备、设施上安装传感器、嵌入式系统，采集设备运行数据，在物联网和互联网的支持下将这些数据传输至在线云服务平台。在维修服务知识库和专家系统的支持下，企业可建立完善的在线服务体系，提供远程、在线、及时、周到、专业、高质量的服务。

在线云服务平台由数据基础设施、云计算平台和应用系统组成。在线云服务平台具有计算资源共享、管理方便、降低初始投资、满足不同业务需求、快速开发应用、降低风险等优势。这类平台可实现设备资产性能管理、在线监测、故障诊断、状态预测、预防性维护、环境健康和安全管理、设备运行绩效管理等。

目前，设备联网、上云在中国已非常普遍。第三届工业互联网大赛领军组一等奖得主——南方电网"面向新型电力系统数字孪生电网建设及生态运营解决方案"将整个南方电网的物理系统，全要素映射到虚拟世界，进行电网的优化调度、运行监控和预防性维修。第三届工业互联网大赛新锐组一等奖得主——北京华控智加公司"基于机器指纹的多维信息融合工业设备健康画像和预测性维护系统"应用人工智能技术对机器的震动、声音进行辨识，发现机器的异常，该系统在许多水电厂、热电厂、风电厂、洗煤厂等得到成功应用。我国还有很多类似的成功案例。

八 人工智能与决策支持的融合创新

在智能工厂的环境下，大量产品技术数据、生产经营数据、设备运行数据、设计知识、工艺知识、管理知识、产品运维数据将产生。构建智能决策

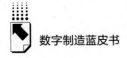

系统，对上述信息进行收集、过滤、储存、建模，应用大数据分析工具和人工智能技术，可使各级决策者获得知识和洞察力，提高决策的科学性。下面以企业战略管控体系为例简述人工智能与决策支持的融合。

战略管理是指一个企业或组织在一定时期对全局、长远的发展方向、目标、任务和政策，以及资源调配做出的决策和管理，包括企业在完成具体目标时对不确定因素做出的一系列判断。战略管理是智能决策的重要组成部分，包括战略制定、战略实施和战略评价三个阶段。

企业实现战略管理需要构建战略管理系统。战略管理系统由战略规划和年度经营计划、全面预算、绩效管理、大数据平台组成。企业首先要有一个战略规划和一个落实战略规划的年度经营计划，提出各项财务和非财务的经营指标，并确定执行战略举措的详细行动步骤、业绩的衡量标准、财务预算的内容等。全面预算是经营计划的量化和货币化，是经营计划的价值体现。经营计划为全面预算提出了预算需求，是预算编制的基础，也是公司战略和预算的桥梁。绩效管理将全面预算的各项指标经过层层分解落实到各个部门和员工个人，保障预算执行。这些考核指标的实际执行情况会在 ERP、SRM、CRM、MES 等系统中表现出来。管理者通过大数据平台，从大数据平台的模型库中选择分析模型，进行数据建模，根据模型的要求决定从不同系统中抽取数据，经过转换存入数据仓库，应用数据分析工具将需要的结果展现给决策者。战略管理通过预算控制和绩效反馈为战略评价和战略调整提供真实的数据，形成战略管理的闭环控制。

九 人工智能与制造业融合发展的建议

人工智能技术在制造业的应用是制造业转型升级的永恒主题，是提高企业核心竞争能力、实现转型升级和高质量发展的必由之路。为使人工智能技术与制造业健康、快速融合，笔者提出如下建议。

（一）将人工智能技术作为企业发展战略

人工智能技术是制造业竞争的战略制高点，将深刻影响制造业研发设计、经营管理、生产制造、客户服务整个价值链的竞争格局、业务模式、资源配置，还是决定企业生存的关键技术。每家企业都要直面人工智能，拥抱人工智能，将人工智能技术在企业的落地纳入发展战略，做好人工智能技术应用发展的专项规划、实施路线图，实施组织变革，优化资源配置，向着智能工厂的方向不懈努力。

（二）提倡跨界融合

制造业企业是人工智能的应用者，不是人工智能技术的开发者。中国有上千家专业、领先的人工智能技术开发公司。正如第一部分"人工智能技术的发展"中所述，《2019 年人工智能发展白皮书》披露全球人工智能企业 TOP20 榜单，排名前 10 的企业中，来自中国的科技企业占据 5 席。它们在机器视觉、语音识别、自然语言处理、机器学习、人工智能操作系统、人工智能算法、人工智能芯片、产品的通信模块、嵌入式系统、各种传感器等方面有一系列成熟的产品。制造业企业要与人工智能企业跨界融合，将人工智能技术应用于制造业的各个场景，实现智能制造。现在，多家人工智能企业与汽车主机厂合作，发展自动驾驶，如百度 Apollo 自动驾驶系统与一汽红旗合作的自动驾驶汽车在长沙正式向公众开放乘坐，华为与江淮汽车在智能驾驶、智能座舱、智能电动、智能网联和云服务等方面进行深度合作。

（三）培养跨界人才

中国有庞大的制造业技术人才队伍和人工智能技术队伍，但是缺乏既懂制造技术又懂人工智能技术的复合型人才。高等院校、企业都要培育这样的复合型人才。中国鼓励智能制造服务机构，开展人工智能技术与制造业融合创新的技术服务，提供一揽子解决方案，加速提高制造业人工智能技术应用水平。

（四）制定与人工智能应用相关的法律法规

2022 年中国最高法院发布了《最高人民法院关于规范和加强人工智能

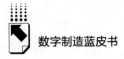

司法应用的意见》，仅对人工智能在司法领域的应用提出了若干指导意见，但是对人工智能在其他领域的应用缺乏法律法规的支持。中国亟待加强对人工智能相关法律、伦理和社会问题研究，建立保障人工智能健康发展的法律法规和伦理道德框架。中国应开展与人工智能应用相关的民事与刑事责任确认、隐私和产权保护、信息安全利用等法律问题研究，建立追溯和问责制度，明确人工智能法律主体以及相关权利、义务和责任等；重点围绕自动驾驶、服务机器人等应用基础较好的细分领域，加快研究制定相关安全管理法规，为新技术的快速应用奠定法律基础；应大力开展人工智能行为科学和伦理等问题研究，构建伦理道德多层次判断结构及人机协作的伦理框架；应制定人工智能产品研发设计人员的道德规范和行为守则，加强对人工智能潜在危害与收益的评估，构建人工智能复杂场景下突发事件的解决方案；还应积极参与人工智能全球治理，加强机器人异化和安全监管等人工智能重大国际共性问题研究，深化在人工智能法律法规、国际规则等方面的国际合作，共同应对全球性挑战。

参考文献

［1］蒋明炜：《智能制造：AI 落地制造业之道》，机械工业出版社，2022。
［2］清华大学人工智能研究院、清华-中国工程院知识智能联合研究中心：《人工智能发展报告（2011—2020）》。
［3］陶飞等：《数字孪生五维模型及十大领域应用》，《计算机集成制造系统》2019年第 1 期。
［4］英国牛津洞察智库：《政府 AI 就绪指数报告》，2022。

专 题 篇
Special Topics

B.10
中国数字化转型下的教育与人才培养

冯德川　吴静垚*

摘　要： 中国目前正在经历的数字化转型浪潮，势必推进新的教育模式和人才培养模式的变革。本报告通过对制造业数字化转型下教育和人才培养现状的分析，引出机遇与挑战并存、人才供需两侧数字化转型的需求，并通过案例展示了数字化手段在高等教育及制造业企业人才培训中的应用与创新。最后，本报告从新型能力建设、数字技术手段、产教融合运营、落实政策引导、工匠平台/知识库打造，对数字化转型下的教育与人才培养提出了具体建议。

关键词： 数字化转型　教育数字化　数字孪生　虚拟仿真　产教融合

* 冯德川，上海明材数字科技有限公司创始人、CEO；吴静垚，上海明材数字科技有限公司副总裁。

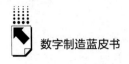

当前，全球数字化加速演进，数字化建设驶入"快车道"，产业数字化和数字产业化对数字化人才培养和供给提出了新的调整要求，而信息技术与数字技术的广泛应用和深度融合正逐步"重塑"教育的理念、模式与形态。制造业数字化转型领域已经有人才培养的典型案例和先行先试经验。笔者将通过本报告分析产业人才培养如何应对数字化挑战，总结和推广技术技能型人才培养的典型经验，并提出企业数字化转型背景下对人才培养的新理念、新模式、新手段相关思考。

一 数字化转型背景下中国制造业人才培养现状分析

（一）当前中国制造业人力资源现状

国家高度重视科教兴国与人才强国。2022 年 10 月 16 日，中国共产党第二十次全国代表大会开幕。习近平总书记在党的二十大报告中指出："教育、科技、人才是全面建设社会主义现代化国家的基础性、战略性支撑。必须坚持科技是第一生产力，人才是第一资源，创新是第一动力，深入实施科教兴国战略、人才强国战略、创新驱动发展战略、开辟发展新领域新赛道，不断塑造发展新动能新优势。"该报告专门就科教兴国战略和人才在现代化建设中的支撑作用单独立章，这在历届党代会中是第一次。这说明中国关于教育与科技、人才的整体性思考和布局第一次被明确提出，三者的价值和地位被给予了更清晰指示：科技需要创新，创新需要人才，人才需要教育，三者有机融合、密不可分。

提升全员劳动生产率成为高质量发展的新要求。《中华人民共和国国民经济和社会发展第十四个五年规划和 2035 年远景目标纲要》指出，中国经济已由高速增长阶段转向高质量发展阶段，经济高质量发展，既离不开技术创新，也离不开驾驭新技术的人力资本。根据"十四五"规划战略研究中高质量发展指标体系及预测，预计"十四五"时期全国全员劳动生产率年均增速为 6.09%，考虑到经济发展提质增效的要求，可将全员劳动生产率年均增速的底线设定为5.5%。根据《中华人民共和国国民经济和社会发展第十四个五年规划和2035年远景目标纲要》的设计，中国全要素生产率与美国全要素生产率相比，需要从2017年的38.4%提升到2035年的70%，美国近些年全要素生产率增速保持在1%左右，这就意味着中国未来的全要素生产率增速需保持在2.5%~3%的水平。

当前中国制造业人力资源已初具"工程师红利"的基础。在产业结构调整升级的当下，产业结构逐步从传统劳动密集型升级为资本密集型或者技术密集型，这使得侧重依靠技术创新和技术进步提高全要素生产率成为必然。优化人力资本结构成为此时的关键点，其核心趋势是从以劳动密集型为主的人力资本结构转型为以技术密集型为主的人力资本结构，即实现从"人口红利"到"工程师红利"。而"十四五"规划战略研究对当前中国制造业人力资源的研究数据表明，中国制造业人力资源的规模很大，拥有大量受过中等教育或职业教育的高素质工人，高等教育每年为制造业源源不断地输送工程技术人才。国家统计局的最新数据显示，2022年全国本科和硕士毕业生分别近967.3万人和86.2万人，2010~2022年中国共培养了8000万名本科生和700万名研究生，其中有一半是理工科学生，中国已经形成了"工程师红利"的教育基础。

（二）数字经济时代制造业人才发展面临的新挑战

新一代信息技术迅猛发展所掀起的浪潮引发了深刻的产业革命，数字化转型已成为大势所趋，同时也对制造业人力资源提出新挑战。

新职业层出不穷，数字化培养教育方式受阻。数字化时代，技能更新和变化的速度加快，新职业、新岗位层出不穷，在传统的人才培养教育方式被数字化方式替代的过程中，人才需求侧势必都会受到影响，因为新思想、新业态、新技术的推进势必会突破旧模式、旧体制、旧习惯。在这种情形下，中国必须要解放思想，解放生产力，以人才高质量发展为落脚点去解决发展过程中的阻碍。

新职业有新要求。在转型中出现的新职业、新岗位存在不能及时被录入

《职业分类大典》的情况，不利于企业对新职业、新岗位的管理。数字化转型中涌现的新职业、新岗位提出了人才掌握数字技能的新要求。数字技能对人的各项综合素质、知识、能力、理解力等都有一定的要求，习得数字技能的门槛将高于传统的操作性技能。一方面，如何对已有员工进行培训，以使其适应新的岗位技能要求，是企业需要面临的新挑战；另一方面，要到何处招聘具有新能力的员工也是企业需要面临的挑战。

劳动力技能仍显不足，与新技术、新经济需求之间的矛盾逐步扩大。中国劳动力资源丰富，但是劳动密集型劳动者比较多，技术技能型劳动者严重不足，仅占不到劳动力总量的1/5，高技术技能人才占比更低，人力资源供给的结构性矛盾越来越突出。随着产业数字化转型和升级的不断推进，智能制造、工业互联网、人工智能、数字孪生、工业元宇宙等新技术的应用和迭代促进了生产方式的深刻变革，传统以劳动密集型为主的低附加值劳动力群体难以顺应经济结构调整和产业转型升级下的技术技能要求，技能水平、就业能力和岗位需求不匹配的矛盾更加突出，就业结构性矛盾愈加复杂。

创新型人才供给不足，企业急需高端技术产业人才。由于中国高等教育的办学体制特色，开展人才培养模式改革和创新阻力较大，人才培养方案的趋同性不能满足社会经济发展对多样化人才的需求。此外，近年来，技术日新月异，院校人才培养速度已经跟不上产业升级速度，在应对新技术发展和技术革新所带来的人才新需求时，高端技术人才和创新人才的供给能力均不足。

（三）制造业数字化转型下人才培养体系及模式亟待创新

各国经济发展的历史表明，尽管各国实现现代化的具体路径不尽相同，但都有一个共同点，那就是把科技作为关键，把教育作为基础，把人才作为保障。尤其是在新技术层出不穷，以智能制造、人工智能为代表的第四次工业革命兴起的今天，我们必须清楚地认识到，经济和科技竞争归根结底是人才竞争，建立更适合产业发展的人力培养体系、全面提升人口素质，既是现代化的重要内容，又是数字化转型下现代化建设最基本、最重要的支撑。中国的制造业数字化转型势必在智能制造、工业互联网、大数据、人工智能、数字孪生等新技术加持下促进生产方式的深刻转变，加快重构产业发展模式。

当前，世界各国以数字化为契机，纷纷发布国家层面的教育数字化战略，借助互联网思维和方法，将现代信息技术与教育深度融合，积极探索新模式、开发新产品、推进新技术支持教育教学创新。数字化是世界科技革命和产业变革的先机，也是世界各国抢占未来发展制高点、塑造国际竞争新优势的重要力量。我们必须深刻认识到，数字化是未来教育发展的必然趋势，是领跑中国教育甚至世界教育的新契机；还必须看到，教育数字化是服务终身学习、建设学习型社会、助力实现共同富裕的重要支撑，也是教育改革的重中之重。

中国30多年的教育改革和发展培养了一支以适应工业经济发展需要为导向的劳动力队伍。而如今的挑战转变为推动中国的人才培养模式转型，提升劳动力技能水平，使之能够适应后工业经济时代对创新和数字化的需要。

我们亟须探索创新需求导向的教育培训方式，并破解传统教育体系与技术技能培训体系间的供需匹配矛盾，以需求为导向确定教育、培训行动计划和实施方案，妥善协调教育、培训的公共产品属性与市场在资源配置中发挥决定性作用之间的关系。

二　人才供给侧和人才需求侧的数字化转型

（一）教育领域数字化转型

1.教育数字化的基础与现状

（1）基础。教育是国之大计、党之大计。2002年，教育部印发《教育信息化"十五"发展规划（纲要）》，标志着我国教育数字化发展已进入新阶段。该文件指出，到2020年，基本建成覆盖全国的教育信息化基础设施。该阶段教育数字化主要内容包括数字化平台和资源体系建设、人才队伍建设、教育政务数字化建设、产业和标准体系建设等。十多年的基础建设驱动发展，为中国教育数字化水平的提升奠定了坚实基础，中国教育数字基础设施体系初具规模。

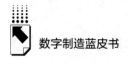

党的十八大以来，以习近平同志为核心的党中央高度重视教育工作，把教育摆在更加突出的优先发展战略地位，召开全国教育大会，中共中央、国务院印发实施《中国教育现代化2035》，开启了加快推进教育现代化、建设教育强国、办好人民满意的教育的历史新征程。10余年来，在党中央坚定领导下，在全党全社会共同努力下，中国特色社会主义教育制度体系的主体框架基本确立，中国教育事业取得历史性成就，教育面貌正在发生格局性变化。

（2）现状。2022年9月9日，中共中央宣传部举行"中国这十年"系列主题新闻发布会，教育部部长怀进鹏出席发布会，介绍党的十八大以来教育改革发展成效有关情况，在教育部的重点工作中，把全面启动国家教育数字化战略行动作为一项重大工程，加速推进教育数字化转型，主要聚焦以下几件事。

建设国家教育数字化大数据中心。建立国家智慧教育平台的一个重要内容就是建设国家教育资源中心，基础教育平台提供3.4万条资源，在职业教育平台上线的教育资源库有1194个、在线精品课有6628门，在高等教育平台上线的课程有2.7万门，特别是高等教育用户覆盖了五大洲146个国家和地区。国家应把基础教育、职业教育、高等教育的资源建设统一汇聚起来，利用集中的优势和优质的资源来建设国家教育资源中心。

全面扩展、升级国家大学生就业服务平台。国家一方面提供优质教育资源大数据；另一方面为教育系统和社会提供服务，大学生就业服务平台共享岗位达1370万个。

不断完善优化国家教育资源中心，不断增强服务能力。教育部未来要加强数字教育和教育资源数字化，这也是"数字中国"的应有之义，教育部将与社会各界一起推进教育数字化，实现教育现代化，为建设教育强国做出贡献。

2. 教育数字化转型的内涵

教育数字化转型的本质是重构教育生态。长期以来，信息技术一直被狭隘地视为教育工具，这种窄化的观念，束缚了教育与新一代信息技术的深度融合。当前，新一代信息技术发展迅猛，正深刻改变人才需求和教育形态。

教育数字化转型是用新一代信息技术取代传统教学模式的创新育人模

式，是一种跨学校、跨地区的教育体制和模式。数字化技术不能局限于工具性应用或细枝末节性的修修补补，而应作为一种整体性系统变革的契机。

这种变革不是数字化与教育的简单叠加，而是要以数字化为媒介，将有效市场和有为政府结合起来，拓展教育改革和未来发展的广阔空间，通过数字化思维重构教育生态。

一是革新传统治理模式。新技术不断迭代升级，对教育现代化治理体系和治理能力提出了更高要求。数字化转型升级有助于拓展教育数据分析应用的力度、深度和效度，实现个性化、精准化资源信息的智能推荐和服务，为管理人员和决策者提供及时、全面、精准的数据支持，逐步形成教育治理新模式，有利于解决管理部门多、工作链条长、信息衰减快的问题。

二是革新传统评价模式。教育评价一直面临科学性不足、反馈作用发挥不充分的窘境。数字化评价技术和手段能够实现学生学习行为全数据采集分析，真实地测评学习者的认知结构、能力倾向和个性特征等，构建以学习者核心素养为导向的教育测量与评价体系，实现实时采集、及时反馈、适时干预，促进学习者全面发展。

三是革新传统学校模式。数字化时代，各级高等教育、职业教育院校将突破传统的"围墙"限制，成为形式上更丰富、本质上更自主、时间上更具弹性、内容上更个性化、方式上更混合的"技术技能学习中心"，为学生提供智能开放的教学及实训环境，实现泛在学习。此外，数字技术还能促进城乡之间、区域之间、校际、师生之间优质职业教育资源的均衡。

（二）制造业人才数字化转型

1.制造业领域人才培养现状

制造业数字化转型势必带来行业人才短缺，传统的一线操作将逐步退出历史舞台，取而代之的是数字化生产线的运维与操作，这将带来大量数字化岗位新需求，如"机器人操作与运维""产线联调与运维""工业互联网设备数据采集与应用"等诸多制造业数字化新岗位。与此同时，数字化岗位出现后的人才培训将成为目前最难解决的问题。

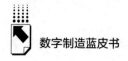

笔者以及笔者所就职的公司从 2019 年开始参与了多次省部级针对智能制造、工业互联网行业的人才需求调研，截至 2022 年底调研了全国范围内超过 200 家企业，对于数字化转型下的制造业人才培训情况，掌握了一手真实信息，并输出了相关主题报告。本报告引用中国工业互联网研究院的报告《工业互联网产业人才需求预测报告（2021 年版）》相关内容，对于制造业人才现状的分析，总结为以下几点。

（1）现有人才队伍在经验、素质、技能方面匹配度不高。首先，企业对数字化人才具有较高的经验需求，现有市场难以满足；其次，人才知识结构与岗位技能要求存在差距，企业对高素质复合型人才需求迫切；最后，现有人才培养模式与企业需求存在脱节现象，教育教学改革缺乏引导。

（2）以企业为主体的人才自主培养、自主评价机制尚未建立。被调研的多数企业尚未建立以企业为主体的人才培养评价机制，严重影响人才选用、人才评价以及人才发展通道的建立。

（3）人才结构失衡，需要全方位加强人才储备。在以劳务市场、以工带工为主开展招聘的制造业企业，一线普通工人、技能蓝领需求大于供给，招工难的问题依然显著。调研数据显示，相关制造业企业对于技术、技能类人员的需求比约为 1.78∶1。总体来说，人才金字塔仍呈现"塔尖强、塔身强、塔基弱"的失衡现象，从短期看，专业技术人才将快速带动产业发展，但从中长期来看这将造成产业人才队伍的可持续性不足。

2. "数字技术工程师"培养已经被提上日程

为加快培养大批高素质专业技术人才，改善数字经济下新职业人才供给质量结构，支持战略性新兴产业发展，推动数字经济与实体经济深度融合，2021 年 9 月，人力资源和社会保障部（简称"人社部"）联合财政部、工业和信息化部、科技部、教育部、中国科学院颁布《专业技术人才知识更新工程实施方案》，方案第一次提到"数字技术工程师培育项目"，即国家围绕人工智能、物联网、大数据、云计算、数字化管理、智能制造、工业互联网、虚拟现实、区块链、集成电路等数字技术技能领域，组织制定并颁布国家职业标准，开发培训大纲和培训教程，实施规范化培训、社会化评价，提升从业人员数字技术水平，每年培养培训数字技术技能人员 8 万人左右，培育壮大高水平数字技术工程师队伍。

当年人社部就制定了 6 个方向的国家职业技术标准，即人工智能工程技术人员、物联网工程技术人员、云计算工程技术人员、工业互联网工程技术人员、虚拟现实工程技术人员、数字化管理师国家职业技术标准。2021 年 11 月已确定项目的职业方向有智能制造、大数据、区块链，目前这些项目在有序进行相关的培训及考核认证工作。

《中华人民共和国国民经济和社会发展第十四个五年规划和 2035 年远景目标纲要》明确指出，要加快数字化发展，建设数字中国，对数字经济、数字社会、数字政府建设做出系统部署。对于数字化进程中涌现的新职业，政府及时发布其相关岗位信息，对提高从业人员的社会认同度、促进就业创业、引领职业教育培训改革、推动经济高质量发展等都具有重要意义。

三 高等教育中数字化人才培养方式与实践

（一）数字化手段在高等教育中的应用现状

本报告聚焦数字化转型下的制造业人才培养，人才供给端主要是普通高等院校及职业院校。对于数字化手段在高等教育中的应用现状，本报告将综合两者一并进行分析描述。

1. 数字化教育资源不断丰富，但质量不高，利用率也不高

近年来，随着网络信息技术、数字孪生等技术的快速发展，我国高校数字化教育资源建设得到了突飞猛进的发展，这解决了普通高校优秀师资短缺、优质教育资源短缺问题。然而，由于教师缺少自主建设意识，数字化教育资源多是按照统一规定的标准建设的，缺少学科个性化特点，建设完成后缺少后续投入，利用数字化教育资源自主学习的人数并不多，国家也没有很好地将普通高校的课堂教学与数字化教育资源有机地结合起来。

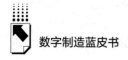

2. 用数字化手段搭建需求导向的人才画像平台, 提升人才培养适应性和就业质量

学生的人才模型不是简单的考试成绩模型, 而是多维度数据人才画像和岗位需求的二维匹配度模型。人才不再是一个绝对概念, 而是相对行业、职业、岗位的相对概念。

国家推进高校数字化建设的原因之一在于意识到目前教育领域存在人才数据缺失和人才错配的问题, 因此宏观上不再单纯追求就业率, 而更注重就业质量。国家希望通过深入的数据追踪, 反馈真实就业信息, 实现社会需求和人才精准匹配。

国家用数字化方式搭建体系化的人才画像评估体系和就业质量评估体系, 通过收集分析学习成绩、第二课堂等数据等进行学生画像, 并逐步将其应用于学生学业评价、预警、评优评先, 追踪毕业生就业去向和专业课程等方面, 为全面培养学生提供可视化帮助。国家基于历史就业数据, 通过就业质量评估构建行业人才匹配度模型; 借助人工智能技术对学生的学业进行全过程、全方位记录、分析和评估, 聚合育人资源, 创新育人机制, 促进学校人才培养建设和学生自身全面发展。

学校基于学生人才画像的动态数据库, 从不同视角的数据出发对人才画像进行多维度调整、修正。一是让学生了解与自身模型适配的行业、职业, 为学生提供数字化就业指导; 二是学校可以根据人才画像提供个性化教学, 实现因材施教; 三是与企业合作实现数据打通, 使得校企合作的基础转变成人才数据与企业需求的数字化匹配。

3. 大力推进虚拟仿真实训基地建设, 使人才培养提质降本增效

为适应国家战略和数字经济发展要求, 院校需要紧盯产业转型升级, 将职业教育示范性虚拟仿真实训基地打造成集教学、实训、培训、科研、竞赛、科普等功能于一体的综合性实训基地、虚拟仿真实训教学资源校企协同开发平台和虚拟仿真实训技术成果展示与应用推广平台; 还需要解决实训教学过程中高投入、高损耗、高风险及难实施、难观摩、难再现的"三高三难"痛点和难点; 服务新时代复合型技术技能人才培养, 服务"双师型"

教师队伍建设，服务企业员工和各类人员就业培训，服务区域经济转型升级和乡村振兴，服务行业企业技术创新，服务共建"一带一路"国家和地区发展；发挥示范、引领、辐射、带动作用，为推动现代职业教育高质量发展增效赋能。教育部科技发展中心（已与教育部高等学校社会发展研究中心整合为教育部高等学校科学研究发展中心）在 2021 年制定发布了《职业教育示范性虚拟仿真实训基地建设指南》。

2020 年江西省先行先试，以产教融合、校企合作的方式，建设国家级职业教育虚拟仿真实习实训示范工程。该省将制定"平台+资产+资源+应用+智慧实训基地+企业"的一站式综合教育解决方案、VR/AR 智慧教育解决方案，充分融合软硬件及优质原创课程资源优势，定制化搭建学习场景，重塑学习新生态。

实训中心建成后可同时容纳 1 万名学生进行实习实训，设置 8 个专业大类虚拟仿真教学区，共计 28 个专业群虚拟仿真教学实验中心，多家企业参与共建的创研工坊和创业孵化器进驻。同时，实训中心将以产教融合、校企合作、企业主体运营为主要运行机制，面向新技术、新产业、新模式、新业态，优先布局先进制造业、现代服务业、战略性新兴产业、现代农业等产业迫切需求的虚拟仿真职业能力实训教学区。每个虚拟仿真职业能力实训教学区包含多个虚拟仿真教学实验中心，多个由企业参与共建的虚拟仿真产教融合创研工坊、创业孵化器以及"1+X"技能鉴定与认证中心。

（二）创新模式案例分享

案例 1：成都工业职业技术学院智能制造虚拟仿真实训基地案例

成都工业职业技术学院智能制造虚拟仿真实训基地（以下简称"基地"）依托校企共建的创新研究院（西南区），充分对接先进智能制造应用及研发技术，配置全球前沿的工业机器人及应用场景，面向区域开展工业机器人及智能制造技术的展示、研发、创新、推广以及培训等，建设"研、创、培"中心。基地依托虚拟现实、人工智能、5G、大数据等新一代信息技术不断提升应用水平，将信息技术与实训设备设施深度融合；对创新研究院的设备进行数字化仿真，并基于教学过程进行仿真实训任务开发，实现数字化三维互动仿真教学与实训，打造线上线下、虚实结合的教学实训体系；充分考虑跨专业交叉实训要求，兼顾实训课程设计的专业性和兼容性，建设与虚拟仿真相适应的实训教学课程体系，合理确定实训教学内容，研究开发实训教学资源，打造高水平教学团队，优化人才培养方案和实训方式。

成都工业职业技术学院智能制造虚拟仿真实训基地基于汽车行业先进生产工艺流程进行实训任务的仿真设计与开发，内容覆盖机械制造与自动化、工业机器人技术、焊接技术与自动化、物联网应用技术、汽车制造与试验技术五大专业的教学内容，并实现线上教学与线上实训。基地选取汽车车身高速、高柔性智能焊装线，发动机缸体机加工自动化生产线，汽车侧围高速自动化冲压线以及汽车白车身点焊工作站、汽车车身喷涂工作站、汽车底盘弧焊工作站、汽车零部件机加工工作站"三线四站"的数字孪生作为仿真实训的载体，开展工业机器人操作编程类、工业机器人焊接应用类、电气控制调试类、数据采集监控类、机器视觉检测类、生产全过程控制类、传感器应用调试类等实训项目。

案例 2：贵州电子信息职业技术学院工业互联网产业学院项目

贵州电子信息职业技术学院承建工信部批复的贵州省工业互联网产业学院（以下简称"学院"），以数字化技术推动贵州省人才培养与产业高质量发展。学院与航天云网、中国工业互联网研究院等行业企业深度合作，将产教融合做深做实。

学院依托贵州省共享制造工业互联网平台、产教融合人才公共服务平台，建设产业数字化转型示范中心、人才培育中心和中小企业服务中心，构建符合贵州产业特色的工业互联网人才培养体系；基于产业学院完备的智能制造生产与教学设备、先进的数字化技术与应用、完善的业务系统与人才队伍，从人才定制化培养和生产力共享两个维度，以数字化技术推动和带动产业的高质量发展。

学院建设了贵州省产教融合共享制造平台，把学院的设备、师资、人才、创新服务等资源上云、上平台开放给企业使用，企业使用学院的资源，解决了设备扩产的风险、淡旺季生产力不匹配和生产成本过大的问题，提升了企业的抗风险能力，也提高了企业入校的积极性。

学院同时通过利益再分配提升了企业在职业教育中的重要办学主体作用，深化校企合作，把企业的真实生产经营需求转化为学校的实训任务，提升学生对产业人才技能的需求适应性，实际推动了教育链与产业链有力对接。

学院引入数字化的手段，开展数字化建设。例如，学院通过实训任务指导书可以实现实训任务的统一管控，学生只要登录平台就可以查看实训任务。

学院打造数字化实训基地，从数字孪生技术的教学资源数字化到设备设施数字化实现一个平台管控，同时实现岗位技能数字化建设与人才定向培养。

后续，学院将继续打造数字赋能平台，将设备监控、设备故障预判等业务功能交由学校师生承建，为中小企业开展设备数字化管控服务，解决企业的实际问题。依托这些基础，学院可以面向学生、在职员工、院校师资等建设贵州省工业互联网人才培养的标杆院校和标杆基地。

学院还建设了产教融合人才培养公共服务平台，通过供需两侧岗位能力模型的数字化建设，实现企业的岗位技能需求和学校的人才培养方案中人才培养的供需侧匹配，开展人才的定制化培养，解决了企业用人需求和学校人才培养脱节的问题。

案例 3：上海市产教融合公共服务平台项目

上海市产教融合公共服务平台（上海市经济和信息化委员会专项资金支持建设）通过产业和教育人才供需两侧的岗位能力模型分析、用人需求分类汇聚、供给侧匹配和定制化人才培养，推动人才培养供给侧的结构性调整，服务于经济高质量发展。其核心是通过提供面向运营的数字化工具，在供需两侧构建能力模型，以辅助企业岗位技能需求与院校人才培养方案和课程标准相匹配。

①总结从企业用人需求出发的能力定义和培养标准。

上海市产教融合公共服务平台的核心功能之一是根据岗位将匹配的能力具象化，形成知识、能力、素养综合能力画像，并且输出相应的培养方案。截至 2021 年底，上海市产教融合公共服务平台已经完成了 10 个岗位群的能力模型构建，并且逐步完善配套的课程开发、教学设备、教学材料、虚实结合的训练系统、考核方法等，将培养过程标准化。企业对于所需人才要具备什么能力、要学什么、学到什么程度算合格的全过程都非常明确。

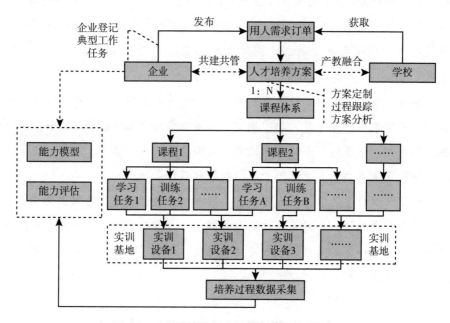

图 1　上海市产教融合公共服务平台流程

资料来源：笔者自制。

②提高企业和学校的沟通效率。

2020 年 11 月，上海本地某企业紧急招聘产线实习生。实习工厂在外省，需要有专业背景的本地生源。通过上海市产教融合公共服务平台集合的多省学校资源，企业可以了解相关学校的专业特色和校企合作案例，更快捷地找到目标合作学校。通过平台，企业2小时内即可与目标学校取得联系，沟通所需实习生的具体需求。

③基于能力模型和模块化课程，重构人才培养流程。

上海市产教融合公共服务平台从企业的用人需求出发，解构成能力模型，然后将对应的能力培养过程分解成若干课程和训练任务，并为整个培养过程提供数据支持以便于对培养的标准和质量进行把控，保证完成人才培养流程后，具备岗位能力要求的人才可以被企业聘用。该本台以解构企业需求为始，以满足企业需求为终，通过基于能力模型和能力平台的模块化的课程拆分，完成人才培养体系的重构。

④攻克工业互联网领域人才紧缺难题。

一是为企业提供工业互联网领域紧缺人才。

上海市产教融合公共服务平台通过搭建工业互联网领域若干紧缺岗位的岗位—知识/能力的图谱，明确岗位能力定义和培养标准，联合院校开发与这些岗位相关的专业（群）；围绕这些专业（群），建立从课程建立与开发、教学培训、课程教学到教学评估的整套标准体系。如上信息通过平台发布与展示，院校和企业供需方共享。

二是在产教融合人才培养模式方面发挥创新效益。

之前的企业招人模式多是企业在招聘网站发布用人需求，依靠简历筛选候选人，通过考核选择入职人员。企业只是寻找人才，不参与培养人才。该模式下用人企业需要在筛选候选人阶段投入大量的工作，要从既定专业的毕业学生中找到合适的人才更难，即使找到了人，还要进行企业内部培训，人员才能上岗，他们工作了一定时间后有可能离开企业，招人成本越来越高。

而上海市产教融合公共服务平台是从企业的用人需求出发，从制定人才培养方案到学员招生、课程教学、教学考核、顶岗实习的全过程都有企业参与，从系统上保证了人才培养结果符合企业需求；同时，在开班之前会与学员签订协议，对于学员到岗后短期就离开的行为进行约束，保障企业的权益；相应地，对于参加培养并通过考核的学员去企业就业，对供需双方的责

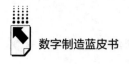

任都有明确规定，同时保障双方权益。

在平台上供需方对于人才培养全流程同步可视化，突破供需方时间和空间上的种种限制，大大降低双方的沟通成本，帮助建立互信。平台无纸化操作大大减少了线下文档传递和审批等烦琐的环节，帮助双方提高工作效率。

四 制造业企业数字化人才培养方式与实践

（一）数字化手段在制造业企业人才培养中的应用现状

制造业数字化转型是大势所趋，不可逆转。在数字化转型过程中，企业的人才培养模式和手段也不能拘泥于传统，企业应该充分适应并拥抱数字化转型，只有积极地拥抱变革、应对挑战，才可以走得更长远。笔者所在的机构在调研中发现，在已经启动数字化转型的企业中，超过70%的企业陷入了"试点陷阱"，即转型仅仅停留在试点范围，难以实现规模化扩展。笔者经过深入了解才发现，有超过50%的企业表示，转型所需要的相应人才的匮乏是当前面临的最大困难。

数字化转型下的人才培养有许多难点，笔者基于在调研中获得的一手信息，认为最大的难点是制造业人才技能的培训投入大，周期长，见效慢，收益成效难量化。具体来说，企业为提升人才技能，需要购买多套硬件（因为要覆盖人数），需要专门场地和师资，还需要有配套的考核体系和证书以及激励手段等，这还未算上时间成本及收益评判。

在调研的超过200家制造业企业中，超过80%的制造业企业还停留在生产制造现场师带徒的模式，但制造业也有积极利用新技术、数字化手段进行人才培养的典范，如一汽红旗工厂基于数字孪生、混合现实、手势识别新技术进行标准作业的训练等。

用数字化手段进行人才培养的主要是行业龙头企业，数字化手段并没有大范围在制造业应用。笔者认为，中国需要积极发展以数字孪生、混合现实为代表的新技术，提升服务制造业工艺传承与技能，为中国数字化转型提供坚实的人才支撑。

（二）创新模式案例分享

案例：一汽红旗工厂工位标准作业"知·行合一"

为落实中国第一汽车集团公司"三大精致活动"（精致作业、精致效率、精致环境），实现现场精致作业能力提升，提高过程质量控制能力，一汽红旗工厂结合现场实际开展工位保证度推进工作。在手工或半手工工位，如总装车间的部分工位标准作业"知·行合一"训练中，工厂对于操作人员的手部动作有详尽的要求，这些要求多以文字、图片的方式呈现，缺乏数字化的模型，而在相关的培训中，工厂只能依靠传统手段教授相关动作要领，考核相关要求，员工在未进行实操实训时很难快速完全掌握标准作业动作要领。而受场地的限制，工厂无法提供实训环境，导致培训的效果、效率双降，或将导致部分工位的工位保证度推进实施缓慢。

为了解决一汽红旗工厂在上述工位标准作业"知·行合一"训练中遇到的问题，其技术供应商上海明材数字科技有限公司基于数字孪生、混合现实、手势识别等前沿技术，开发了自主知识产权软件系统——MINT标准作业教学实训系统。

该系统通过构建1:1的一汽红旗工厂仿真工位环境，借助VR一体机设备实时捕捉手部动作，建立工位标准作业中手部动作的数字化标准操作规范（动作、步骤、节拍等），实现员工沉浸式培训体验，并通过智能手势识别系统采集员工实训过程的数据，对比标准作业数字化模型进行考核和分析，满足一汽红旗工厂对手工、半手工工位低成本、高频次的培训需求。

使用该系统后，一汽红旗工厂摆脱了培训场地限制，低成本覆盖多工位标准作业培训需求；留存大量工位标准作业实训数据，形成数字资产。该系统满足了一汽红旗工厂在推进工位标准作业过程中，对细化、量化的需求，

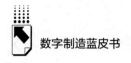

如细化手部动作的标准和要求；使动作采集和评判自动化，提高了培训效率；为一汽红旗工厂岗位员工提供沉浸式岗位体验，提升培训效果；该系统强大的后台数据分析能力，为工位保证度实施提供数据支撑。

五 数字化转型下人才教育、培养的相关建议

（一）分行业、分领域、分层次梳理制造业转型下的员工新型能力模型

人才培养的关键是学校和企业需要了解产业转型升级下的新型能力模型。笔者建议学校和企业对标两化融合、智能制造、工业互联网、产业数字化转型等行动计划，通过贯标等多种方式，梳理、对标产业升级下的新型能力模型，从人才需求数量、岗位技能、素养等多个方面，按照工作场景—能力模型—知识/技能体系维度，分行业、分领域、分层次梳理新型能力模型。

（二）在人才供给侧，增强以数字化方式打造新工科、专业的能力

学校和企业应将现代信息技术与教育深度融合，积极探索以数字孪生、混合现实、虚拟仿真等教育数字化新模式、新产品、新技术支持人才培养模式创新，尽快提升高校教师将数字技术应用于教学、实训的能力，多渠道引进人才，尤其是经验丰富的工程师。他们可以作为兼职教师补充学校的师资队伍，共同开发结合产业新技术、行业 Know-how 的培养载体、课程。

（三）打造多方位产教融合公共服务运营平台，降低企业参与人才联合培养的难度

近年来，政府通过出台支持产教融合型企业政策，来促进企业更积极地参与院校人才培养。但产教融合需要专业化运营，虽然国家发改委开展了产教融合型企业评选，并提供了相应的政策支持，但当前大多数获评的产教融合型企业并不具备产教融合运营能力，而产业集群下的中小企业更不具备此

能力。笔者建议政府除继续评选产教融合型企业外，应围绕产业集群、行业、领域评选一批产教融合公共服务运营平台，支持政策可以更大众化，更面向中小企业，以让更多企业参与产教融合校企共育并实实在在地享受产教融合带来的人才及其他各项实惠。

（四）政策引导，落实制造业技术技能人才培训

制造业企业应落实制造业职工技能提升行动，以制造业职工为重点，大力开展岗前培训、在岗培训和转岗培训，突出实操技能训练和职业素质培养，提升企业职工适岗能力。

制造业企业应落实数字工程师提升行动，围绕制造业企业"智能化改造及数字化转型"需求，以网络安全、云计算、大数据、5G、人工智能等为重点，大规模开展企业职工岗位技能提升培训，培育数字产业工人及工程师。

（五）打造国家/行业工匠、工程师数字化技能传承平台与知识库

2022年，第十三届全国人大代表、中国第一汽车集团大国工匠齐嵩宇提出了《打造国家工匠数字化技能传承平台与知识库，促产业数字化转型》的提案。围绕制造业数字化转型下的技能提升，齐嵩宇建议打造国家、行业数字化技能传承平台与知识库，并从以下5个层面开展工作以建立与产业升级相匹配的高技术技能人才创新培养体系：一是开展工业场景关键技术数字化封装课题研究；二是建设国家高技能人才数字化传承平台；三是建设国家工业技能知识库；四是培育国产工业软件生态；五是加强制造业高技能人才专项培训。

参考文献

［1］国家发展和改革委员会：《"十四五"规划战略研究》（上），2021。

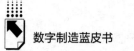

［2］国家发展和改革委员会：《"十四五"规划战略研究》（下），2021。

［3］国家发展和改革委员会：《"十四五"规划战略研究》（中），2021。

［4］中共中央、国务院：《中国教育现代化2035》，2019。

［5］中国第一汽车集团公司、齐嵩宇：《打造国家工匠数字化技能传承平台与知识库，促产业数字化转型》。

［6］中国工业互联网研究院：《工业互联网产业人才需求预测报告（2021年版）》。

［7］中国教育部：《教育信息化"十五"发展规划（纲要）》，2002。

B.11
数据治理：制造业数据资产化之路

蔡春久*

摘　要：　随着数据治理理论体系的逐步完善，以及技术方法和工具的日趋
成熟，数据治理被越来越多的制造业企业争相学习、了解和实际
应用。本报告有针对性地梳理制造业数据治理管理框架，此管理
框架主要由数据资产全生命周期的管理职能活动和支撑保障模块
两部分构成。其中，管理职能活动体现了数据治理管理体系各环
节需要开展的具体工作，包括数据战略、数据管理、数据运营、
数据流通共 4 个模块 23 项管理职能，通过界定各项职能活动的
定位和内在联系，相对完整地覆盖了制造业企业数据治理工作方
向；支撑保障模块则定义了确保职能活动有效开展所应具备的前
提条件和支撑能力，包括组织保障和技术支撑共 2 个领域 6 项支
撑手段，具备较好的系统性、开放性和扩展性，通过与管理职能
活动相结合，针对性地提出各种细化管理要求，确保执行过程准
确到位，实现制造业转型升级的目标。

关键词：　数字制造　数据治理　数据资产　数据要素

---

* 蔡春久，数治云（北京）科技有限责任公司联合创始人、大数据技术标准推进委员会数据资
产专家、中国电子工业标准化技术协会数据管理应用推进分会副会长、数据工匠俱乐部创始
人，具有 20 余年 IT 咨询和数据治理行业经验，为中国石油化工集团有限公司、南方电网、
国家电力投资集团有限公司、腾讯等 100 余家世界 500 强企业提供数据治理服务，主要研究
方向为数据治理。

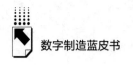

一　数据治理：激活制造业数据资产的潜藏价值

（一）制造业数据治理的基本概念

1. 数据治理的基本概念

（1）狭义的数据治理

数据治理是对数据资产管理行使权力和控制的活动集合，主要包含规划、监控和执行等，指导其他数据管理职能的整体执行，在高层次上执行数据管理制度。因为此处的数据治理仅指数据管理的组织、制度、流程、绩效和标准等，所以称其为相对"狭义"。

狭义的数据治理的驱动力最早主要源自两个方面。

第一，内部风险管控的需要，应对商业数据涉密、财经数据作假、数据质量低下等影响管理决策的问题。

第二，为满足外部监管和合规的需要，比如国资委企业受到国资委监管、金融企业受到中国银行保险监督管理委员会的监管等。

（2）广义的数据治理

数据治理是保证数据可用、可信、可靠，满足业务对数据质量和数据安全的期待的一系列举措，是围绕将数据作为企业资产展开的一系列具体化工作。数据治理主要包含组织为实现数据资产价值最大化所开展的一系列持续工作过程，诸如明确数据相关方的责权、协调数据相关方达成数据利益一致、促进数据相关方采取联合数据行动。它具体包含数据战略、数据架构、时序数据管理、主数据管理、指标数据管理、元数据管理、数据质量管理、数据安全管理、数据交换与服务、数据交换与共享等一系列数据管理活动的集合。本报告在下文所用到的"数据治理"的概念均指广义的数据治理。

2. 数据资产相关概念

数据资产是指由制造业企业拥有或者控制的、未来能够为制造业企业带来经济利益的、以物理或电子的方式记录的数据资源，例如文件资料、电子数据等。在制造业企业中，并非所有的数据都构成数据资产，例如垃圾数据就不是数据资产，数据资产是能够为制造业企业带来价值的数据资源。在这个定义中包含 3 个含义。

●拥有或者控制：除制造业企业内部的数据外，通过各种渠道合法获取的外部数据同样属于企业数据资产。

●数据资源：包括各种以物理或电子的方式记录的数据、软件、服务等。

●带来经济利益：体现了资产的经济属性，能给制造业企业带来经济利益。

数据资产管理是指对数据资产进行规划、控制和供给的一组活动职能，包括开发、执行和监督有关数据的计划、方案、流程、方法和程序，从而控制、保护和提高数据资产价值。数据资产管理必须充分融合国家的政策、企业经营管理及技术和服务，以确保数据资产保值增值。

3. 数据要素相关概念

数据要素是根据特定生产经营需求汇聚、整理、加工而成的计算机数据及衍生的形态，指生产和服务过程中作为生产性资源投入，创造经济价值的数据、数字化信息和知识的集合。数据要素包括原始数据集、标准化数据集、各类数据产品及以数据为基础产生的系统信息知识等。数据要素的核心内涵是指一种生产性资源，能够产生收益或价值。数据要素的相关外延包括数据、数据产品、数据模型和数据服务等。

（二）制造业数据治理面临的挑战

制造业领域信息化起步相对较晚，制造数据也更为复杂，涉及研发、市场、生产、采购、运维和服务等多个环节，因而数据管理工作的推进也相对滞后。随着工业互联网发展的不断深化，在制造领域加强数据管理的重要性逐渐凸显。根据行业信息化发展的现状，结合当今行业数据治理的要求，制造业企业现阶段在数据应用和数据治理方面依然存在诸多挑战，与金融行业企业和互联网企业相比有较大差距。

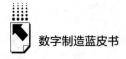
目前制造业企业的数据状态与数据管理水平并不匹配，这类企业普遍存在"重制造轻管理、重数量轻质量"的现象，在数据质量、产品创新、市场拓展、安全合规以及数据伦理道德规范等方面面临着越来越严峻的挑战。数据管理中出现的问题根源是更深层次的数据治理的混乱或缺失。

1. 数据管理基础相对薄弱

我国制造业企业的数据资源存量普遍较低。调查显示，70%的中小型企业数据总量在30TB以下。管理手段比较落后，51%的企业仍在使用纸质或较为原始的手工方式进行数据管理。"数据孤岛"几乎是所有企业都面临的困境。企业有不同时期由不同供应商开发建设的研发管理、生产管理、市场销售、供应链物流和财经及人力资源管理等众多IT系统。而企业要深度推进智能化，不仅仅要横向打通信息系统，还需进一步纵向联通IT（Information Technology）和OT（Operation Technology）两界的数据，推进难度非常大，并且企业规模越大，管理和技术包袱越重。

从产业链来讲，制造业企业上下游供应链之间缺少数据的互联互通。大部分企业并没有实现供应链协同，销售订单和采购订单还依赖于传统的电子邮件或者纸质手工传递，这种传统的方式很难做精准的预测，更难做到个性化的定制。

2. 数据治理能力和水平滞后

随着制造业企业信息化的普及以及工业互联网的快速发展，制造业企业对于数据治理的重要性的认识正逐步提高，但是实际进行的数据治理工作现状依然不容乐观。调查显示，大型企业中已经开展数据治理工作的企业占比为40.84%，中型企业中已经开展数据治理工作的企业占比达到52.77%，小型企业中已经开展数据治理工作的企业占比仅为15.54%。

（1）对数据标准化的难度和工作量估计不足

数据标准化是一个长期过程，不能一蹴而就，需要全方位治理。很多企业一上来就说要做到数据标准化，却不知道数据标准化的范围很大，数据标准化很难通过单个项目的方式在短期内完成，而是一个持续推进的长期过程。企业越做标准化，遇到的阻力越大，困难就越多，最后企业自己都没有十足信心，转而把前期辛苦梳理的成果束之高阁、弃之不用。这是经常容易出现的现实问题。

（2）缺乏落地的数据制度和机制保驾护航

大多数制造业企业缺乏专门的数据管理组织，投入数据管理的人力也有限，企业缺乏认责机制、考核机制，而且大部分员工做的是数据录入、数据填报等基础工作，企业缺少顶层规划和管理的组织架构和人员。有部分企业已经着手建立数据管理的相关制度、标准、流程及绩效管理机制，但很多企业在这方面依然做得不多。

数据标准的落地需要多个系统和业务部门的配合才能完成。如果企业只梳理出数据标准，但是没有规划具体的落地方案，缺乏技术、业务部门和系统开发商的支持，尤其是缺乏决策层承诺，那么数据标准是不可能落地的。

（3）组织管理和认知水平不足

因为数据管理缺失和认知水平普遍不足，企业数据质量难以得到保障，数据共享困难，数据价值不能得到充分挖掘和变现。数据标准落地的长期性、复杂性和系统性等特点决定了推动落地组织机构的管理能力必须保持很高水平，且架构必须持续稳定，企业才能井然有序地持续推进数据标准的落地。

（4）数据治理的资金投入不够，技术手段落后

数据治理的技术手段相对落后，部分大型企业搭建了主数据管理平台，只有极少数企业搭建了数据治理平台，而绝大部分企业甚至暂时还没有任何数据管理工具，缺乏对元数据、主数据、指标数据和交易数据等数据的标准管理、质量管理、安全管理和全生命周期管理的专业工具。

（5）数据交易法规尚不健全

制造业企业的数据价值体现在跨系统、跨部门、跨企业、跨地域和跨行业的数据流通和共享，数据在流动过程中产生价值。从全行业看，发展工业互联网，实现从单一企业内的局部优化到整个产业链的全局优化的跨越，必然需要整个产业供应链上下游企业的数据流通，以实现产业链相关企业的数据共享。

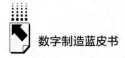

目前，虽有多个活跃于市场的数据交易中心，但数据流通的合法合规性及个人数据隐私仍未得到应有的全面重视，现行法律对于数据流通的诸多问题暂时没有明确规定，许多工作仍需以行业自律的模式开展。制造业企业数据流通需求与日俱增，规范数据的共享和开放刻不容缓。德国工业 4.0 已经计划把数据流通作为重点议题，在构建工业数据空间方面进行模式探索。我国制造业企业如何打破"数据孤岛"，促进工业数据依法合规流通，需要数据治理相关方高度重视，及相关法律法规和政策持续不断的完善。

3. 数据价值难量化和评估

尽管有很多人已经开始意识到数据是制造业企业的核心资产，但是无形资产的评估比较困难，尤其是数据资产的量化和评估很难实现。一方面，企业缺乏财务量化模型，不知道如何评估数据价值；另一方面，企业数据要在交易过程中才能变现价值，而在内部流通过程中通常难以折算成财务意义上的价值，因此数据价值当下在企业内暂时无法直接体现在相关财务报表上。

数据在制造领域的流动，横向可以跨越设计、工艺、采购、制造、销售和售后服务等价值链流动，而纵向从战略层到经营管理、生产执行到设备控制层流动。制造业企业数据的特点是数据量大，不同类型和不同层级数据产生的价值不一样。相关机构需要尽快研究和逐步解决如何准确地评估这些数据价值的问题。

数据治理投入大，短期内很难看到明显成效，而数据价值又很难被完全量化。因此，很多企业投入数据治理的意愿通常不强，这反过来影响了企业数据的使用。

（三）制造业数据治理发展趋势

数据治理的发展始终伴随着各国及不同行业对数据资源资产化、数据确权与合规、数据价值创造与共享、隐私保护认识、研究和实践的逐步演进。目前，随着数据治理理论体系的逐步完善，以及技术方法和工具的日趋成熟，数据治理被越来越多的制造业企业争相了解和深入实际应用。

数据已成为制造业企业的战略资产，制造业企业从只关注数据的某个方面到关注全生命周期的数据治理，从关注数据质量到同时关注安全合规以及用户隐私管理，并且引入更多新技术和新理念。

1. 从"散兵游勇"到"成建制"的治理组织

随着《中共中央　国务院关于构建数据基础制度更好发挥数据要素作用的意见》（简称《数据二十条》）的发布，"四梁八柱"被提出，数据领域的研究人员将在原有数据治理的基础上围绕四大制度展开新一轮对理论和方法论的研究与探讨。在组织保障方面，国家通过以组织为核心的数据治理体系建设来推动数据治理工作。

在海量和跨行业的大数据发展趋势下，制度组织、方法举措和落地实施等多方面难题促进了制造业的数据治理发展。数据治理具体包含开展构建管理组织、制定管理制度和完善管理流程等体系化工作，从而实现跨行业数据高质可信、安全可控、高效流通和保值增值。

企业设立覆盖制造业企业各层级和各业务条线的数据治理实体组织（或为现有各组织赋予数据治理职能），并以先进和智能的 IT 平台支撑数据管理各项工作。企业以红头文件形式表达高层对数据治理工作的重视。

2. 从传统式数据治理到资产化数据治理

2023 年 8 月 21 日，财政部会计司正式发布了《企业数据资源相关会计处理暂行规定》，该规定主要围绕数据资源是否可以作为资产入表，数据资源及相关交易如何进行会计处理、如何在财务报表中列示，以及需要做出何等程度的披露等方面进行规范。该规定自 2024 年 1 月 1 日开始施行，对数据资源的确认范围和会计处理适用准则以及列示和披露要求等做出规定，将数据确认为企业资产负债表中"资产"一项，在财务报表中体现其真实价值与业务贡献，要求企业根据重要性原则并结合实际情况增设报表子项目，通过表格方式细化披露，并规定企业可根据实际情况自愿披露数据资源（含未作为无形资产或存货确认的数据资源）的应用场景，引导企业主动加强数据资源相关信息披露。

制造业企业根据不同数据资产管理范围的划分，让不同的组织岗位管理数据。编制数据资产目录可以明确业务场景和数据资源的关联关系，降

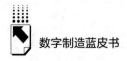

低理解系统数据的门槛。企业通过语义层解决业务人员"理解"的问题，通过数据安全解决业务人员"权限"问题，并且通过目录服务解决业务人员"查找难"的问题，建立业务应用需求驱动的数据"三清单"。这将突破数据壁垒，并极大简化数据使用流程，全面提升数据治理质量和数据共享效率，确保数据安全可靠、使用规范和共享高效，为加快推进制造业企业数字化转型奠定良好基础。

（1）登记机制

数据资源成为数据资产后，只有建立入库登记机制，确保每条数据都能够被准确、及时和有效地登记，制造业企业才能全面统计所拥有的数据资产总量。

（2）确权认责

企业只有确立数据资产的内部权属和权益，同时建立与之对应的数据认责体系，形成"权责统一"的管理机制，才能实现数据治理的"各司其职"。

（3）价值评估

数据价值是交易定价的基础，企业对数据资产价值的评估是企业数据治理的新课题，对制造企业的数据资产保值增值尤为重要。

3. 从企业级数据治理到产业级数据治理

数据治理工作是随着数据应用的深化而逐步推进的，随着数据量、数据复杂度以及系统架构类型的爆发式增长，产业级数据治理开始发力推进数据技术发展。企业应明确各个数据生态伙伴的角色，要求各类数据生态伙伴共同实现数据的协同治理和多环节治理，以更好地发挥数据价值，进而促进数字经济和数字社会高质量发展。制造业企业数据治理从企业级治理向产业级治理发展。

（1）企业级数据治理

在单一制造企业范围内，企业最高层直接主导或推动开展数据治理活动，以解决企业内部"数据孤岛"问题，确保数据可信、可靠、可用。

（2）行业级数据治理

在同一制造行业内，多家制造业企业为实现数据互通和互利，基于统一数据标准，统筹开展数据治理活动，保证行业内数据共享和流通顺畅。

（3）产业级数据治理

制造业企业以产业级视角，对同一产业领域内的跨行业的企业数据进行归集和整合，突破行业壁垒，实现数据自由流通，促进产业级生产力提升。

4. 从人工数据治理到智能化数据治理

随着新技术不断成熟，例如人工智能、数字孪生、虚拟数仓、数据编织、跨行业数据中心、联邦学习和多方可信等的发展，企业的数据治理从人工迈向智能化。人工智能是一种通用技术，它不仅仅是在数据应用端起作用，在数据管理端同样有重要作用。企业利用人工智能后，数据治理将变得更加高效和智能。以下是人工智能技术在数据治理中的应用场景示例。

（1）数据自动采集

企业通过利用语音识别、图像识别和自然语言处理等人工智能技术自动采集各种非结构化的数据，例如文档、声音、图片或视频等。

（2）数据标准自动生成

企业利用机器学习和语义分析等智能技术，实现数据标准的智能生成和动态优化调整。

（3）数据安全智能防护

企业利用语义计算、特征匹配等技术，实现数据安全智能分级、防篡改和智能审计等。

（4）数据质量自动纠错

企业基于不断积累的知识库，利用区块链和机器学习等技术，实现数据质量的自动纠错。

（5）元数据智能感知

企业利用智能触点实现新增元数据的快速感知、抓取并通过知识图谱进行关系探查。

（四）制造业数据治理管理框架体系

制造业数据治理管理框架体系以数据价值再挖掘为目标，以数据资产管理为主线，围绕数据资产的全生命周期管理构建务实可行的管理体系，由数

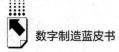

据资产全生命周期的管理职能活动和支撑保障模块两部分构成。管理职能活动体现了数据治理管理体系各环节需要开展的具体工作，包括数据战略、数据管理、数据运营、数据流通 4 个模块 23 项管理职能，界定了各项职能活动的定位和内在联系，相对完整地覆盖制造业企业数据治理管理工作方向。支撑保障模块则定义了确保职能活动有效开展所应具备的前提条件和支撑能力，包括组织保障和技术支撑 2 个领域 6 项支撑手段（见图 1），具备较好的系统性、协同性、开放性和扩展性，通过与管理职能活动相结合，有针对性地提出各种细化管理要求，确保执行过程准确到位，实现制造业转型升级目标。

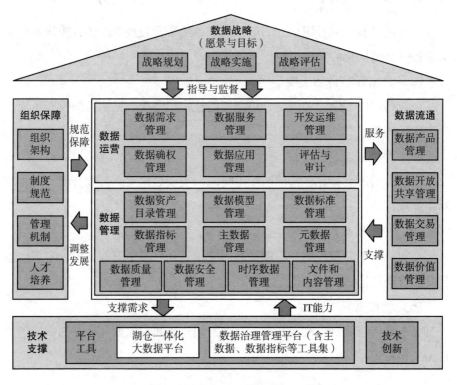

图 1　制造业企业数据治理框架体系（黄金屋）

资料来源：祝守宇、蔡春久等：《数据治理：工业企业数字化转型之道》，电子工业出版社，2020。

（1）数据战略模块为数据管理、数据运营、数据流通提供指导与监督。

（2）数据管理模块是所有业务的基础，它与数据运营模块是数据流通模块发挥作用的必要前提。

（3）数据运营模块是在数据管理的基础上，对数据应用与服务能力的建设与打造，既包括对内共享支撑，也包括对外数据服务。

（4）数据流通模块是数据管理模块和数据运营模块职能健全优化的驱动力和动能。

（5）组织保障是制造业企业开展数据治理的重要保障，为组织实施各项职能活动提供制度规范、管理机制和人才团队等基础资源，是数据资产管理得以开展的重要基石。组织保障包括组织架构、制度规范、管理机制和人才培养等内容。

（6）技术支撑是保障数据治理框架职能有效执行及配合组织管理机制正常运转的工具基础，它需要提供技术先进、功能完善、运行高效和安全可靠的支撑能力。技术支撑保障体系包括平台工具和技术创新两方面内容。

二　组织保障体系：数据治理执行的基础保障

组织保障体系是实现数据治理的基础，企业对数据从产生到使用的各个环节都需要有明确的数据治理的组织架构、制度规范、管理机制和人才培养（见图2），并持续进行管控，才能保障数据发挥最大价值。

（一）组织架构

数据治理是一项需要制造业企业通力协作的工作，而有效的组织架构是制造业企业数据治理能够成功的有力保障。为达到数据战略目标，制造业企业非常有必要建立体系化的组织架构，明确职责分工。

企业搭建数据治理组织架构，需要充分考虑企业内部 IT 系统、数据资源、人力资源及业务应用的开展现状。企业数据治理的管理人员应当基于通用组织架构的分层要求，细化设计一套有针对性且符合企业运作机制的数据

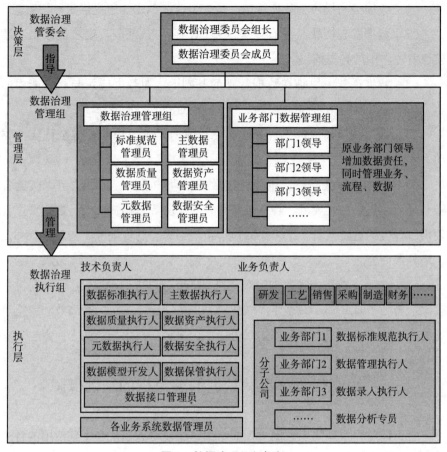

图 2　数据治理组织框架

资料来源:祝守宇、蔡春久等:《数据治理:工业企业数字化转型之道》,电子工业出版社,2020。

治理组织架构,力求与企业各项日常工作有良好的衔接。

　　数据治理组织的通用架构需要自上而下形成完整的组织体系,从形式上看,这种组织架构与企业的经营管理架构非常相似。企业的数据治理组织架构主要分为决策层、管理层、执行层。

　　下面主要介绍这 3 个层面。

1.决策层

　　决策层是制造业企业经营管理的最高权力机构,同样应当成为企业开展数据治理各项工作的最终决策机构。企业数据治理与经营管理相关的重大事项均应由决策层讨论决策。

因此，在实际开展数据治理的过程中，高级管理层的分管领导需要针对工作的具体方向和目标进行决策。同样地，高级管理层的分管领导一般也会是数据治理委员会或领导小组的重要成员。

2. 管理层

数据治理委员会一般会下设办公室，是制造业企业内部组织开展日常数据治理工作并对整个过程进行管理协调的专职机构，主任一般是首席技术官（CTO）、首席开发官（CDO）和首席信息官（CIO），各相关部门的数据治理负责人担任成员，办公室是主持企业数据治理日常工作的虚拟机构。

3. 执行层

执行层在管理层的统筹安排下，根据数据治理相关制度规范的要求，具体执行各项数据治理工作，各业务部门是本专业数据治理执行工作的责任主体。

（二）制度规范

为了保障组织架构正常运转和数据治理各项工作有序实施，制造业企业需要建立一套涵盖不同管理力度、不同适用对象，覆盖数据治理过程的管理制度体系，从"法理"层面保障数据治理工作有据、可行和可控。

制造业企业可将数据治理制度融入企业数据治理制度体系，参考业界经验，根据数据治理组织架构的层次和授权决策次序形成统一的数据治理制度框架。数据治理制度框架分为管理规定、管理办法、实施细则和操作规范共4个梯次（见图3）。

1. 管理规定

从数据治理管理决策层和组织协调层视角出发，管理规定包含数据战略、角色职责和认责体系等，阐述数据治理管理的目标、组织和责任等。

2. 管理办法

从数据治理管理层视角出发，管理办法规定数据治理管理各活动职能的管理目标、管理原则、管理流程、监督考核和评估优化等。

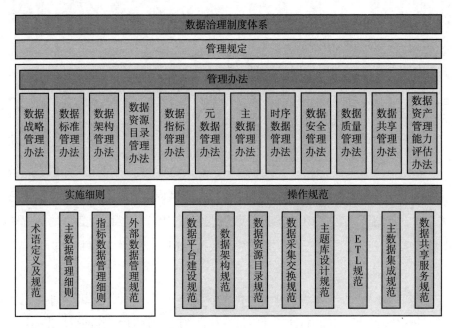

图3 数据治理管理制度框架

资料来源：祝守宇、蔡春久等：《数据治理：工业企业数字化转型之道》，电子工业出版社，2020。

3.实施细则

从数据治理管理层和数据治理管理执行层的视角出发，实施细则围绕管理办法相关要求，明确各项活动职能执行落实的标准、规范和流程等。

4.操作规范

从数据治理管理执行层的视角出发，操作规范依据实施细则，进一步明确各项工作需遵循的工作规程、操作手册、技术规范或模板类文件等。

（三）管理机制

管理机制是指企业为了达成数据治理的工作目标，以数据治理管理体系规律为依据，以组织的结构为基础，有效组织各管理职能和管理机制。企业建立决策机制、认责机制、监督机制、绩效考核机制和激励机制等数据治理管理机制，指导管理者有效掌控数据资产全生命周期，管理各项具体执行工作，激发执行人员主观能动性。

（四）人才培养

人才是制造业企业实施数据治理的根本。缺乏数据治理管理专业人才会严重影响制造业企业数据治理各项工作的顺利推进。人才队伍的建设应当形成梯次，自上而下形成"金字塔"形的人才体系，满足管理、执行和监督等多个岗位角色的工作要求。企业构建内部的人才资质认证体系，应考虑将该体系纳入企业工程师认证体系，并以此对合作单位人员专业能力进行评估。除专业人员外，企业还应开展广泛的数据文化和知识传播，为推进数据资产管理工作的整体合作营造良好氛围。

数据治理工作是个"苦活、累活"。数据资源目录、数据模型、主数据标准、数据标准化的流程和策略都需要根据业务变化而持续优化，数据本身也需要反复打磨（汇聚、清洗、处理、加工、分析、挖掘）才能产生高价值的信息和知识。这一切都需要具有工匠精神的数字化人才的智慧和付出。

由工业和信息化部人才交流中心组织，中国信息通信研究院和航天云网科技发展有限责任公司等牵头实施完成的《工业互联网产业人才岗位能力要求》，对工业大数据岗位人才能力进行了规范性描述。针对工业大数据管理师岗位，该文件明确要求该岗位工作人员熟悉数据质量、主数据、元数据和指标数据相关管理工具，具备工业大数据治理项目经验，以及一定的工业数据治理项目规划、实施和评估能力。《工业互联网产业人才岗位能力要求》已于2020年正式发布实施，并开展了包括工业大数据管理师、工业大数据工程师和工业大数据架构师等岗位的培训和评价。

由工业和信息化部人事教育司组织，中国电子技术标准化研究院牵头组织编写的《大数据从业人员能力要求》（SJ/T 11788-2021）行业标准于2021年正式发布实施。《大数据从业人员能力要求》规定了大数据产业从业人员的职业种类和等级、能力要素、能力要求和评价方法，适用于大数据产业从业人员的岗位能力培养和评价。该标准将大数据人员划分为大数据处理、大数据分析、大数据系统、大数据管理、大数据安全和大数据服务共 6 类岗位方向，设立了数据采集工程师、数据管理工程师、数据建模工程师、数据系统工程师、数据安全工程师和数据咨询师等 10 个具体岗位，每个岗位分为初级、中级、高级 3 个等级。该标准按知识、技能和经验 3 个维度提出了大数据从业人员岗位能力要素。该标准为大数据从业人员能力培养和职业发展等活动提出了具体要求，提供了评价依据。

培养数据治理人才是组织数据治理各项工作的基础。数据标准化人才团队的建设培养是开展数字化应用和相关数据管理工作的前提。制造业企业应汇聚人才要素资源，培养"高精尖"数据人才，打造"数据工匠"。

制造业企业通过挖掘内部数据工匠，形成一支数量充足、素质优良、结构合理和富有活力的数据标准化人才队伍，最大限度发挥数据人才的价值，以支撑企业的数字化转型，是企业需要解决的首要问题。同时通过引进外部专业数据治理人才，制造业企业可以建立具有竞争力的薪资体系以及持续的激励和约束机制，不断吸引并留住人才，让"新人"能够快速认同企业价值观，融入企业文化。

除了从外部引进专业人才，持续开展内部人员培训是人才团队建设和提升数据管理水平的有效和必然手段。数据治理对于多数管理人员和业务人员暂时仍然是一个全新的领域，数据治理规划内容的消化吸收和转化落地需要一个相对较为长期的过程，需要持续构建数据文化和培养数据人才。建议每个企业持续引入多种数据类技术和实践培训，提升全组织对于数据治理工作的认知度和参与度，助力构建数据文化。

例如，某大型制造企业实施了大数据管理及应用人才培养工程，在集团各部门和各条业务线开展为期 3 年的全系统数据人才培养计划，轮次安排各分、子公司和各部门人员开展数据领域系列培训。通过培训，各部门与各分、子公司的数据管理和数据应用工作卓有成效，数据思维认识水平、数据应用和管理能力都有很大提高。

数据人才培养核心是培训体系、岗位认证体系和人才评估体系 3 个环节的建设。

三 数据战略：数据治理的"诗和远方"

数据战略是组织开展数据工作的愿景、目的、目标和原则，也是制造业企业为实现业务目标而制定的一系列高层次数据管理战略的组合，指导企业开展数据治理工作，指明数据应用的方向。

数据战略是整个制造业企业数据治理工作的首要任务，也是企业开展数据治理工作首先应该考虑的事。数据战略应由数据治理组织中的决策层制定，需要指明数据治理的方向，包括数据治理的方针、政策等。数据战略能力域关注整个制造企业数据战略的规划、愿景和落地实施，为制造业企业数据管理、应用工作的开展提供战略保障，组织的数据战略需要和业务战略保持一致，并且要在利益相关者之间达成一致。数据战略已成为制造业企业精细化数据管理不可或缺的基础，制造业企业只有落实好数据战略工作，才能提升数据质量和安全，实现数据价值升华，为数字化转型奠定基础。

数据战略已经成为制造业企业战略核心任务应用的重要部分，指导监督了数据管理和数据运营等职能活动的开展，是数据资产得到内外部应用的执行蓝图。

数据战略职能活动包括数据战略规划、数据战略实施和数据战略评估3项工作。

（一）数据战略规划

数据战略规划是制造业企业内部数据资产管理利益相关方达成共识的过程，企业需要对所处的数据战略环境进行分析、评价，提供未来明确的数据发展目标及方向，进而确定长期发展路径和近期实施任务。它包括了愿景、范围、差距分析、实施路线选择、应用场景设计、数据角色定义、数据战略发布、认责体系划分、规划持续修订等一系列工作内容。

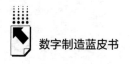

（二）数据战略实施

数据战略实施是将数据战略规划阶段所确定的意图性战略转化为具体的组织行动，并通过指挥、协调、控制及资源保障来确保实现战略预定目标的过程。它包括实施路径、工作方法、保障计划、任务实施、过程监控、指导协调等一系列工作内容。

（三）数据战略评估

数据战略评估通过对影响并反映数据战略管理质量的各要素的总结和分析，判断数据战略是否实现预期目标，它包括对目前战略制定后的内外部环境的变化进行分析、对目前战略的实施结果进行评估，以及对目前战略做必要的修改。

四　数据管理：制造业企业数字化转型的基础

数据管理是指利用计算机硬件和软件技术对数据进行有效的收集、存储、处理和应用的过程。其目的在于充分有效地发挥数据的作用。制造业企业数据管理主要包含数据资产目录管理、数据模型管理、数据标准管理、数据指标管理、主数据管理、元数据管理、时序数据管理、文件和内容管理、数据质量管理、数据安全管理等内容（见图4）。

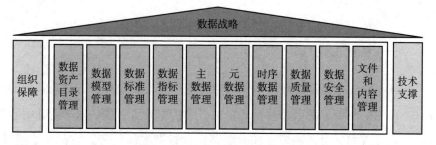

图4　制造业企业数据管理框架

资料来源：祝守宇、蔡春久等：《数据治理：工业企业数字化转型之道》，电子工业出版社，2020。

受篇幅限制，本报告重点介绍制造业企业数据管理最为重要的内容，主要包含主数据管理、数据指标管理、时序数据管理、数据安全管理和数据质量管理。

（一）主数据管理：数据中的黄金数据和数据治理的核心

主数据是指制造业企业满足跨部门业务协同需要的核心业务实体数据，长期存在且应用于多个系统，描述整体业务数据的对象，例如客户、物料、供应商、设备等。主数据相对交易数据而言，属性更为稳定，准确度要求更高，且唯一识别。主数据管理是一系列规则、应用和技术，用以协调和管理与企业的核心业务实体相关的系统记录数据。通过对主数据值进行控制，企业可以跨系统地使用一致的和共享的主数据，提供来自权威数据源的协调一致的高质量主数据，降低成本和复杂度，从而支撑跨部门、跨系统数据融合应用。

主数据是制造业企业数据资产管理的核心，是信息系统互联互通的基石。主数据质量的优劣是企业激活核心数据资产的重要前提，管理主数据是打通"数据孤岛"的唯一方法。完整的主数据管理体系可以对主数据实施统一、规范、高效的管理，确保分散的系统间主数据的一致性，提高数据合规性。

主数据管理的主要内容包括"两体系、一工具"，即主数据管理标准体系、主数据管理保障体系和主数据管理工具。其中，主数据管理标准体系是主数据管理工作的重中之重，主数据管理保障体系为主数据管理保驾护航，主数据管理工具确保企业有效地进行主数据管理。

1.主数据管理标准体系

主数据标准化能为实现部门和系统间的数据集成和共享，以及打通企业横向产业链和纵向管控奠定数据基础。

主数据管理标准体系包含业务标准、主数据模型标准，其中业务标准包含编码规则、分类规则、描述规则等。主数据管理标准体系在建设梳理的过程中，一般会衍生一套代码体系表或主数据资产目录。

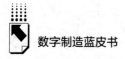

主数据业务标准是对主数据业务含义的统一解释及要求，包括主数据来源、主数据的管理级次、统一管理的基础数据项、数据项在相关业务环境中产生过程的描述及含义解释、数据之间的制约关系、数据产生过程中所要遵循的业务规则。

2. 主数据管理保障体系

主数据管理需要有配套的管理保障体系保驾护航。企业通过主数据管理组织进行统一领导，确定主数据指导思想、目标和任务，协调解决主数据管理相关的重大问题。主数据管理保障体系包括主数据管理组织、制度、流程、管理、评价五部分。主数据标准化的归口管理部门负责标准的统一规划、综合管理。业务组一般由相关事业部和职能部门组成，并通过配套的主数据相关制度、流程、应用管理和评价为主数据管理保驾护航。

3. 主数据管理工具

主数据管理工具是主数据标准文本发布、主数据全生命周期管理的重要平台。主数据标准的维护流程和管理措施通过管理平台进行系统实现和控制，以保证标准的唯一性和宣贯的及时性。

主数据管理工具主要包括数据采集、数据建模、数据整合、主数据全生命周期管理、数据服务、数据清洗、标准管理等功能模块。

（二）数据指标管理：制造企业精细化管理的抓手

指标数据是制造企业在战略发展、业务运营和管理支持各领域业务分析过程中衡量某个目标或事物的数据。它一般由指标名称、时间、指标数值等组成。数据指标管理指组织对内部经营分析所需要的指标数据进行统一规范化定义、采集和应用，用于提升统计分析的数据质量。

指标是衡量目标的方法，预期中打算达到的指数、规格、标准一般用数据表示。一个完整的指标数据通常包含指标名称、定义、计算单位、计算方法、维度和指标数值等要素。制造业企业为实现经营精细化，需要强化关键指标管控，充分挖掘存量资产的价值潜力；制造业企业提升价值能力，需要完善标准体系、统计体系、指标体系；指标是数据应用的重要方面，能够反映制造业企业运营的状况，能够辅助管理者有效决策，进而提升制造业企业竞争力。在数据指标管理过程中，经常出现指标口径不一致、指标体系不完整、指标问题难追溯等问题。

制造业企业为了满足数据管理需求，必须对基础类数据加工而产生的指标数据进行标准化管理。为此，制造业企业需构建指标体系，进行科学的指标分类，并建立一系列保障机制。指标数据建设有以下两项重点。

第一，指标数据的标准化是加强数据治理和管控中最基础的工作，是保证数据一致性、实现数据共享的关键措施。制造业企业通过指标标准的制定、发布、实施和监督，来实现数据的规范、统一，从而在一定范围内获得最佳秩序，全面提高企业数据质量和数据资产价值，促进共同效益的最大化。

第二，进行指标数据工具管控，实现数据指标标准的集中、统一、规范管理，形成指标的维护、分发、应用、检查的持续更新的管理闭环，促进数据指标的共享使用和质量改进，为企业业务运营和领导决策提供完整、一致、规范的数据指标管理服务。数据指标管理涵盖指标数据采集、申请、发布、存储、应用、变更、执行等全生命周期管理过程。

（三）时序数据管理：发挥制造业企业有海量数据和丰富场景的优势

时序数据是指时间序列数据，是按时间顺序记录的数据列。在同一数据列中的各个数据必须是同口径的，要求具有可比性。时序数据可以是时期数，也可以是时点数。时序数据管理主要通过对时序数据的采集、处理和分析帮助企业实时监控生产与经营过程。

制造业企业拥有海量数据和丰富场景，例如为了监测设备、生产线以及整个系统的运行状态，在各个关键点配有传感器采集各种数据。这些数据是周期或准周期产生的，有的采集频率高，有的采集频率低，这些采集的数据一般会被发送至服务器，进行汇总并实时处理，对系统的运行做出实时监测或预警。

对时序数据进行实时处理和分析后，企业可以得到很多有价值的信息。以数字化透明工厂为例，工厂可以建立轻量化的生产管理云平台，运用物联网和大数据技术，采集、分析生产过程产生的各类时序数据，实时呈现生产

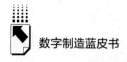

现场的生产进度、目标达成状况，以及人、机、料的利用状况，让生产现场完全透明，可以提高生产效率，降低安全风险，增强决策的科学性。

由于数据量巨大，对时序数据的处理有相当的技术挑战，因此制造业企业一般要使用专业的大数据平台来进行处理。时序数据的实时处理能够帮助制造业企业实时监控企业的生产与经营过程。企业对历史时序数据的分析有助于对资源的使用和生产的配置做出科学的决策。因此时序数据的采集和处理有助于提高制造业企业的生产效率，并降低安全风险。

（四）数据安全管理：有数据安全才有数据未来，安全是一种高级竞争力

数据安全是指通过采取必要措施，确保数据处于有效保护和合法利用的状态，以及具备保障持续安全状态的能力。数据安全管理是指在制造业企业数据安全战略的指导下，为确保数据处于有效保护和合法利用的状态，多个部门协作实施的一系列活动集合。数据安全管理包括建立组织数据安全治理团队，制定数据安全相关制度规范，构建数据安全技术体系，以及建设数据安全人才梯队等。

制造业企业数据安全管理的重点是对数据设定安全等级，建立完善的体系化的安全策略措施，全方位进行安全管控，通过多种手段确保数据资产在"采、存、管、用"等各个环节中的安全，做到"事前可管、事中可控、事后可查"。数据安全管理的关键工作包括理解数据安全相关法律法规要求、定义数据安全标准、划分数据安全等级、定义业务敏感数据对象、制定数据安全策略、定义数据安全控制及措施、开展数据安全审计、制定数据安全应急预案和开展数据安全教育培训等。

国家标准化管理委员会于 2019 年 8 月 30 日正式发布了《信息安全技术 数据安全能力成熟度模型》（GB/T 37988-2019）标准，[①] 该标准旨在衡量一个组织的数据安全能力成熟度水平，定义组织机构持续实现安全过程、

---

① 该标准涉及数据安全能力成熟度模型（Data Security Capability Maturity Model，DSMM）。

满足安全要求的能力等级的评估方法，可以帮助和促进行业、企业和组织发现数据安全能力短板。制造业企业在数据安全领域重点参考该国家标准。

制造业企业数据安全治理体系框架以 3 个维度构建而成，包括政策法规、技术层面和安全组织人员。数据安全治理体系框架在符合政策法规及标准规范的同时，需要在技术上实现对数据的实时监管，并配合经过规范培训的安全组织人员，构建数据安全治理整体架构。在整个框架中，核心监管的技术体现在技术架构层面，包括安全运营中心、数据中心以及安全基础资源。在安全基础资源通过提供基础技术工具支撑数据中心的同时，安全运营中心对整个数据中心进行实时响应控制。

数据安全管理贯穿数据采集/产生、传输、存储、处理、交换、销毁各个阶段，不同阶段面临不同程度的风险，同时描述事后审计工作的内容。制造业企业以数据资产分类为基础，结合敏感数据分级规则，形成数据资产安全分类分级标准，结合自身数据治理条件和数据特点，制定一套细化到数据项（字段级）的分类分级标签，并且形成与之对应的覆盖全生命周期各环节的保护措施，采用自上而下（在数据库模型设计阶段，从逻辑模型进行打标，对应物理表继承安全标签）、自下而上（扫描物理表数据，对物理表字段进行分类分级打标）相结合的方法，研发 AI 模型，开发出数据安全分类分级工具。另外，制造业企业从数据安全管理的全局考虑，引入数据安全风险评估方法论和技术措施，以便数据安全管理人员可以很好地进行风险控制。

（五）数据质量管理：有质量才有价值

数据质量是指数据的适用性，描述数据对业务和管理的满意度，是保证数据应用效果的基础。数据质量管理是指运用相关技术来衡量、提高和确保数据质量的规划、实施与控制等一系列活动。衡量数据质量的指标包括完整性、规范性、一致性、准确性、唯一性、及时性等。

制造业企业数据质量问题源于多个层面与环节，包括数据质量管理层面、数据录入环节、数据处理环节、系统设计环节，甚至出现在数据质量问题整改环节。数据质量管理体系由评估体系、组织架构与角色划分、技术支撑、数据质量闭环管理活动、管理制度与流程5部分组成。

数据质量管理的关键工作包括定义数据质量需求、分析和评估数据质量、定义数据质量规则和测量指标、持续测量和监控数据质量、分析产生质量问题的根本原因、制定数据质量改善方案、清洗数据和弥补数据质量缺陷、设计并使用数据质量管理工具以及监控数据质量管理操作程序和绩效等。

数据质量管理贯穿数据生命周期的全过程，除了明确数据质量管理的策略以外，制造业企业还要善于使用数据质量管理的手段及工具，这类手段及工具可应用于数据质量需求、数据探查、数据诊断、质量评估、数据监控、数据清洗、数据质量提升等方面。数据源在不断增多，数据量在不断加大，新需求推动的新技术也不断产生，这些对制造业大数据质量管理带来了困难和挑战。

因此，制造业企业需要构建覆盖事前防范、事中监控和事后改进的数据质量管理体系。其中数据标准的建立是质量提升的重要前提；组织和制度是重要保障。基于数据质量管理框架的数据质量管理方法应包含事前计划（数据质量需求）、事中检测（数据质量检查和数据质量分析）、事后评估及处理提升（数据质量提升和数据质量评估）。数据质量管理遵循源头治理、问责管理和闭环管理的原则。

在源头治理方面，数据质量管理主要是指企业在新建业务或IT系统过程中，明确数据标准或质量规则，采用"一数一源"原则，与数据生产方和数据使用方确认，这类管理常见于对于数据时效性要求不高或核心业务增量数据等场景。

在问责管理方面，关键利益相关方应理解和审核指标，当测量结果显示产品质量不符合预期时，数据质量管理组织会通知他们。业务数据所有者对此负责，并且数据管理专员应采取适当的纠正措施。

在闭环管理方面，数据质量管理主要是指企业形成覆盖数据质量需求、问题发现、问题检查、问题整改的良性闭环，对数据采集、流转、加工、使用进行全流程质量校验管控，根据业务部门数据质量需求持续优化质量管理方案，调整质量规则库，构建数据质量和管理过程的度量指标体系，不断改进数据质量管理策略。

五　数据运营：为制造业数据资产保驾护航

数据运营是数据治理从专项工作转变为企业日常经营管理体系的推进过程和实施策略，指数据的所有者通过对于数据的分析挖掘，把隐藏在海量数据中的信息、规律和知识加工成数据服务、数据产品，以合规的形式发布，供数据的消费者使用，并在数据使用过程中产生更多价值。数据运营的参与方主要是公司内部服务对象，如数据管理者、数据使用者、业务用户、技术用户。数据运营管理包括两个重要方面，一是数据运营的核心活动职能；二是确保这些活动职能能够实现的保障措施。数据运营处于价值创造实现的核心地位。基于大数据平台的技术支撑，及依托平台实现数据全生命周期的管理，为数据运营价值的实现铺平道路。

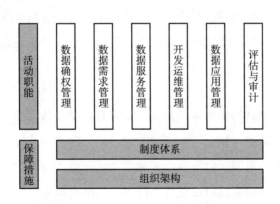

图 5　制造业企业数据运营管理框架

资料来源：祝守宇、蔡春久：《数据治理：工业企业数字化转型之道》，电子工业出版社，2020。

数据运营管理框架包含 6 个活动职能（数据需求管理、数据服务管理、开发运维管理、数据确权管理、数据应用管理、评估与审计）和 2 个保障措施（组织架构和制度体系），见图 5。活动职能是指落实数据运营管理的

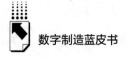

一系列具体行为，保障措施是支持活动职能实现的一些辅助的组织架构和制度体系。

（一）数据需求管理

数据需求管理是对制造业企业业务运营、经营分析和战略决策等活动所需数据的分类、分布和流转等进行的管理活动。数据需求管理包括建立需求管理组织、制定制度和流程，进而对需求收集、需求评审、需求更新及需求归档进行有效管理。

（二）数据服务管理

数据服务是指制造业企业按照使用要求，对数据进行加工处理，形成标准化的数据，从而面向消费端提供数据支撑的过程。数据服务管理则是对服务内容、服务过程、服务质量、服务效率等要素进行管理的过程。数据服务通常可以分为8类，包括数据集、API接口、数据报表、数据报告、数据标签、数据订阅、数据组件、数据应用。对数据服务的开发能够提前封装满足使用需要的结构内容，支持规模化发展，更好、更快地满足数据使用需求。

（三）开发运维管理

开发运维管理是指制造业企业在数据平台或相关数据服务上，对数据采集、数据处理、数据存储、数据开发等过程的日程运行及维护，包括建立开发管理规范与管理机制、对开发过程和质量进行监控与管控、监管数据平台或相关数据服务的正常运行以及提供持续可用的数据内容等管理活动。数据资产全生命周期的运维管理包括日常运维、监控、事件和问题管理、统计分析和优化、应急管理及预案等内容。

（四）数据确权管理

数据确权是指对制造业企业拥有的数据权进行确认的过程。数据确权是数据运营的前提。厘清依附在数据上各项数据权利所对应的归属主体，能更好地激发经营主体的积极性。数据确权管理的整体思路为坚持"数据公有制"基本原则，从业务视角明确制造业企业各级组织所拥有的数据权，建立数据确权矩阵，通过数据确权登记注册流程，对各方拥有的数据权利进行流程固化（见图6）。

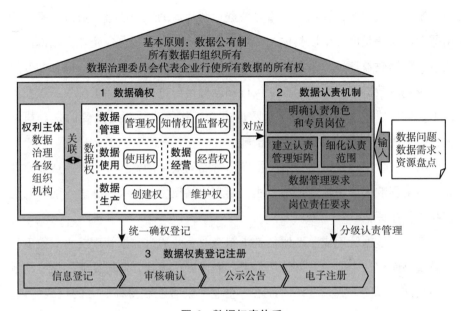

图6　数据权责体系

资料来源：笔者自制。

（五）数据应用管理

数据应用是指制造业企业使用数据，使其发挥价值，通过对组织数据进行统一的管理、加工和应用，对内支持科研管理、市场营销、供应链流程优化、智能制造、生产运营等活动，对外支持数据开放共享、数据服务等一系列活动，从而提升数据在组织运营管理过程中的支撑辅助作用，同时实现数据价值的变现。数据应用是数据价值体现的重要方面，数据应用的方向需要与组织的战略、业务目标保持一致。数据应用管理包含应用场景设计、数据分析层级管理、数据主题应用框架及数据全生命周期管理。

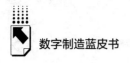

（六）评估与审计

评估与审计包含数据效益评估、数据运营评估、数据管理成熟度评估、绩效评估及数据审计等内容。

第一，数据效益评估主要指对数据运营活动的工作质量、成效水平、应用范围和成熟程度等予以具体、客观和恰当的评价。制造业企业数据部门牵头组织数据效益评估，设定绩效考核目标、考核内容以及评分标准，并开展对下属企业数据部门数据运营的执行和管理情况进行考核评价。数据效益评估不仅仅可以定性或定量地评价数据运营工作的成效，更重要的是分析问题，提出改进方向，并落实改进措施。

第二，数据运营评估是对数据在运营期间效果的整体评价。制造业企业通过明确影响因子，选定评估方法，制定评估模型，最终实施运营能力与运营收益整体评估。

第三，数据管理成熟度评估是指制造业企业通过数据管理能力成熟度评估模型全面评估企业的数据管理水平，完成评估报告，取得专业评估机构颁发的数据管理能力成熟度评估证书，企业决策者能获得第三方的权威建议。数据管理成熟度评估能更好地推进数据治理工作。

第四，绩效评估是用来评估、评价数据治理相关责任人职责履行情况的，可以作为数据治理工作执行情况的参考。制造业企业通过设计和选取定量或定性的绩效评估指标来确保数据管控标准及政策的切实执行，加强企业对数据治理工作任务相关责任、标准与政策执行的掌控能力。同时，制造业企业通过奖励数据工作绩效显著的部门或者个人，在企业内部营造一种促进数据文化发展的氛围。

第五，数据审计保障数据交换和交易过程中一手数据及增值服务数据的真实性、可用性、合法合规性以及质量健康度，维护数据消费者的合法权益，需要建立事前、事中和事后交易全过程的数据资产审计机制，并出具数据资产审计报告，以提高数据的可信度，促进数据流通交换，保障数据消费者的合法权益。

六 数据流通：实现制造业数据资产价值之路

数据流通是实现数据社会化利用和实现数据资源价值的必由之路。数据流通的目的在于实现数据的分析价值（使用价值），但数据流通环节体现的是数据的交换价值。数据交换价值的基础是数据关联性、准确性和可用性（数据质量）。数据流通是通过共享平台、开放平台和交易平台进行的。共享平台促进部门之间的数据流通，开放平台是政府数据流向社会的渠道，交易平台促进全社会数据之间的流通和互通。在整个数据流通的过程中，数据的治理是基础。数据流通的3个核心本质是治理、平台支撑、应用驱动。

（一）数据产品管理

数据产品管理是以数据价值实现为目标，根据特定的业务需求和场景，对数据按照一定的逻辑进行加工处理，最终形成多种形式的程序、结果数据或根据数据产品形成的结果性文件等。数据产品管理的目的是管理这些数据产品本身而进行的活动，包括规划数据产品体系、开展数据产品全生命周期管理、数据产品的赋能创新。

（二）数据开放共享管理

数据开放是指向社会公众提供易于获取和理解的数据，对于政府而言，数据开放主要是指公共数据资源开放，对于企业而言，数据开放主要是指披露企业运行情况、推动数据融合等。数据共享是指打通组织各部门间的数据壁垒，建立统一的数据共享机制，加速数据资源在组织内部流动。

数据开放共享管理是收集数据获取需求，赋予数据访问权限及对数据共享开放工作进行管控的管理活动。制造业企业明确数据共享开放的范围、要求、安全责任、协议的签订、禁止事项、数据共享开放的合作模式，制定数据共享开放目录、共享开放级别、脱敏规则，更新维护数据共享开放目录，收集数据共享开放需求，对共享开放提出申请、审批、执行、稽核管理。

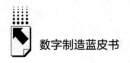

（三）数据交易管理

数据交易是指交易双方通过合同约定，在安全合规的前提下，开展以数据或其衍生形态为主要标的的交易行为。

数据交易管理是以拓展对外数据实际使用量为目标，利用营销推广等手段，将数据产品的权属转让给数据产品需求方的管理活动。

（四）数据价值评估

数据价值评估是指通过构建价值评估体系，计量数据的经济效益、业务效益、投入成本等活动。数据价值评估是数据资产管理的关键环节，也是数据资产化的价值基线。目前，国内外相关标准化组织、财会领域组织、技术咨询服务企业均从多个视角对此开展积极的探索研究。

目前数据价值评估主要沿用传统资产评估方法（成本法、收益法、市场法），同时注意到各评估方法的适用对象和可行程度存在差异。成本法的成本难以分摊，该方法的适用对象是企业全部数据资产而非特定数据产品，成本法的测算结果是数据资产管理的总体投入成本，包括获取成本、加工成本、运维成本、管理成本、风险成本等方面。收益法的适用对象是特定数据应用场景下的数据产品，其测算结果是引入数据资产所带来的业务效益变化。市场法以数据定价和数据交易为主要目的，其适用对象同样是单一数据产品，通过对比公开数据交易市场上相似产品的价格，同时考虑成本和预估收益，对数据产品进行价格调整。

七　数据平台：工业互联平台基石

数据治理是一个系统工程，而不是一项阶段性的管理或流程改善活动，需要一套数据工具软件来支撑数据治理组织的日常工作机制，落实数据标准，管理数据全生命周期的流程，从源头数据的采集到数据汇聚、数据加工、数据应用，使数据使用者和数据供应者对数据有一致性的理解，促进用数据进行运营、管理。数据治理工具对数据治理进行支撑是必不可少的。建设"云数智"一体化数据平台是制造业企业数字化转型的基础，建设数据底座是实现工业互联网平台发展目标的基石。

大数据平台面向数据采集、存储计算和数据共享与开发的各种应用，基于数据治理过程中的成果。数据治理管理平台工具位于大数据平台上层，为各项数据治理管理活动职能的执行提供技术保障。

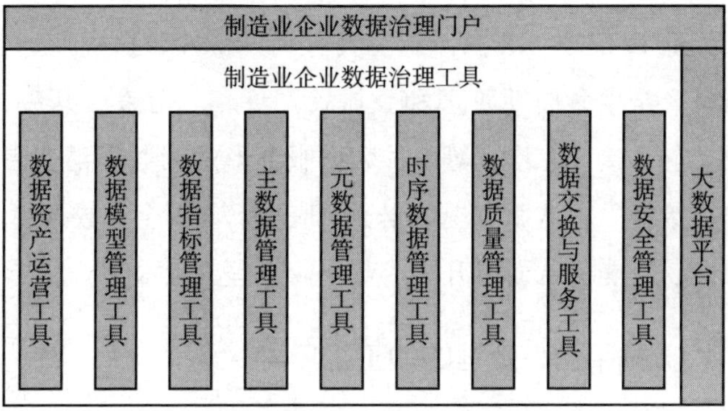

图7　制造企业数据平台架构

资料来源：祝守宇、蔡春久等：《数据治理：工业企业数字化转型之道》，电子工业出版社，2020。

主数据管理软件可以实现对数据治理组织、数据标准、主数据、指标数据的有效管理，数据质量管理和数据资源目录管理可以扩展到主数据系统之中，在数据治理项目中属于必选项和优先项。数据交换平台属于中间件，IT技术人员要熟练驾驭。时序数据记录了工业过程、支撑工艺与质量控制。

（一）数据治理平台：数据治理的加工平台

制造业企业数据治理工具一般包含主数据管理工具、数据指标管理工具、元数据管理工具、时序数据管理工具、数据模型管理工具、数据交换与服务工具、数据资产运营工具、数据质量管理工具、数据安全管理工具等部

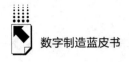

分（见图7）。这里不再具体介绍数据治理工具，可以参考《数据治理：工业企业数字化转型之道》一书的内容。

制造业企业数据治理需要多种数据治理工具软件的支撑，包括以主数据为核心的套装软件、以数据资产目录为核心的数据资源管理工具、以元数据和数据模型为核心的大数据平台，此外还有时序数据管理工具、数据交换与服务工具等。这些工具互有侧重，需要根据实际需求予以剪裁。

数据治理工具是数据资产运营的基础，让企业数据更加准确、一致、完整、安全，降低 IT 成本。数据治理工具有利于做好数据资产运营工作，支持企业数据资产全生命周期管理和数据资产评估、分发、开放、可视化管理。它通过文件、接口、推送等多种数据服务形式为数据消费者提供灵活、可靠的数据供给能力，从而实现数据资产应用，使得企业数据的使用过程更为人性、快捷、智能，从而提升制造业企业管理决策水平。

（二）大数据平台：数据的加工工厂

大数据平台通过对数据的采集、清洗、建模、加工直至应用的全生命周期的管控和保障，确保数据的高质量、低成本、安全性，以及开发过程的高效能。

大数据平台主要包括数据接入、存储计算、数据分析、数据服务、数据资产管理和数据运营管理 6 方面。

1. 数据接入能力是指从大数据平台外部将各类业务数据汇聚到大数据平台贴源层的基本服务能力。数据种类主要有结构化数据、非结构化数据、采集量测类数据以及 E 格式文件和特定规约的消息数据。数据交换能力是指通过企业统一数据交换平台实现横向和纵向的级联数据传输。

2. 存储计算是指大数据平台数据核心处理引擎，数据存储是指各类业务数据接入大数据平台后的落地过程，数据计算是指根据需求对数据进行计算加工的处理过程。

3. 数据分析是为分析模型和分析算法提供管理，为数据报表与数据可视化展示提供工具集。数据服务通过数据服务目录实现安全、友好、可控的

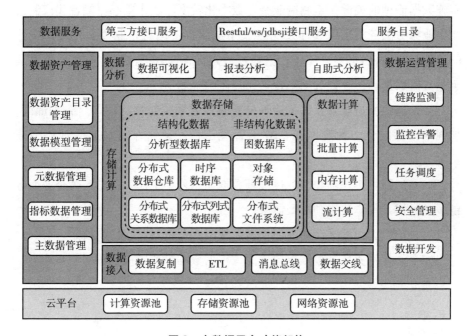

图8　大数据平台功能架构

资料来源：笔者自制。

对内和对外数据服务统一访问，提供 Restful 等各类形式的 API 服务接口的统一注册、管理和调度。

4. 数据资产管理对数据资产体系的模型、目录、数据指标等进行全面管控。

5. 数据运营管理为大数据平台的使用过程提供各种管理支撑工具，对数据服务和脱敏规则等进行参数配置，对链路进行安全监控和调度计量，对数据开发提供在线交互功能，是实现数据全生命周期监控的基本工具集。

八　总结和建议

制造业企业数据治理知识体系涉及管理和技术等多个学科领域，是一个非常复杂的系统工程。全面而系统地构建较为完整的数据治理体系，是企业实施数据治理的关键，是制造业企业数字化转型的工作重心。笔者建议制造业企业参考国务院国资委印发的《关于加快推进国有企业数字化转型工作的通知》，做好数据治理工作，主要包括完善企业数据治理体系、采集汇集全业务链数据和建设大数据平台等，具体内容如下。

一是加快制造业企业数据治理体系建设，明确数据治理归口管理部门，加强数据标准化、元数据和主数据管理工作，定期评估数据治理能力成熟度。

二是加强生产现场和服务过程等数据动态采集工作，建立覆盖企业业务链条的数据采集、传输和汇聚体系。

三是加快大数据平台建设，创新数据融合分析与共享交换机制。

四是强化业务场景数据建模，深入挖掘数据价值，提升数据洞察能力。

参考文献

[1]《标准体系构建原则和要求》，国家标准全文公开系统网，https：//openstd. samr. gov. cn/bzgk/gb/newGbInfo? hcno=219125F2B4E7CDE300615BEFA8D0EE74。

[2]《分类与编码通用术语》，国家标准全文公开系统网，https：//openstd. samr. gov. cn/bzgk/gb/newGbInfo? hcno=1563E2DB9FADD56DDF1473F04873 A932。

[3]《工业数据分类分级指南（试行）》，中国政府网，https：//www. gov. cn/zhengce/zhengceku/2020-03/07/content_ 5488251. htm。

[4]《关于构建更加完善的要素市场化配置体制机制的意见》，中国政府网，https：//www. gov. cn/zhengce/2020-04/09/content_ 5500622. htm。

[5]《关于加快推进国有企业数字化转型工作的通知》，国务院国有资产监督管理委员会网，http：//www. sasac. gov. cn/n2588020/n2588072/n2591148/n2591150/c1 5517908/content. html。

[6]〔美〕DAMA 国际：《DAMA 数据管理知识体系指南（原书第 2 版）》，DAMA 中国分会翻译组译，机械工业出版社，2020。

[7]《数据管理能力成熟度评估模型》，国家标准全文公开系统网，https：//openstd. samr. gov. cn/bzgk/gb/newGbInfo? hcno=B282A7BD34CAA6E2D742E0CAB758 7DBC。

[8]《数据资产管理实践白皮书（6.0）》，知乎网，https：//zhuanlan. zhihu. com/p/596768984。

［9］《信息安全技术　数据安全能力成熟度模型》，国家标准全文公开系统网，https：//openstd. samr. gov. cn/bzgk/gb/newGbInfo？hcno = 3CFD5E5A14C24D303EA1E139E6EB75C8。

［10］《中共中央　国务院关于构建数据基础制度更好发挥数据要素作用的意见》，人民网，http：//politics. people. com. cn/n1/2022/1219/c1001-32589890. html。

［11］《中国数据要素市场发展报告（2020~2021）》，国家工业信息安全发展研究中心网，https：//cics-cert. org. cn/web_root/webpage/articlecontent_101006_138771151109 8560514. html。

［12］《中华人民共和国个人信息保护法》，中国政府网，https：//www. gov. cn/xinwen/2021-08/20/content_ 5632486. htm。

［13］《中华人民共和国数据安全法》，中国人大网，http：//www. npc. gov. cn/c2/c30834/202106/t20210610_ 311888. html。

［14］《主数据管理实践白皮书（1. 0）》，中国信通院网，http：//www. caict. ac. cn/kxyj/qwfb/bps/201812/t20181217_190709. htm。

［15］祝守宇、蔡春久等：《数据标准化：企业数据治理的基石》，电子工业出版社，2022。

［16］祝守宇、蔡春久等：《数据治理：工业企业数字化转型之道》，电子工业出版社，2020。

B.12
数字孪生：用数据重塑智能制造

刘征宇*

摘　要： 本报告首先介绍数字孪生的基本概念，以及从概念提出到技术发展、应用扩展、智能化整合和持续创新的发展历程；其次指出数字孪生系统技术框架，描述感知控制、数据集成、模型构建、模型互操作、业务集成、人机交互等核心技术内容；再次重点阐述利用产品数字孪生、生产数字孪生和性能数字孪生分别实现智能制造端到端集成、纵向集成和横向集成的方案路径；最后概述数字孪生在核能发电、航空航天、能源管控和重工装备领域的典型行业应用。

关键词： 数字制造　数字孪生　智能制造　数据重塑

一　数字孪生的概念与发展历程

（一）数字孪生的概念

数字孪生日渐成为智能制造乃至数字经济领域中重要的高频词之一。数字孪生通过收集、整合和分析大量的数据，将现实世界中的物理实体、

---

* 刘征宇，博士，副教授，合肥工业大学智能制造工程系主任，兼中国仪器仪表学会微型计算机分会理事、安徽省应急管理专家组科技装备与信息化组专家、安徽省制造强省项目库专家、安徽省工业互联网标准化技术委员会委员；主要研究方向为新能源汽车能量系统建模与控制和工业互联网；承担了包括中国工程院战略咨询项目在内的咨询规划、对标诊断项目，为超过100家制造型企业提供了"智改数转"服务。

设备、工厂或整个生产运营系统以数字形式复制，并在虚拟环境中进行实时模拟、仿真和分析，据此指导、调控实际生产和生活过程。它不仅涉及物理属性和几何形状，还包含对象的行为、性能和状态等动力学信息。

数字孪生可以帮助企业在产品设计、生产过程优化、设备维护等方面做出更准确、更高效的决策。它可以通过模拟不同的工艺参数、产品设计变体或生产策略，评估其对产品质量、生产效率和资源利用率的影响。此外，数字孪生还可以用于故障预测维护和实时监控等场景，可以大幅提高设备的可用性和生产线的稳定性。

（二）数字孪生的发展历程

数字孪生经历了从概念提出到技术发展、应用扩展、智能化整合和持续创新的发展历程。

1. 概念提出阶段

数字孪生最早是在 20 世纪 70 年代由美国国家航空航天局（NASA）提出的，用于描述在数字世界中创建物理实体的虚拟镜像。人们开始意识到将物理世界数字化的潜力和威力，并开始尝试将数字孪生应用于一些简单的系统和过程。

2. 技术发展阶段

20 世纪 80 年代，数字孪生技术主要被应用于工业制造领域，用于模拟生产过程和预测产品质量。随着计算机和互联网技术的不断发展，数字孪生也得到了快速发展。到了 2010 年前后，数字孪生相关技术已经比较成熟，可以广泛应用于各个领域。

3. 应用扩展阶段

2015 年前后，随着技术的不断发展和完善，数字孪生开始被应用于城市管理和智慧城市建设。它通过对城市各个方面的数据进行采集、分析和模拟，为城市管理提供决策支持和优化方案。同时，人们开始在交通管理、能源系统和医疗保健等领域探索数字孪生，并且逐步认识到数字孪生对于提升生产效率、优化资源利用和改善决策精准性的能力和重要性。

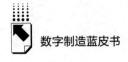

4. 智能化整合阶段

数字孪生的智能化整合是一个持续的过程。从 2018 年至今，数字孪生与人工智能技术的融合及创新有力地推动了用户体验的提升，并促进数字孪生应用水平不断迭代提高。这一阶段主要包括两个方面：一是人们通过对数字孪生结构化和非结构化数据进行深度学习等人工智能分析，显著提高了数据驱动模式的流畅性和自洽性；二是数字孪生关键技术的创新包括数据融合、模型建立与仿真技术、策略生成技术等的不断升级，以及数字孪生在新领域中的应用和探索。

5. 持续创新阶段

数字孪生仍在不断发展，未来相关领域将出现更多的挑战和机遇。随着技术的进一步发展和应用场景的持续丰富，数字孪生将变得更加智能化、精细化和普及化。同时，人们对数字孪生与其他领域的交叉创新应用的不断探索将带来更多的价值和元宇宙等新的发展增长点。

二　技术框架与关键技术

（一）技术框架

数字孪生系统总体包括数据感知层、数据处理层、服务层以及多端应用发布。

数据感知层包括物理实体的各种传感器和数据采集设备的应用。人们通过该层采集到的各种数据信息，可以构建数字孪生的基础数据模型。

数据处理层包括数据的预处理、存储和分析，以及模型的建立和优化。人们通过数据处理层的操作和分析，可以将采集到的数据转化为数字模型，并基于人工智能、大数据分析等技术进行各种仿真和测试，以便优化和改进技术。

服务层包括数字孪生的各种应用场景和服务模块。服务层的服务和应用可以实现数字孪生的实时监测、预测和控制，以及数字孪生的各种应用场景的拓展和创新。

多端应用发布包括数字孪生的移动端、PC 端和云端应用等。多端应用发布可以让数字孪生的应用更加便捷和直观，同时也可以满足用户在不同场景下的不同需求和使用习惯。

综合上述内容，数字孪生系统技术框架见图 1。

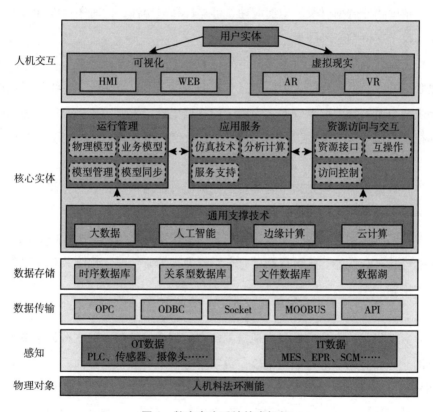

图 1 数字孪生系统技术框架

（二）关键技术

1.感知控制

感知控制技术的目标是实现对现实世界的感知和监测，为数字孪生系统提供准确、实时的数据基础。通过感知控制，数字孪生系统可以获取物理对

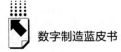

象、设备或系统的状态信息，为数据集成、模型构建和分析提供必要的数据支持。这对于数字孪生系统的准确性和可靠性具有重要意义。感知控制技术主要涉及以下几个方面。

● 传感器选择。传感器的选择是关键的一步，它直接影响获取数据的准确性、全面性和可靠性。在选择传感器时，人们需要考虑应用需求、测量范围、精度和分辨率以及环境适应性、可靠性和耐用性，同时还应综合考虑成本和技术支持响应等因素。

● 数据采集。它是指将物理世界中的数据通过传感器设备采集并转换为数字信号或模拟信号的过程。通过有效的数据采集，数字孪生系统可以获取准确、全面的物理世界数据，为后续的数据集成、模型构建、分析处理和闭环控制提供必要的数据基础，这对提升数字孪生系统的映射紧密度至关重要。

● 数据传输。它是指将采集到的数据通过网络传输到数据存储和处理系统，以实现实时远程监测和数据预处理访问。

● 实时监测。它是指对采集到的数据进行实时监测和分析，以获取实时的物理状态和性能。这可以帮助企业及时发现异常情况、预测故障并采取相应的措施。

2. 数据集成

数据集成技术的目标是实现数据的有效整合和处理，以支持数字孪生系统的运行和应用。通过数据集成，数字孪生系统可以将同源同质、同源异质和异源异质数据（包括传感器数据、企业系统数据、外部数据等）进行整合，从而提供全面的视图和洞察，帮助用户更好地理解和分析现实世界的情况。数据集成技术涉及数据清洗、数据存储、数据处理和数据管理等技术。

● 数据清洗。数据清洗的目标是消除数据中的噪声、缺失值、异常值和解决不一致性等问题，以获得高质量、可信赖的数据。在进行数据清洗时，人们需要综合考虑数据的特点、领域知识和具体的应用需求。同时，数据清洗也需要与数据采集、数据存储和数据分析等环节相结合，形成一个完整的数据处理流程，以确保数字孪生模型的数据质量和可靠性。

• 数据存储。它是指将清洗和预处理后的数据存储到合适的数据存储系统，例如关系型数据库、NoSQL 数据库或数据湖等。数据存储的选择要根据数据的特点和应用需求进行。

• 数据处理。它是指对存储的数据进行处理和分析，以实现数据洞察，从而提取有价值的信息。数据处理技术包括统计分析、机器学习、数据挖掘等，可以实现对数据的深入理解和应用。

• 数据管理。它是指对数据进行管理和维护，包括数据安全性、数据权限控制、数据备份和恢复等方面的工作。数据管理的目标是确保数据的可靠性、可用性和安全性。

3. 模型构建

数字孪生的核心是构建数字模型，准确地描述现实世界中的物体、过程或系统，以为后续虚拟仿真、分析和优化提供基础。通过模型构建，数字孪生系统可以在虚拟环境中模拟和预测不同的工艺参数、产品设计变体或生产策略，评估其对产品质量、生产效率和资源利用率的影响。模型构建技术主要包括以下几种。

• CAD。使用 CAD 软件可以将物体的几何形状进行数字化表示。CAD技术可以用于设计和建模物体的外观、结构和组件等。

• CAE。使用 CAE 软件可以对产品或系统进行工程分析和仿真。CAE技术可以模拟物体在不同条件下的行为、性能和响应，如结构分析、流体动力学分析、热传导分析等。

• 物理模型。它基于物理原理及其解析表达，构建时间域、复数域或频率域数学模型，并利用数学工具进行求解和分析。

• 统计模型。它基于统计学原理和数据分析方法，构建概率模型来描述物体或系统动力学特性。统计模型可以通过收集和分析大量数据来估计参数和预测结果。

4. 模型互操作

模型互操作技术提供了一种桥梁，使得数字孪生模型能够与其他系统连接和集成，从而实现数据的共享、功能的互通和工作流程的协同。模型互操

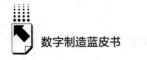

作主要包括以下几个方面。

● 数据格式转换。不同系统和平台可能使用不同的数据格式和结构来表示和存储数据。模型互操作涉及将数字孪生模型的数据格式转换为其他系统所接受的格式，以便实现数据的共享和交换。这可能涉及数据的解析、重组、映射和转换等操作，以确保数据在不同系统之间的一致性和准确性。

● 接口集成。模型互操作需要定义和实现接口，以连接数字孪生模型和其他系统。接口定义了数据的传输方式、协议和规范，使得不同系统之间可以进行数据的传递和功能的互通。接口集成可能涉及使用标准的应用程序接口（API）或协议来实现数据交换，例如 RESTful API、SOAP、MQTT 等。

● 标准化。标准化是模型互操作的重要方面，它确保不同系统之间的兼容性和互操作性。采用行业标准和协议可以确保数字孪生模型与其他系统之间顺利完成数据交换和功能集成。例如，工业领域采用 OPC（OLE for Process Control）标准以实现数字孪生模型与现场设备和控制系统之间的数据交换和控制操作的互通。

● 数据同步。实际系统状态发生变化时，数字孪生模型应能够通过数据同步及时更新并反映这些变化。数据同步可以通过定期的数据更新、实时数据流或事件触发等方式来实现。通过数据同步，数字孪生模型可以保持与实际系统的一致性，从而为准确的分析和预测提供支撑。

● 功能互通。模型互操作不仅涉及数据的交换，还包括功能的互通。这意味着数字孪生模型可以与其他系统共享功能和操作，以实现更广泛的协同。例如，将数字孪生模型与生产执行系统集成，可以实现实时生产监控和调度优化；将数字孪生模型与供应链管理系统集成，可以实现供应链的可视化和优化。通过功能互通，数字孪生模型可以与其他系统共同支持企业的业务流程和决策过程。

5. 业务集成

数字孪生需要与企业的业务系统进行集成，以将相关应用融入企业的业务流程中，实现信息的流动和协同工作，提升生产效率、降低成本、改善决策质量，以推动企业数字化转型和智能化发展。业务集成的重要场景包括以下几方面。

• 生产优化。将数字孪生模型与生产执行系统集成可以实现实时生产监控和调度优化。数字孪生模型可以接收来自生产线的实时数据，并对生产线负荷进行实时分析和预测，从而帮助生产管理人员准确掌握生产状态、优化生产计划和调整生产资源。同时，数字孪生模型可以将优化的生产计划和调度结果反馈给制造执行系统，以实现自动化的生产调度和指导。

• 故障诊断与预测维护。将数字孪生模型与设备管理系统或维修管理系统（MMS）集成，可以实现设备故障诊断和预测维护。数字孪生模型可以基于设备的实时数据和历史数据，进行故障诊断和预测，帮助运维人员及时发现设备故障，并提供维修建议和预防措施，从而切实提高故障处理的效率和精准性。

• 质量管理。将数字孪生模型与质量管理系统（QMS）集成，可以实现对质量数据的实时监测和分析。数字孪生模型可以接收来自质量检测设备的实时数据，并进行质量分析和异常检测，实时将分析结果和异常报警信息传递给质量管理人员，进而支持自主生成纠正措施和改进措施建议，帮助质量管理人员改善决策。

• 供应链管理。将数字孪生模型与供应链管理系统集成，可以实现供应链的可视化和优化。数字孪生模型可以接收来自供应链各环节的数据，包括供应商数据、物流数据、库存数据等，从而进行供应链分析和优化，同时将相关结果和方案及时传递给供应链管理人员，帮助其实时了解供应链的状态和性能，进而做出相应的调整和决策。

6. 人机交互

人机交互技术的选择取决于用户的需求和环境。企业需要考虑用户的技能水平、设备的可用性和适用性，以及系统的安全性和稳定性。合适的人机交互技术可以提高用户的工作效率和体验。常见的人机交互技术包括以下几个。

• 可视化技术。可视化是将数据和模型转化为可视形式的过程，企业通过表格、图形、动画等方式把数据和模型等呈现给用户。在数字孪生中，可

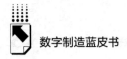

视化技术可以以直观的方式展示实际系统的状态、数据和模拟结果，帮助用户理解和分析。例如，通过实时监测数据和模拟结果的可视化，用户可以快速识别异常情况、优化方案或者进行决策。

● 虚拟现实和增强现实技术。VR 和 AR 技术可以为用户提供沉浸式的交互体验。在数字孪生中，VR 技术可以创建虚拟环境，让用户感受仿真模型的真实性，进行虚拟操作和实验。AR 技术则可以将数字模型的信息叠加在实际场景中，使用户能够直接在实际系统上进行操作和接受指导，从而提高用户的参与感和理解能力。

● 自然语言处理技术。它可以使用户通过语音或文本与数字孪生系统进行交互。用户可以通过语音命令或提问的方式获取系统的状态信息、执行操作或者进行查询。这种交互方式简化了用户的操作流程，提高了用户操作的便利性和效率。

● 触摸屏和手势识别技术。用户可以通过触摸屏或手势来控制和操作数字孪生系统，例如放大或缩小、旋转模型等。这种交互方式直观、简便，适用于移动设备和平板电脑等。

三　数字孪生技术的应用特征

（一）产品数字孪生：端到端集成

产品数字孪生指企业通过数字技术和模型，将实际产品的物理特性、性能和行为等信息与数字模型进行集成和映射，实现对产品全生命周期的全面模拟和监控，其涵盖产品设计、制造、运营和服务等各个环节，可以实现全方位的数据流和信息交互。产品数字孪生可实现如下几方面。

全生命周期可视化。企业能够在设计、制造、物流、使用、维修、报废的产品全生命周期中，通过数字模型实时了解产品的状态和性能。这有助于企业全面了解产品的运行状况，从而更好地实现产品迭代开发和在线增值。

数据共享与协同。不同环节和部门之间的数据可以进行共享和协同。例如，设计团队可以将产品的数字模型传递给制造团队，制造团队可以基于数字模型进行工艺规划和工艺仿真。这种数据共享和协同可以提高生产效率，减少信息传递的误差和延迟。

实时监控与预测。端到端集成使得企业能够实时监控产品的运行状态和性能，并通过基于数字孪生模型的模态识别分析，实现产品寿命周期、维护需求和市场需求预测，从而提前做出相应的决策。

（二）生产数字孪生：纵向集成

生产数字孪生是指企业通过将实际生产过程与数字模型进行集成和映射，实现对生产过程的全面模拟、监控和优化。它实现了生产过程从计划到执行的全程数据流和信息交互。生产数字孪生可以做到如下几方面。

生产过程可视化。通过数字孪生模型，企业可以实时监控生产线的状态、设备的运行情况、生产进度等信息。这有助于企业全面了解生产的实时状态，从而更好地进行调度与管控。

数据共享与协同。不同层级和部门之间的数据可以进行共享和协同，以大幅提升整厂的生产效率，降低部门间协调成本。例如，生产计划部门可以将生产计划信息传递给车间执行人员，车间执行人员可以基于数字孪生模型进行生产任务的分配和调度。

整体优化与持续改进。通过数字孪生模型的模拟和分析，企业可以发现生产中的瓶颈和改进点，从而生成对应的优化方案。这种整体优化与持续改进可以提高生产效率、降低成本和风险，提升产品质量和客户满意度。

知识积累与传承。通过数字孪生模型的记录和分析，企业可以捕捉到生产过程中的最佳实践和关键参数。这些知识和经验可以被用于培训新员工、指导生产管理决策和生产过程优化，从而提高生产过程的稳定性和一致性。

（三）性能数字孪生：横向集成

性能数字孪生是指企业通过不同设备或系统之间的数据流和信息交互，实现设备等企业资产与数字模型的集成和映射，以完成对设备或系统性能的

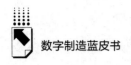
全面模拟、监控和管控。性能数字孪生可以做到如下几方面。

实时监控与预测。通过实时对比和分析数字孪生模型，企业可以及时发现潜在的问题和异常，从而采取相应的预测性维护和优化措施。这种实时监控与预测可以帮助企业提高生产效率、降低故障率，减少停机时间和维修成本。

资产管理。通过数字孪生模型，企业可以集成来自不同设备或系统的数据，实现全面的性能监测和分析。这种数据整合和共享可以帮助企业全面了解设备或系统之间的相互影响，实现设备或系统之间的数据交流和调整，从而利用设备综合效率（OEE）等软件工具进行更精准的性能分析，并据此实现设备等核心资产的优化配置。

四　数字孪生的典型行业应用

（一）数字孪生在核能发电领域的应用

在核能发电领域，数字孪生技术被广泛应用于核电厂的设计和建设、运营和维护，以提高安全性、效率和可靠性，相关应用体现在以下几方面。

设计和建设优化。数字孪生可以在核电厂的设计和建设阶段给设计人员提供支持。设计人员通过建立核电厂的数字孪生模型，可以模拟和优化不同设计方案的性能、安全性和经济性。数字孪生模型可以帮助工程师在设计和建设过程中进行虚拟测试和优化，减少实际试验和错误成本，提高设计效率和质量。

运营和维护优化。数字孪生可以在核电厂的运营和维护阶段给运维人员提供支持。运维人员通过将实时数据与数字孪生模型进行集成，可以实现对核电厂各个系统和设备的监测、预测和优化。数字孪生模型可以模拟核电厂的运行状态，提供实时的数据分析和故障诊断，帮助运维人员进行决策和优化，提高核电厂的安全性和运行效率。

事故模拟和应急响应。数字孪生可以被用于模拟和预测核电厂发生事故

全面模拟、监控和管控。

的情况，并支持应急响应。安全人员可以通过数字孪生模型模拟不同事故场景下的核能系统行为，评估事故对核电厂的影响，并制定相应的应急措施和预案。数字孪生模型还可以被用于培训和演练，提高运维人员和应急人员的应对能力和反应速度。

燃料管理和核废料处理。数字孪生可以支持核电厂严格管控燃料和核废料。通过数字孪生模型，操作人员可以对燃料组件进行监测和预测，实现燃料的优化利用和延长使用寿命。数字孪生模型还可以模拟核废料的产生和处理过程，优化核废料的贮存、运输和处置方案，从而减少对环境的影响。

培训和教育。数字孪生可以被用于核能发电领域的培训和教育。通过建立核电厂的数字孪生模型，核能发电单位可以为运营人员和维护人员提供虚拟培训环境，模拟真实的操作和场景。数字孪生模型还可以用于教育和宣传，向公众解释核能发电的原理、安全性和环境影响，加深公众对核能的理解和提高其接受度。

（二）数字孪生在航空航天领域的应用

通过数字孪生技术，航空航天行业可以实现飞行器维护和预测性维护、飞行器设计和优化、飞行器性能监测和优化以及飞行器培训和模拟的全面优化。这将提高飞行器的安全性、可靠性和经济性，推动航空航天行业的发展和创新。相关应用体现在以下几方面。

飞行器维护和预测性维护。通过创建飞行器的数字孪生模型，航空公司可以实时监测飞行器的状态和性能。数字孪生模型可以整合飞行器的传感器数据、维修记录和运行数据，帮助航空工程师识别潜在的故障和问题，并进行预测性维护。这可以帮助航空公司缩短飞行器的停机时间，提高维护效率，同时提高飞行器的安全性和可靠性。

飞行器设计和优化。数字孪生技术可以在飞行器设计和优化过程中发挥重要作用。通过创建飞行器的数字孪生模型，航空工程师可以模拟和分析不同设计方案的性能和效果，据此优化飞行器的气动特性、结构强度和燃油效

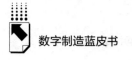

率等，以提高飞行器的性能和经济性。

飞行器性能监测和优化。数字孪生系统可以实时监测飞行器的性能和运行情况。通过整合飞行器的传感器数据、飞行数据和气象数据，数字孪生系统可以帮助航空公司和飞行员分析飞行器的燃油消耗、航程和飞行效率等方面的情况。这可以帮助航空公司优化飞行计划、节约燃油，同时提高飞行器的运行效率和环境可持续性。

飞行器培训和模拟。数字孪生可以被用于飞行器培训和模拟。通过创建飞行器的数字孪生模型，受训人员可以在虚拟环境中进行飞行器操控训练和应急情况处置演练，从而提高训练效率，降低训练成本。

（三）数字孪生在能源管控领域的应用

数字孪生技术可以被用于能源系统的监测、优化和决策支持，提高能源的效率、可靠性和可持续性，推动能源领域的创新和发展。相关应用体现在以下几方面。

能源设备优化。数字孪生技术可以被用于能源设备的优化和维护。通过将实时数据与数字孪生模型进行集成，供能和用能单位可以对设备的运行状态进行监测和预测，并进一步优化调控。数字孪生模型可以模拟供能和耗能设备的行为和性能，提供实时的数据分析和故障诊断，辅助运维人员决策管理，提高动力、公辅设备的效率和可靠性。

能源消费管理。数字孪生技术可以被用于能源消费的监测和管理。通过建立建筑、工厂或城市的数字孪生模型，用能单位可以实时监测能源的使用情况，识别能源消耗的热点和潜在节能的机会，并制定相应的节能策略和措施。数字孪生模型可以帮助能源管理人员进行能源消费的分析和预测，优化能源使用和分配，实现能源的节约和可持续发展。

能源市场决策支持。数字孪生技术可以被用于能源市场的决策支持。通过建立能源市场的数字孪生模型，能源管理机构可以模拟市场参与者的行为和策略，预测能源供需的情况，并进行市场调度和交易优化。数字孪生模型可以帮助能源市场参与者进行决策和风险管理，提高市场的效率和公平性。

新能源集成和规划。数字孪生技术可以被用于新能源的集成和规划。通过建立能源系统的数字孪生模型，能源管理机构可以模拟不同新能源技术的集成效果和影响，优化能源系统的结构和运行方式。数字孪生模型可以帮助能源规划者进行新能源规划和决策，促进可再生能源的大规模应用和能源转型。

（四）数字孪生在重工装备领域的应用

在重工装备领域，数字孪生技术可以被用于装备的设计、制造、运营和维护，以提高设计制造的效率、降低成本并改善装备的性能提高售后服务质量。

设备设计和优化。数字孪生技术可以在装备的设计和优化阶段提供支持。通过建立装备的数字孪生模型，设计人员可以模拟和优化不同设计方案的性能、结构和材料使用。数字孪生模型可以帮助工程师进行虚拟测试和优化，减少实际试验和错误成本，提高设计效率和质量。

制造过程优化。数字孪生技术可以被用于装备制造过程的优化。通过数字孪生模型，设备制造商可以模拟装备的制造流程，优化生产线布局、工艺参数和零部件加工。数字孪生模型可以帮助制造商提高生产效率、降低成本并确保产品质量。

虚拟培训和操作指导。数字孪生技术可以被用于创建虚拟培训环境，让操作人员在虚拟场景中进行培训和实践操作。这有助于提高操作人员的技能和熟练程度，减少操作失误和事故风险。

售后及供应链管理。数字孪生可以被用于创建电子配件目录，记录和管理重工装备所需的各种电子配件的信息，包括规格、供应商、价格等，从而实现更高效的供应链管理，减少配件采购时间和成本，并确保装备的正常运行。售后及供应链管理可实现以下几方面。

• 供应链可视化。数字孪生技术可以将供应链中的各个环节可视化，从供应商到生产线，再到最终装备的交付。这样，企业可以实时了解整个供应链的状况，包括配件的采购、运输、库存等情况。通过供应链可视化，企业可以更好地管理供应链，减少延迟、瓶颈和错误。

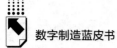

● 预测性供应链管理。数字孪生技术结合大数据分析和机器学习算法，可以对供应链进行预测性管理。通过分析历史数据、市场趋势和需求预测，数字孪生可以帮助企业预测未来的配件需求，并提前采取措施，如及时订购、调整库存等，以确保供应链的鲁棒性。

● 故障诊断和维修支持。数字孪生技术可以将装备的故障信息与配件目录和供应链数据相结合。当装备出现故障时，数字孪生可以快速识别所需的配件，并提供供应商信息和提高供应链的可用性，使企业可以更快地采购所需的配件，减少停机时间和生产损失。

参考文献

［1］ 埃森哲：《数字孪生：打造生力产品，重塑客户体验》，《软件和集成电路》2019 年第 10 期。

［2］ 陈鑫昊、谢家翔、江海凡等：《面向数字孪生的流程型制造车间管控系统》，《机械设计与研究》2023 年第 4 期。

［3］ 戴晟、赵罡、于勇等：《数字化产品定义发展趋势：从样机到孪生》，《计算机辅助设计与图形学学报》2018 年第 8 期。

［4］ 李霓、布树辉、尚柏林等：《飞行器智能设计愿景与关键问题》，《航空学报》2021 年第 4 期。

［5］ 孟松鹤、叶雨玫、杨强等：《数字孪生及其在航空航天中的应用》，《航空学报》2020 年第 9 期。

［6］ 聂蓉梅、周潇雅、肖进等：《数字孪生技术综述分析与发展展望》，《宇航总体技术》2022 年第 1 期。

［7］ 陶飞、刘蔚然、刘检华等：《数字孪生及其应用探索》，《计算机集成制造系统》2018 年第 1 期。

［8］ 吴鹏兴、郭宇、黄少华等：《基于数字孪生的离散制造车间可视化实时监控方法》，《计算机集成制造系统》2021 年第 6 期。

［9］ 杨洋：《数字孪生技术在供应链管理中的应用与挑战》，《中国流通经济》2019 年第 6 期。

［10］ Fei Tao, Qinglin Qi, "Make More Digital Twins," *Nature*, 2019.

［11］ M. Soori, B. Arezoo and R. Dastres, "Digital Twin for Smart Manufacturing, A Review," *Sustainable Manufacturing and Service Economics*, 2023.

［12］ S. Ma, W. Ding, Y. Liu, S. Ren and H. Yang, "Digital Twin and Big Data-driven Sustainable Smart Manufacturing Based on Information Management Systems for Energy-intensive Industries," *Applied Energy*, 2022.

［13］ J. Friederich, D. P. Francis, S. Lazarova-Molnar and N. Mohamed, "A Framework for Data-driven Digital Twins of Smart Manufacturing Systems," *Computers in Industry*, 2022.

B.13
工业互联网平台赋能制造业转型升级

摘　要： 当前，工业互联网新型基础设施建设持续走深向实，步入规模化
发展的关键阶段。新趋势下，数字化转型逐渐成为制造业的
"刚需"，互联网技术从边缘系统逐步成为基础设施，新技术带
来的新价值推动制造业迈向高质量发展，制造业企业转型架构从
系统集成向工业互联网平台逐步转变。基于工业互联网、工业大
模型等深化新一代信息通信技术与制造业的融合应用，实现制造
业企业规模化数字化转型、推动制造业嬗变，是推进新型工业化
的坚实支撑。

关键词： 工业互联网　数字化转型　新型工业化　智能制造

一　中国工业互联网迈向规模化发展新阶段

当前，世界正面临百年未有之大变局，新一轮科技革命和产业变革深入
发展，工业互联网是第四次工业革命的重要基石，新一代信息通信技术与工
业经济深度融合的新型基础设施、应用模式和工业生态，已经成为世界各主
要国家面向未来的共同选择。基于工业互联网等新兴技术，深化新一代信息

---

* 李霁月，用友网络科技股份有限公司（简称"用友"）公共事务部经理，中国通信学会普及
与教育工作委员会委员、中国科普作家协会会员，北京市产业经济研究中心青年学者人才库
专家，主要研究方向为数字经济、区块链、工业互联网、制造业数字化转型。著有《图说区
块链》《漫话区块链》《通证经济》《趣说金融史》《孩子读得懂的人工智能》等图书，参编
《工业互联网平台赋能制造业数字化转型能力评价白皮书（2021年）》等。

通信技术与制造业的融合应用，实现制造业规模化、数字化转型，是推进新型工业化的坚实支撑。

2012 年 11 月 26 日，美国通用电气公司发布了《工业互联网：打破智慧与机器的边界》白皮书，首次正式提出了工业互联网的概念。通用电气公司认为，过去 200 年里人类先后经历了工业革命、互联网革命和工业互联网革命三次创新和变革浪潮，工业互联网是工业革命和互联网革命创新、融合的产物，工业革命带来无数机器、设备组、设施和系统网络，互联网革命推动计算、信息与通信系统更大的进步。工业互联网把世界上的机器连接在一起，并通过仪器仪表和传感器对机器的运行进行实时监控和数据采集，海量数据经过强大算力和高效算法的处理，可以实现机器智能化并显著提高生产系统的效率。

中国是全球制造业大国，具有完整的工业体系，在中国的国情下，工业互联网也有了"新"的释义。2020 年 4 月，工业互联网产业联盟在工业和信息化部的指导下研究制定的《工业互联网体系架构（版本 2.0）》中提到，工业互联网是新一代信息通信技术与工业经济深度融合的新型基础设施、应用模式和工业生态，通过对人、机、物、系统等的全面连接，构建起覆盖全产业链、全价值链的全新制造和服务体系，为工业乃至产业数字化、网络化、智能化发展提供了实现途径，是第四次工业革命的重要基石。

在中国，工业互联网作为推动数字经济发展的重要引擎，国家高度重视并陆续出台多项政策推动工业互联网发展。2017 年 11 月，国务院印发《关于深化"互联网+先进制造业"发展工业互联网的指导意见》，工业互联网的概念、意义、任务被明确。工业和信息化部先后出台《工业互联网创新发展行动计划（2021—2023 年）》《"十四五"信息化和工业化深度融合发展规划》等多项政策，顶层设计逐步完善。工业互联网在政策牵引作用下实现从无到有、从小到大的稳步发展。

《全球工业互联网创新发展报告》《2021 年中国工业互联网产业发展报告》《工业互联网创新成效发展报告（2018—2021 年）》《中国工业互联网

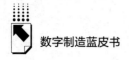

产业经济发展白皮书（2022年）》等报告中的数据显示，2022年，中国工业互联网产业增加值达到4.45万亿元，直接产业规模达到1.3万亿元，渗透产业规模为3.16万亿元，在网络、平台、数据、人才等基础设施建设方面成效显著。在网络方面，中国建成293.7万个5G基站，覆盖了全国所有的地市级城市；工业互联网标识解析二级节点建成307个，累计标识注册量超3185.5亿家，接入企业27万家。在平台方面，具有影响力的工业互联网平台超过150个，其中国家双跨平台28个，有71家中央企业搭建了工业互联网平台；工业App数量超过59万个，连接设备超过8000万台套。在数据方面，国家工业互联网大数据中心汇聚约29亿条工业互联网数据，覆盖约703万家企业，基本建成全国"一盘棋"的中国工业互联网大数据中心体系。在人才方面，已有43家高职院校备案开设工业互联网专业，社会培训累计超132万人。

工业互联网产业规模增长势头强劲，网络、平台、数据、人才等工业互联网新型基础设施建设持续走深向实、成效显著，中国工业互联网从试点应用步入规模化发展的关键阶段。

二 趋势：数字化、网络化、智能化、平台化新趋势指引制造业企业转型升级，成为"数智企业"

当今世界，企业正站在数智化、国产化、全球化三浪叠加的历史性市场机遇面前，趋势的力量迫使制造业企业必须转型升级，成为"数智企业"。新趋势下，数字化转型逐渐成为制造业的"刚需"，互联网技术从边缘系统逐步成为基础设施，新技术带来的新价值推动制造业迈向高质量发展，制造业企业转型架构从系统集成到工业互联网平台逐步转变。

（一）数字化新需求：数字化转型是制造业的"刚需"

环境资源约束大、成本高、利润低是制约制造业发展的核心问题。

数字化转型或许就是每家制造业企业基于自身特性打磨而成的"迈向未来的钥匙"。

5G、云计算、物联网、大数据、人工智能、区块链等新一代信息通信技术的快速发展给生产方式、研发模式带来了颠覆式的改变，驱动制造业从劳动密集型产业向技术密集型产业转型；外部市场环境变化要求制造业从单一、标准的产品生产向多产品、定制化的产品生产转变，需要制造业企业以更低的成本、更安全和智能的方式提供更高的效率、更个性化的产品；全球化趋势要求制造业的技术、人才、资源在全球范围内转移，制造业的生产方式、产业结构、产业性质为此要适应变化；"企业上云""新基建""智能制造""工业互联网"等国家政策持续指引制造业企业成为"数智企业"，迈向高质量发展。数字化转型已经逐渐成为关乎制造业企业生存发展的"刚需"。

数字化转型就是以新建一种商业创新模式为目标，基于新一代信息通信技术，将数字技术与企业深度融合，实现数据驱动，彻底变革业务组织模式的高层次转型的过程。由于行业特性、客群特性的不同，制造业的数字化水平不尽相同，但坚定推进数字化转型战略已经成为制造业企业的共识。数字化转型对企业的商业模式、生产方式、业务运营、决策方式、组织形态和企业文化等方面影响深远。数字化转型能够根据制造业企业"个性"，放大企业的优势和特点，让企业的行动变得"灵活且富有生机"，是制造业企业实现"一插装备启动、瞬时触达全身、释放无限潜能"的"钥匙"。

（二）网络化新趋势："IT"从边缘系统成为基础设施

2023年6月，工信部印发《工业互联网专项工作组2023年工作计划》（以下简称《工作计划》），围绕政策体系、基础设施、创新体系、融合应用、产业生态等方面提出11项重点行动和54项具体措施。在网络方面，《工作计划》提出，制定实施"5G+工业互联网"512升级版工作方案。在基础设施方面，《工作计划》推动不少于3000家企业建设5G工厂，建成不

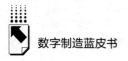

少于 300 家 5G 工厂，并强调要推动中国电信、中国移动、中国联通加快高质量外网连接企业和云平台资源。

同时，工信部印发的《5G 全连接工厂建设指南》也指出，5G 全连接工厂是充分利用以 5G 为代表的新一代信息通信技术集成，打造新型工业互联网基础设施，新建或改造产线级、车间级、工厂级等生产现场，形成生产单元广泛连接、信息（IT）运营（OT）深度融合、数据要素充分利用、创新应用高效赋能的先进工厂。

根据《5G 全连接工厂建设指南》要求，制造业企业建设 5G 全连接工厂需要建设 5G 网络、工业网络互通、边缘计算部署、业务系统等基础设施；需要在现场装备网络化改造、IT-OT 应用融合化部署、生产服务智能化升级等方面对厂区现场进行升级；需要形成研发设计、生产运行、检测监测、仓储物流、运营管理等关键环节应用；需要升级安全防护能力、提升安全管理水平，从而建设产线级、车间级、工厂级等不同类型的 5G 全连接工厂，进一步加快"5G+工业互联网"新技术、新场景、新模式向工业生产各领域、各环节深度拓展，推进制造业等传统产业提质、降本、增效，以及绿色、安全发展。

新时代，工厂作为制造业的生产单元从机械化向自动化再向 5G 全连接工厂的数字化、智能化转变，其生产方式、建设要求、运营模式、要素主体发生了翻天覆地的变化，与此对应，"IT"也从边缘系统逐渐成为制造业企业打造新型工业互联网的基础设施。

（三）智能化新价值：新技术赋能制造业高质量发展

高质量发展是"十四五"乃至更长时期中国经济社会发展的主题，企业的高质量发展是中国经济高质量发展的微观基础。习近平总书记强调："制造业高质量发展是我国经济高质量发展的重中之重，建设社会主义现代化强国、发展壮大实体经济，都离不开制造业，要在推动产业优化升级上继续下功夫。"制造业作为立国之本、强国之基、兴国之器，是国民经济的重要支柱，实现制造业的高质量发展至关重要，那么，什么是制造业企业的高质量发展呢？

首先，要保障工业安全，这包括保障供应链的安全和工业软件的安全。中国基于自主研发，突破"卡脖子"关键技术。守护工业安全就是守护国民安全。其次，要实现工业智能化，企业要通过"智能化"手段去解决企业的"老问题"，既包括人员成本高、质量成本高、环境成本高、服务效率低、创新能力弱等生产经营问题，也包括旧技术体系下工业软件没有解决的系统问题。最后，要实现产业整体升级，中国通过工业互联网把成功企业的经验复制到产业集群，从而带动区域经济乃至整个产业的升级，推动工业经济高质量发展（见图1）。

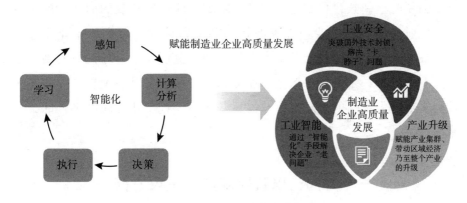

图1　制造业企业的高质量发展

工业互联网作为新型基础设施，能够为企业提供新技术、新产品、新模式、新业态、新人才，帮助企业实现数字化、智能化转型，从而提升企业创新创造能力，提高企业生产经营效率，增强产业链供应链的韧性，最终促进制造业高质量发展。

（四）平台化新架构：从系统集成到工业互联网平台

在高质量发展的众多途径中，创新是引领发展的第一动力。新时期，企业要思考如何把传统企业发展的核心竞争力和新一代信息通信技术结合起来，加快数字化进程，重新形成在数字经济时代的创新能力，包括快速响应

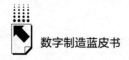

市场变化的产品和业务创新、精细化的企业运营和管理创新，以及组织变革和组织能力建设层面的创新。制造业企业数字化持续发展至今，已经从局部应用场景创新、数据相对分散、只有部分平台能力的 1.0 阶段，进入围绕生产、经营及管理主题的融合化应用创新、重视和系统推进数据治理、全面升级平台化底座的 2.0 阶段。

新时期，制造业企业需要的产品和服务与上一代的 ERP 软件、MES 软件有很大的区别，在技术架构层面，需要基于以工业 PaaS 平台为底座的工业互联网平台的新架构支撑；在应用和服务层面，企业需要的是能提供数据服务、智能化和社会化连接，协同工作与应用融合，而且便捷、创新的全新数智化服务。ERP、MES 等软件所代表的旧架构的企业信息化时代侧重于企业内部资源计划和经营管理，以优化企业业务流程、提高效率为目标；而基于数智技术的商业创新是全球商业发展史上的又一里程碑，是更加深入企业业务场景、数智驱动、覆盖产业级甚至社会级的更大范畴的创新变革，需要基于新一代工业互联网平台的架构来支撑。

三 方向：以智能制造为主攻方向，积极打造工业互联网平台

"十四五"规划纲要指出，以智能制造为主攻方向，加快建设推广智能工厂、数字化车间等智能现场，推动装备、生产线和工厂的数字化、网络化、智能化改造，着力提高生产设备数字化率和联网率，提升关键工序数控化率，提高基于数字孪生的设计制造水平，加快形成动态感知、预测预警、自主决策和精准执行能力，全面提升企业研发、设计和生产的智能化水平；积极打造工业互联网平台，推动知识能力的模块化、软件化和平台化，加快产业链供应链资源共享和业务协同。

智能制造是中国制造业创新发展、转型升级的主要技术路线，是加快建设制造强国的主攻方向。互联网技术的发展使得智能制造从第一代的数字化

制造逐渐转变为"互联网+智能制造"第二代的数字化、网络化制造，而随着5G、人工智能、大数据等新一代信息技术的发展，智能制造向第三代即数字化、网络化、智能化制造转变。

工业互联网平台是"中枢"，是工业互联网的"操作系统"，有数据汇集、建模分析、知识复用、应用创新四个主要作用。制造业企业基于工业互联网平台沉淀产生工业大数据，海量数据催生新一代基于人工智能技术的工业大模型，从而推进智能制造的形态向新的范式转变。工业互联网平台是推动智能制造迈向第三代数字化、网络化、智能化制造的重要支撑。

四　方法：基于工业互联网平台助力制造业规模化转型升级、迈向高质量发展

以智能制造为主攻方向，积极打造工业互联网平台，是助力制造业企业实现规模化转型升级、迈向高质量发展的"直线"路径。

制造业企业该如何基于工业互联网平台实现规模化转型升级，迈向高质量发展？我们从方案、场景、模式三个层面简单阐述。

（一）基于工业互联网的智能制造 MOM 解决方案助力制造业转型升级

打造工业互联网平台需要摒弃旧的系统集成方式向新的平台化架构转型，此处，笔者以用友基于工业互联网的智能制造 MOM 解决方案为例（见图2），简要说明工业互联网如何助力制造业转型升级。

MOM 是制造运营管理系统，也是面向制造业的专业化解决方案。而在数智时代和新的平台化架构下，MOM 不仅是运营管理系统，而且是从制造业最核心的成本、经营等本质问题出发，让制造业企业真正迈向可持续发展的一种新思想、新理念和新方法。数智时代，智能制造 MOM 解决方案有了新的含义和生命力。基于工业互联网的智能制造 MOM 解决方案，深化融合

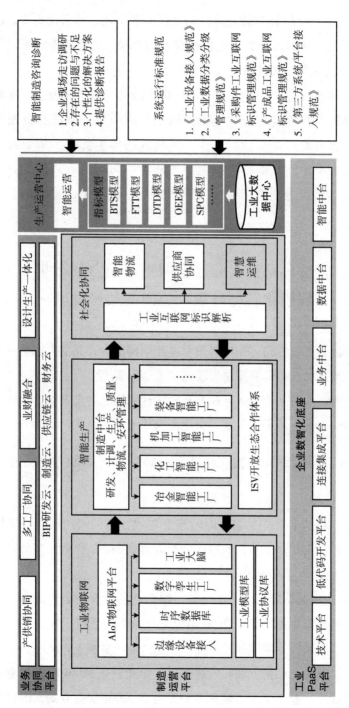

图 2　用友基于工业互联网的智能制造 MOM 解决方案

新一代信息技术与先进的生产管理模式，为工业企业提供一体化生产运营管控平台，实现生产全要素连接和全价值链融通，让数据智慧流动、业务智慧协同、管理智慧决策。MOM 解决方案针对企业最核心的成本和经营问题，将生产问题、协同问题、物联问题、发展问题数据化、智能化地转化为最直接的也是企业最关心的"一种可持续发展体系的建设问题"。MOM 解决方案为制造业企业搭建的"可持续发展多态体系"在为企业搭建基础的数字化底座之上，基于丰富的知识、场景帮助企业快速、敏捷地进行有效的智能化升级，并基于工业互联网标识解析平台连接产业链、供应链协同网络，实现社会化转型升级，汲取并融会"群体的智慧和社会的能力"，自新、沉淀、发展为企业的能力。

同时，作为整个 MOM 可持续发展多态体系的"大脑"——生产运营中心，深度融合人工智能等新一代信息技术，以工业大数据中心为基座、以指标模型库为桥梁、以智能运营为能力，站在企业的角度，帮助企业"思考"。生产运营中心一方面将企业的海量实践数据、行业的知识经验和领先的理论方法转化为模型，以客观、科学、全局化的"思想"指引企业迈向可持续发展；另一方面，引入现实层面的代表顶层设计层的智能制造咨询体系和代表政策法律层的运营规范，对企业的可持续发展体系进行辅助分析和现实归正，从而让制造业企业实现健康、安全、科学、有预见的长远的可持续发展。基于平台化的架构可以帮助制造业企业快速实现组件化、模块化、即插即用式的规模化升级，并基于"工业互联网平台+AI 大模型"，实现整个 MOM 可持续发展多态体系的自适应、自升级、自驱动、自进化。

（二）基于工业互联网平台的创新应用场景助力制造业规模化转型

中国制造业规模多年保持世界第一，但整体数字化水平不高，与工业化融合深度不够，制造业企业尤其是中小制造业企业的数字化仍处于早期阶段，工业互联网平台可以帮助制造业企业快速上云上平台、实现规模化转型升级。此处列举几个基于工业互联网平台助力制造业规模化转型升级的创新

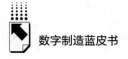

应用场景。

1. 互联网平台+智能工厂

生产企业普遍面临生产设备先进但综合利用率低、供应商多但协同效率低、管理体系完整但现场执行"两张皮"的痛点问题，而靠旧系统是解决不了这些问题的。将 IT、OT、CT 与精益生产体系深度融合，可以实现生产资源的智能调度，人与机器、机器与机器的智能会话，用系统来保证精益生产体系的切实落地。

例如，上海新朋联众汽车零部件公司（简称"新朋联众"）是上汽大众汽车的核心零部件提供商，其面临的问题也极具代表性。一是配套厂商多，协同效率低；二是主机厂对质量体系要求越来越高，传统管理方式越来越难达到要求；三是招工难，据统计，新朋联众在宁波等地的制造业基地的人员流失率达 35%～40%。为解决发展问题，自 2013 年起，新朋联众全面实施工业互联网战略，推进数字化、智能化转型。2013 年底，新朋联众与用友等厂商合作，陆续完成数字化管理、网络化协同、智能化生产、平台化设计的建设，实时连接设备 1800 台套，月均采集设备数据 240 亿条（最高采集频率 50 毫秒）；实现与大众及特斯拉整车厂、26 家设备供应商、99 家散件供应商、15 家劳务合同的在线协同，日均物料吞吐量约 65 万件。目前，新朋联众的智能化平台在宁波、上海、扬州、长沙的 4 家工厂全面应用。作为汽车零配件生产商，新朋联众有其所处行业的特点和压力，同时也有中国多数传统制造业企业所面临的问题。其转型方式是值得诸多企业参考的。经过 5 年的持续改造，新朋联众的数字化、智能化转型已经初见成效，直接人工节约 1095 人，人均产值提升 79.8%，人员减少 31%，缺陷率下降 0.2个百分点。

2. 工业互联网平台+"双碳"

2021 年 10 月，中共中央、国务院印发《关于完整准确全面贯彻新发展理念做好碳达峰碳中和工作的意见》，明确在 2030 年前实现碳达峰，2060 年前实现碳中和。同年，国家发改委印发的《"十四五"循环经济发展规划》指出，大力发展循环经济，对保障国家资源安全，推动实现碳达峰、碳中和，促进生态文明建设具有重大意义。基于"工业互联网+'双碳'"创新应用场景可以帮助制造业企业优化高耗能设备的能耗，降低设备停工、物料运输等原因造成的能源损耗，持续优化生产结构和管理模式，提高能源利用率，以数字化、智能化手段实现降能耗、降排放、降消耗。

例如，双良集团有限公司（简称"双良集团"）是国内节能环保装备领域的龙头企业，在节能、节水、环保高端制造领域具有核心竞争力，其溴化锂机组被评为国家"单项冠军产品"，荣获"中国工业大奖"。双良集团连续多年名列中国企业 500 强、中国制造企业 500 强，2017 年被列入国家首批服务型制造示范企业。双良集团基于工业互联网平台，搭建能源设备智慧运维平台，对设备后服务和运维服务的整个产品形态、产业形态进行重构；基于公有云服务模式，提供安装服务、IoT 物联服务、故障诊断预测、售后服务等以设备为中心的全生命周期服务，实现智能监控、智慧售后、智慧能源，并为管理者、服务公司、服务工程师和客户构建了统一的多方互联平台。通过智能感知技术，双良集团对溴化锂吸收式中央空调、高效能换热系统、电驱动压缩式制冷制热设备等共计 23000 多台套设备实现在线感知；通过能源设备智慧运维平台，实现 221 名服务人员覆盖 10324 家全国客户企业，服务效率提升 40%；通过智能诊断服务，解决缺乏"老专家"的难题，双良集团的能源设备智慧运维平台自动生成故障记录 18723 条；通过智慧节能技术，双良集团利用算法和储能技术，以双良集团某客户的空冷系统为例，节约电费达 138 万/年。

3. 工业互联网平台+"双链"

2020 年 10 月 29 日，中国共产党第十九届中央委员会第五次全体会议通过《中共中央关于制定国民经济和社会发展第十四个五年规划和二〇三五年远景目标的建议》，明确提出要提升产业链供应链（"双链"）现代化水平，坚持自主可控、安全高效，分行业做好供应链战略设计和精准施策，推动全产业链优化升级。工信部印发的《工业互联网创新发展行动计划

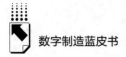

（2021—2023 年）》也提出了要培育工业互联网产业示范基地，促进产业链、供应链现代化水平提升。

工业互联网平台是面向制造业数字化、网络化、智能化需求，构建基于海量数据采集、汇聚、分析的服务体系，支撑制造资源泛在连接、弹性供给、高效配置的工业云平台，是承托数字化产业链供应链的"最佳天然载体"。基于"工业互联网平台+'双链'"创新应用场景，工业互联网平台可以以数据赋能为主线，对产业链上下游的全要素数字化升级、转型和再造，通过数字化、网络化、智能化手段进行全方位赋能，提高要素生产率，实现全产业链级的资源优化配置，促进产业链供应链向更高层级跃升，推动产业效率变革，增强产业链供应链的韧性和稳定性。

疫情时期，大宗商品全面大幅涨价，全球集运航线运价进入疯长状态等因素造成五金工具出口放缓，在库存积压严重的情况下，通过数字化转型提升产业链的综合效益和竞争力势在必行。例如，用友助力中国皇冠投资集团有限公司（简称"皇冠"）搭建五金工具产业工业互联网平台，整合产业生态。工业互联网平台针对五金工具产业特点，颠覆了"多环节多服务"的传统模式和"去环节去服务"的电商模式，打造了"去环节不去服务"的 C2F 模式，重组业务流程、重建生态组织、重构生产要素，建设了一个全新的五金工具生态圈。皇冠通过云计算、大数据、人工智能、AI 等互联网技术手段，运用品牌共享、科研协同、设施共享、数据同源，上游工厂择优、空间共享，下游渠道共建、线上导流，构建了一个产业服务的 C2F 平台，精准服务全球厂商、经销商、终端店和最终消费者。该平台将产业服务（销售服务、品牌服务、技术服务）和互联网服务（平台服务、空间服务、资本服务）相融合，以行业龙头为引领，带动五金工具产业转型升级。目前平台已覆盖了亚、非、欧、美近 100 个市场，在阿尔及利亚、埃及、苏丹、秘鲁、哈萨克斯坦等 30 多个共建"一带一路"国家市场占有率为第一，共享品牌商家 33 家（90%的行业头部品牌），国内省级推广服务商 15 家。浙江某家工厂在入驻平台后的 3 年内海外市场交易量增长了近 3 倍，从 6680 万元提高到

1.8 亿元；北非某客户的中国采购量从 2018 年的 1.67 亿元提高到 4.08 亿元。

4. 工业互联网平台+产业集群/工业园区

2021 年 3 月，《中华人民共和国国民经济和社会发展第十四个五年规划和 2035 年远景目标纲要》提出，要加快产业园区数字化改造。基于"工业互联网平台+产业集群/工业园区"的创新应用场景，可以为工业园区或制造业产业集群提供多样化数据采集、运营管理等服务，加快园区工业设备和业务系统上云上平台，支持园区基于 5G 网络、标识解析节点，搭建园区产业链协同与监测服务平台，提升园区资源优化配置和监测预警能力，推进产业集群和工业园区制造业企业实现规模化数字化转型。

例如，河南省濮阳市是一个"因油而建、因油而兴"的石油化工城市，全市现有有许可证的危险化学品生产（简称危化品生产）、储存、使用单位 95 家，加油站 258 家，重大危险源企业 54 家，重大危险源 199 处。用友支撑濮阳市搭建了"工业互联网+危化品安全生产"智慧平台，该平台面向企业端和政府端，包含了风险监测预警、双重预防与控制、特种作业许可、特种设备管理、安全大数据、应急辅助决策等安全监管全链条，汇聚了全市危化企业的所有安全数据，提升了整体产业集群的安全监管水平，实现了工业互联网与园区运营、产业链协同、危化品安全生产、绿色环保等多方面的融合，形成了区域化工行业的产业链协同新范式。该平台规模化推动全市 95 家危化企业和 258 家加油站上云上平台，填补了濮阳市危险化学品行业精细化监管的空白，完善了风险监测预警、双重预防控制、特种作业许可、应急辅助决策等安全监管的链条，有效提升了危化企业的安全管理和应急部门的安全监管水平。"濮阳模式"创新性地创建了一个社会级的企业群应用，该企业群应用既是一个安全生产的监管平台，又可作为实实在在服务于本地危化企业安全生产的服务平台，为工业互联网平台应用于危化品智慧化安全监管探索出新的路径和模式，适合在石化行业产业集群及工业园区复制和推广。

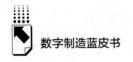

（三）"工业互联网平台+AI 大模型"推动制造业嬗变

随着生成式 AI 大模型的爆发，越来越多的企业开发了服务工业制造等领域的大模型。在工信部召开的传统产业改造升级媒体圆桌论坛中，相关司局主要负责人指出"工业大模型是推动重点行业转型升级的新路径和新模式之一"。

大模型通常是指有大量参数和计算资源的深度学习模型，如 ChatGPT 等。工业大模型对处理某些工业制造场景可以发挥重要作用。

例如，自然语言处理场景：在设备交互、监控生产过程、处理文本信息中，大模型在自然语言处理任务上具备优势；图形处理场景：大模型可以用于图像识别或缺陷检测，有助于生产过程中的原材料的检测或者产品质量检测，减少人为错误和降低缺陷率；故障预测与维护场景：通过对大量传感器时序数据的分析，大模型可以预测机器设备的故障风险，从而实现智能化的设备维护计划，缩短停机时间和降低维修成本等。

当然，在工业制造中，并不是所有环节都适合应用大模型。在场景比较单一、数据量少、算力资源有限、客户隐私要求比较高的场景，小模型或传统算法可能更加实用和高效。因此，企业需要结合具体情况，综合考虑数据量、计算资源、实时性等因素，辩证地看待模型的使用。制造业企业可以根据任务的复杂程度、数据量、实时性需求和计算资源等因素来选择合适的大模型或小模型。大模型和小模型不是完全对立的，有时，企业可以采用模型压缩技术，将大模型压缩成小模型，以利于性能和资源消耗之间的权衡；两者也可以协作，企业可以大模型为底座，搭建不同的领域、行业的小模型，大模型补足小模型学习能力、交互能力和生成能力的不足，小模型更贴近不同领域、不同行业的专业化需求，同时保障数据的隐私性。

人类社会的几次重大变革都是围绕"解放生产力"这一核心需求衍生而来的。而"工业互联网平台+AI 大模型"将推动人类社会走向生产力的终极解放，让机器会思考、让工厂自我迭代，促使制造业企业的生产方式和商业模式向新的范式转变，推动制造业嬗变。

五 建议：深化工业互联网创新应用，
助力新型工业化扎实推进

习近平总书记强调，中国梦具体到工业领域就是加快推进新型工业化。推进新型工业化是以习近平同志为核心的党中央从党和国家事业全局出发，着眼全面建成社会主义现代化强国做出的战略部署，具有重大的现实意义和深远的历史意义。在新时代的新征程，新型工业化具有新的内涵和特征，是坚持高水平科技自立自强、依靠创新驱动发展的工业化，是建设现代化产业体系、加快迈向全球价值链中高端的工业化，是坚持人与自然和谐共生、促进绿色低碳发展的工业化，也是顺应新一轮科技革命和产业变革趋势、促进数字经济和实体经济深度融合的工业化。

2023 年 3 月，在国务院新闻办公室举行的"权威部门话开局"系列主题新闻发布会上，工业和信息化部部长金壮龙发表"贯彻落实党的二十大重大决策部署，加快推进新型工业化，做强做优做大实体经济"重要讲话，指出"推进新型工业化，是实现中国式现代化的必然要求，是全面建成社会主义现代化强国的根本支撑，是构建大国竞争优势的迫切需要，是实现经济高质量发展的战略选择"。

工业互联网是互联网的"下半场"、新型工业化的引擎，基于工业互联网、工业大模型等深化新一代信息通信技术与制造业的融合应用，实现制造业企业规模化和数字化转型、推动制造业嬗变，是推进新型工业化的坚实支撑。未来，制造业应持续基于工业互联网平台深化工业互联网创新应用，助力新型工业化扎实推进，同时，要基于工业互联网平台加速推进人工智能、大数据等新一代信息通信技术与制造业的深度融合，充分发挥中国"制造大国"的优势，稳步扎实推进国产工业大模型的自主研发和持续迭代，助力制造业提速增效，抢占数字经济和智能制造的"新高地"。

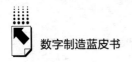

参考文献

[1]《2021 年中国工业互联网产业发展报告》，工业互联网产业联盟网，https：//
mp. weixin. qq. com/s？＿＿biz＝MzIOMjE4NDUwNA＝＝&mid＝2652142253&idx＝
1&sn＝ce192f4f14130f618fc8e24db4dcabd2&chksm＝f2e0e2fac5976becf35d86ecbf8190
faf88e1a32221babee80e73da5ebd65705868803562bdc&scene＝21#wechat＿redirect。

[2]《工业互联网体系架构（版本 2.0）》，工业和信息化部网，https：//wap. miit. gov.
cn/ztzl/rdzt/gyhlw/cgzs/art/2020/art＿d6320fb604814a2b8534f5f3fde0e444. html。

[3]《工业互联网创新发展成效报告（2018-2021 年）》，中国工业互联网研究院
网，https：//www. china-aii. com/newsinfo/5665788. html。

[4]《工业互联网专项工作组 2023 年工作计划》，中国工业和信息化部网，
https：//www. miit. gov. cn/jgsj/xgj/gzdt/art/2023/art＿747f4c19cd484676aa3f7583
e25bb57a. html。

[5]《工业和信息化部党组理论学习中心组举办"深入学习贯彻党的二十大精神
深化工业互联网创新发展 构建新型工业化关键引擎"专题辅导报告会》，搜
狐网，http：//news. sohu. com/a/671356163＿121134737。

[6]《全球工业互联网创新发展报告》，东西智库网，https：//www. dx2025. com/
archives/27080. html。

[7] 通用电气公司：《工业互联网：打破智慧与机器的边界》，机械工业出版
社，2015。

[8]《中国工业互联网产业经济发展白皮书（2022 年）》，中国工业互联网研究院
网，https：//www. china-aii. com/newsinfo/5703348. html。

[9]《中华人民共和国国民经济和社会发展第十四个五年规划和 2035 年远景目标纲
要》，中国政府网，https：//www. gov. cn/xinwen/2021-03/13/content＿5592681.
htm。

[10]《做强做优做大制造业（奋进新征程 建功新时代·伟大变革）》，人民网，
http：//cpc. people. com. cn/n1/2022/0323/c441898-32382028. html。

B.14
中国制造业智慧供应链发展报告

王成林　魏晨宬*

摘　要： 中国目前持续保持世界第一制造大国地位，但进入新的发展时期，中国制造业供应链的安全性、稳定性、创新性都受到了严峻挑战，以新技术、新模式应用为代表的制造业供应链转型升级已经成为产业高质量发展的重要路径。各级政府通过不断出台利好政策，积极引导制造业智慧供应链能力提升；行业领军企业持续开展创新协同行动提高供应链管理能级；科学技术、行业标准、专业人才等关键影响要素有序聚集，规模效应逐步显现。为进一步提升制造业整体竞争力，中国应大力高标准推动智慧供应链建设，形成与新时期制造业发展相适配的发展路径、技术体系、体制机制，打造符合世界发展趋势、具有中国产业特色的发展新范式。

关键词： 智慧供应链　数字化　供应链管理

　　随着社会的发展，传统的制造业模式已经难以适应不断发展的需求，制造业之间的竞争不再是个体或组织之间的竞争，而是越来越趋近供应链与供应链之间的竞争。近年来，中国制造业供应链的快速发展和不断转型升级给经济发展将带来了巨大的影响，大数据、云计算、区块链技术、人工智能等

---

* 王成林，北京物资学院科研处处长、对外合作办公室主任，中国物流学会常务理事、中国物流工程学会理事、全国物流信息化专业标准化技术委员会委员、全国安全生产标准化技术委员会委员、北京物流与供应链管理协会副会长，主要研究方向为物流系统规划设计；魏晨宬，北京物资学院硕士，主要研究方向为京津冀航空物流。

先进技术手段的引入，使得中国制造业在全球舞台上迈出了坚实的步伐。然而，智慧供应链的发展仍面临一些挑战，需要政府、企业和学术界共同努力。相信未来，中国制造业智慧供应链将持续创新，为中国制造业构筑更加智能、高效、可持续的发展之路。

一 制造业智慧供应链的框架和发展特征

根据物流术语（GB/T 18354−2021），供应链是指生产及流通过程中，涉及将产品或服务提供给最终用户活动的上游与下游企业所形成的网链结构。供应链管理是利用计算机网络技术全面规划供应链中的商流、物流、信息流、资金流等并进行计划、组织、协调与控制。制造业供应链是保障采购、生产、销售等关键活动的核心环节，是各类相互作用、相互依赖的制造业供应链交互融合形成的有机整体，也是支撑制造业发展的关键因素。[①] 中国企业参考相关国家标准，搭建制造业供应链框架（见图1）。

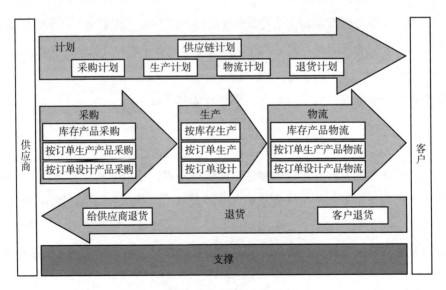

图1 制造业供应链框架

---

① 魏际刚、刘伟华：《构建强大、智慧、安全的制造业供应链体系》，《发展研究》2020年第4期。

目前，以智慧化为代表的制造业供应链转型升级已经成为业界广泛的共识，政府积极出台各项利好政策，企业主动探索新模式、新技术，行业强化示范应用，良好的产业生态环境正在稳步建设。但是由于受到整体发展时间短、涉及范围广等多种因素的影响，目前国内外学界尚无对智慧供应链的统一定义，研究和实践过程中还主要是强调智慧供应链需要具备的若干典型发展特征，一是顾客满意度最大化；二是快速响应能力；三是数字化。① 综合目前相关领域的研究成果和实践经验，本报告认为制造业领域的智慧供应链主要是针对客户精准化服务、市场快速准确反应、生产精益高效组织的发展需要，利用现代工程技术和科学管理方法，采取组织架构重构、作业流程优化、要素智能升级等手段，制造业供应链全要素、全流程深度参与，满足供应链组织、运作、决策等功能高效、敏捷、绿色、智能化实现要求的，一种专业化、现代化、高能级的供应链协同组织模式。与传统供应链相比，制造业领域的智慧供应链对现代工程技术和管理方法的应用程度更高，供应链上下游企业之间的协同度更深，这种供应链可以更加敏捷、准确地了解客户喜好、预测需求、组织生产、协同运作，使整条供应链上资源配置更加高效化、组织化、规模化、网络化和敏捷化，提升供应链运作能力，提高系统稳定性和韧性，更好地适应新时期高质量发展的需要。

二 国内外制造业企业智慧供应链案例

目前，制造业企业打造智慧供应链主要通过大数据、云计算、区块链技术、人工智能等先进技术手段，通过建立大数据平台和物联网平台对供应链全过程进行智能控制和管理，使用无人机、机器人等智能设备，实现供应链中物流作业的自动化和智能化，提高运输效率和质量，降低人力成本，从而提供高效、精准、快速的物流服务，实现供应链全流程的可视化和透明化。

---

① 李刚、樊思呈：《面向智能制造的智慧供应链研究述评与展望》，《供应链管理》2020 年第 4 期。

打造智慧供应链目前已经成为制造业各方的广泛共识。理论研究和企业实践已经充分证明，制造业通过智慧供应链建设可以有效地帮助包括生产企业在内的上下游企业提高生产效率和产品质量、降低成本、提升客户满意度等。目前国内外制造业企业在智慧供应链建设领域的探索和应用已经较为广泛，在石油化工、汽车、智能装备、服装、家用电器等领域开展了多种形式的应用探索（见表1）。

表1 国内制造业企业智慧供应链现状

企业名称	主要技术	具体措施
中国石油化工集团有限公司	人工智能、物联网、大数据、云计算	自主研发智能供应链系统、工业互联网平台并且上线运行，与京东合作建设智慧加油站试点
中国石油天然气集团有限公司	大数据、人工智能、云计算	通过机器学习和自动化算法，来提高供应链的智能化和自动化水平；优化运输路线、预测货物运输时间和成本，并自动调整供应链计划
华为投资控股有限公司	物联网、大数据、信息技术平台、区块链	通过集成供应链变革项目，开展智慧物流与数字化仓储项目，在其内部物流过程中开展区块链实践
比亚迪集团	物联网、大数据、人工智能	运用 EWM、SRM、MES、DRS 等系统，建立智慧车间和仓库，实现供应链上数据透明化，提高数据决策能力
中联重科股份有限公司	5G、云计算、物联网、人工智能	通过中科云谷工业互联网平台，以智能化产品为载体，推出智管、智租、智享、智砼等一系列垂直领域工业互联网应用，已为 10 万余下游用户使用，为行业下游代理商和客户提供了设备安全保障、使用效能提高、集群调度、资产盘活、预测性维护、二手交易、生产运营管理、商业保险等增值服务
红领集团	物联网、大数据、人工智能、区块链、云计算	实时监控和管理供应链中的各个环节，并提供灵活的供应链
海尔集团	物联网、大数据	通过数字化、信息化手段对整个供应链全流程进行掌控和管理，实现全局可视化和透明化

国外制造业企业在智慧供应链领域也较早开展了理论研究和实践探索，形成了具有一定借鉴价值的经验和成果（见表2）。

表2　国外制造业企业智慧供应链现状

企业名称	主要技术	具体措施
宝马公司	物联网、人工智能、大数据	启动 PartChain 项目,使用区块链技术提高原材料和零部件在全球供应链中的透明度,实现所有组件的无缝追溯
耐克公司	云计算、物联网、人工智能	耐克公司建立了一个智慧供应链平台,该平台可以实现全球范围内产品定制、智能化生产和个性化服务等功能,提高客户满意度和市场占有率
美国福特汽车公司	区块链、大数据	福特汽车公司采用区块链技术,与供应商分享数字化证书,以确保零部件的真实性和质量,有助于提高供应链透明度和管理效率
德国西门子股份公司	物联网、大数据、人工智能	将设备、工具和传感器连接到互联网,实现对供应链中各个环节的实时监控和数据收集

　　通过总结分析,国内外制造业企业在智慧供应链领域的共同特征包括对于先进工程技术的应用和企业间信息等要素的共享,例如人工智能、物联网、云计算等高新技术提高了供应链系统的可视化程度和透明度,并提高了伙伴间的信息共享度。在供应链管理方面,企业通过数据分析和预测技术,可以对生产计划进行精确的预测和调整,并与供应链合作伙伴共享,以避免生产过剩或缺货导致的库存积压或订单延误,减少牛鞭效应等造成的不利影响。同时,企业还利用物联网技术实现生产过程的可视化管理,自动化管理货物入库和出库;通过使用智能运输系统实现货物的可追溯性和实时监控等功能,及时发现生产中的问题,并与合作伙伴分享相关的零部件物流信息,快速做出调整,从而提升生产效率和质量。通过物联网和云计算等技术的组合利用,企业可以实现仓库管理的自动化和智能化,提高物流效率和准确性,同时也能够有效控制库存成本。借助传感器和大数据技术,供应链上的企业经授权可以实时了解合作伙伴生产过程中的质量和安全状况,以及相关的环境参数,如温度、湿度、气压等,通过智能检测设备对产品进行检测和质量控制,减少人工干预,提高效率和精度,从而有效地提升产品质量和安全性,形成供应链上协同的质量认证机制。

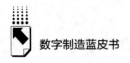

三 中国不断加强对制造业智慧供应链能力提升的政策引导

由于制造业在中国的战略性、基础性作用，各级政府实施了一系列政策以促进其制造业的持续发展和优化升级，其中引导制造业智慧供应链能力提升逐步成为政策关注的重点领域。2017年国务院办公厅明确提出，供应链已发展到与互联网、物联网深度融合的智慧供应链新阶段；国家应注重创新发展供应链新理念、新技术、新模式，高效整合各类资源和要素，提升产业集成和协同水平，打造大数据支撑、网络化共享、智能化协作的智慧供应链体系，推进供给侧结构性改革，提升中国经济全球竞争力。《"十四五"现代物流发展规划》设立了现代供应链体系建设工程，明确提出制造业供应链提升工程，提升制造业供应链智慧化水平，建设以工业互联网为核心的数字化供应链服务体系，深化工业互联网标识解析体系应用。国家选择一批企业竞争力强、全球化程度高的行业，深入挖掘数字化应用场景，开展制造业供应链数字化创新应用示范工程。2022年国务院同意建立由国家发改委牵头的数字经济发展部际联席会议制度，数字化供应链进入多部门协同共治阶段。

为落实相关的国家战略任务，以工业和信息化部为主的相关部门发布了一系列推动文件，其中《"十四五"信息化和工业化深度融合发展规划》提出以产业链供应链数字化为主的制造业智慧化升级行动，重点是制定和推广供应链数字化管理标准，提升重点领域产业链供应链数字化水平和加快发展工业电子商务。工业和信息化部已经连续五年开展工业互联网试点示范项目，开展"工业互联网平台+产业链/供应链协同试点示范"，鼓励制造业企业基于工业互联网平台在产业链/供应链协同相关场景实现融合应用，提高产业链/供应链管理水平和协同能力，提升产业链/供应链稳定性和韧性，取得了良好的示范应用效果。此外，其他相关部门也陆续出台了促进措施（见表3）。

表 3　相关部门政策汇总

时间	文件名称	发文单位	重点内容
2018 年	《关于开展供应链创新与应用试点的通知》	商务部等部门	通过试点,创新一批适合我国国情的供应链技术和模式,构建一批整合能力强的供应链平台,总结一批可复制和推广的供应链创新发展的实践经验
2019 年	《关于推动物流高质量发展促进形成强大国内市场的意见》	国家发改委等部门和单位	鼓励物流和供应链企业开发面向加工制造企业的物流大数据、云计算产品,提高数据服务能力
2020 年	《关于促进快递业与制造业深度融合发展的意见》	国家邮政局、工业和信息化部	应用新技术、新模式,创新发展供应链;打造智慧物流,推动先进技术与制造业供应链深度融合,提升基础设施、装备和作业系统的信息化、自动化和智能化水平
2020 年	《推动物流业制造业深度融合创新发展实施方案》	国家发改委等 14 个部门	进一步推动物流业、制造业深度融合、创新发展,促进制造业转型升级
2021 年	《关于开展全国供应链创新与应用示范创建工作的通知》	商务部等 8 个单位	促进供应链协同化、标准化、数字化、绿色化、全球化发展,着力构建产供销有机衔接和内外贸有效贯通的现代供应链体系,巩固提升全球供应链地位,推动经济高质量发展,为加快构建以国内大循环为主体、国内国际双循环相互促进的新发展格局提供有力支撑
2022 年	《"十四五"国内贸易发展规划》	商务部等 22 个部门	加强数字化改造对接,实现生产端与消费端数字直连。推动企业提升供应链管理水平,充分发挥供应链协同平台作用,实现企业间需求、库存和物流信息的实时共享,完善消费端到生产端的供应链

资料来源:刘伟华、金若莹:《国内外智慧供应链创新应用的比较分析与经验借鉴》,《物流研究》2020 年第 1 期。

　　在此背景下,地方政府纷纷结合自身地域特色,开展专项规划,上海市、北京市、广东省等地也纷纷出台相关政策,鼓励本区域内的智慧供应链发展,并起到了良好的发展导向作用(见表 4)。

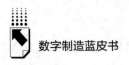

表4 地方政府支持智慧供应链发展政策

名称	政策名称	主要支持内容
上海市	《关于本市积极推进供应链创新与应用的实施意见》	积极推进供应链协同制造,促进制造业供应链可视化和智能化,发展服务型制造,推动供应链金融服务实体经济,大力倡导绿色供应链
	《上海市生产性服务业发展"十四五"规划》	推进智慧供应链应用,探索供应链管理增值服务,进一步鼓励供应链管理服务模式创新,形成在全国的创新优势。到2025年,打造近百个多元化新型供应链管理平台
北京市	《北京市数字经济促进条例》	支持制造业等产业领域互联网发展,推进产业数字化转型升级,支持产业互联网平台整合产业资源,提供远程协作、在线设计、线上营销、供应链金融等创新服务,建立健全安全保障体系和产业生态
	《北京市推动先进制造业和现代服务业深度融合发展的实施意见》	促进现代物流和制造业高效融合。引导大型流通企业向供应链集成服务商转型,提供专业化、一体化的供应链管理服务
广东省	《广东省数字经济促进条例》	推动大型工业企业开展集成应用创新,推进关键业务环节数字化,带动供应链企业数字化转型。推动中小型工业企业运用低成本、快部署、易运维的工业互联网解决方案,普及应用工业互联网。推进数字金融与产业链、供应链融合
浙江省	《浙江省现代供应链发展"十四五"规划》	通过"供应链+数据智能",实现全维应用实时同步,推动智慧供应链生态建设;通过"供应链+标准",实现优质商业模式复制推广,推动供应链企业加快跨区域、跨境布局
山东省	《山东省"十四五"现代物流发展规划》	制造业与物流业深度融合,海尔集团、潍柴动力股份有限公司、齐鲁云商数字科技股份有限公司等企业加速产业集群供应链应用,服务制造业企业的供应链管理水平大幅提升。持续拓展供应链物流的资源整合范围和区域发展空间,促进物流业制造业在关键环节和重点领域跨界融合,提升制造业供应链的国际竞争力

四 国内制造业智慧供应链面临的问题和挑战

(一)智慧供应链建设稳步推动,但行业整体仍有较大提升空间

根据全球第二大市场研究机构 Markets and Markets 的研究报告,到2023

年全球智能制造业智慧供应链平台的支出达到 2000 亿美元，近年来将有大幅增长。同时在中国制造业蓬勃发展的有力推动下，国内智慧供应链建设也在稳步开展，根据对上市的制造业公司的抽样调查，以网络披露的公开信息为参考，全部样本企业在实施智慧供应链项目，其服务的范围主要涵盖企业的需求计划、供应计划、库存优化计划、产销协同计划（S&OP）和生产计划等领域。但从实际应用效果来看，目前链主企业还需要进一步突破企业独立运作的单点局限，提升整个供应链的协同管理带动效应。

制造业供应链在智慧化转型过程中，前期主要侧重技术的示范应用和流程改进，还尚未形成有效的价值发掘机制，部分项目出现了技术投入较多而实际收益较少的问题，也表现为很多升级项目只有处于核心地位的链主企业在单点投入，技术创新的溢出效应不明显，上下游企业无法有效分享增值红利的问题，主动参与性存在不足。由于智慧供应链实施需要整体推进，如果链条上参与企业覆盖度不够，同时链主企业的核心带动能力不明显，就无法形成有效的运作机制，价值链的形成就会遇到困难，链条上的中小企业更无法有效地参与和协同运作。

（二）技术创新已经成为关键动能，但仍需提升专业服务能力

智慧供应链的建设离不开技术的支撑推动，国内制造业企业在物联网技术、大数据分析、云计算、人工智能、5G 等领域取得了较好的技术应用成果，有效地改善了现有供应链管理方式，优化了重要作业流程，实现了信息共享、资源优化，提高了供应链的可靠性和透明度。根据制造业上市公司的智慧供应链建设案例的分析结果，其以现代信息技术为主的项目实施已经成为转型提升路径中最主要的手段和措施，因此现代工程和管理技术的应用已经成为推动供应链智慧化的关键动能，对于应用对象的作业效能提升起到了较强的促进作用，加快了供应链的智慧化升级进程。

智慧供应链的技术应用和发展虽然带来了许多便利，但同时存在一定的挑战和问题，其中企业比较关注的是数据安全和隐私。由于智慧供应链涉及大量作业数据收集、传输和存储需要，参与企业对于数据安全和隐私存在较

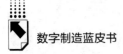

多的顾虑，担心泄露、篡改或未经授权访问可能导致的重大的商业和法律风险。为了应对这一挑战，供应链管理者需要在引入区块链、数据加密等技术的基础上，制定严格的数据安全政策和措施，确保数据的机密性和完整性，提供更加专业的数据保障服务。同时，供应链管理者要关注先进技术的实用性，例如以人工智能技术为主的算法模型应用推广需要与供应链的实践应用进行更加充分的结合；构建的决策模型要能够合理地兼容企业业务流程改变，例如订货批量和库存的预测、供应链上的考核评价，都需要处理好影响因素的复杂作用关系，统筹平衡好多目标优化的整体效果。

（三）标准规范体系逐步完善，但仍需系统性强化

为了提高制造业智慧供应链规范性，国家已经从多个技术层面着手，制定以数字化管理为主的多项标准，并大力推动实施，其中包括《信息化和工业化融合管理体系—供应链数字化管理指南》（GB/T 23050-2022）、《自动化系统与集成—制造供应链关键绩效指标》（GB/T 42026-2022）、《绿色制造—制造企业绿色供应链管理—信息化管理平台规范》（GB/T 39256-2020）等（见表5）。

表 5　智慧供应链相关标准

标准名称	相关内容
《信息化和工业化融合管理体系—供应链数字化管理指南》	围绕供应链战略策划、角色分工、业务运作、数据开发、技术应用等问题，提出供应链体系设计、业务管理、协同运营、生态构建、风险预测与处置、绩效监测与优化等指导建议，指出供应链数字化管理平台的功能架构和组成要素，为企业开展供应链计划、执行、控制和优化提供一套总体性、综合性指南
《自动化系统与集成—制造供应链关键绩效指标》	以可测算、易移、易耦合为原则，以效率、质量、成本、环保等为评价准则，通过制造业供应链过程中的时间、数量等基本元素构成计算公式，给出数值上的改进方向，归纳出一套在供应链整体以及采购、生产、物流等环节的关键绩效指标体系
《绿色制造—制造企业绿色供应链管理—信息化管理平台规范》	以信息化技术实现企业绿色供应链管理过程的绿色信息收集、处理、分析、共享及披露。通过信息传递和管理，实现制造业企业及其供应链上下游企业的绿色信息共享和协同管理，提高绿色供应链管理的质量和效率，推动实现企业产品全生命周期绿色化目标及提升绿色供应链管理绩效

但是由于制造业供应链包含主体多，作业流程复杂度高、专业性强，其标准体系的构建系统性要求更高，完整的标准体系构建难度也更大。从2003年至今中国有30项关于供应链的管理标准出台，其中2020年以后有16项，标准制定的数量明显增多，但是与满足制造业发展的需要仍有较大差距。同时30项标准中主要涉及制造业领域的仅有8项，其内容覆盖度明显有待提升，因此中国仍需大力推动相关工作开展。

（四）专业人才培养不足，产业教育体系亟须完善

结合企业运作实际，我们可以将供应链管理人才理解成能够熟练运用供应链的方法、工具和技术，从事采购、生产、物流、销售、服务等全过程协同，以控制整个供应链系统的成本并提高准确性、安全性和客户人员的服务水平的人才。与传统供应链相比，智慧供应链的实施更需要企业具备相关工程技术和现代管理知识的人才，还需要加强不同供应链成员之间的协作和沟通。出于产业发展的历史原因，目前供应链管理者和员工往往是由其他领域的专业人才转岗而来，很多人员缺乏必要的专业技能和知识，同时又面临学习和适应新技术的挑战，岗位的适配性还需要进一步提升。

目前中国已经开始构建多元化的人才培养机制，2017年中国本科院校开始开设供应链管理专业并实现招生，教育部已批准6个批次74所本科院校设置供应链管理专业。在专业岗位设置方面，2020年，中国物流与采购联合会组织完成了人社部《供应链管理师　国家职业技能标准》的编制工作。但是由于相关工作起步较晚，据中国物流与采购联合会等相关部门统计，2021～2023年中国供应链人才需求大概有430万的缺口，国家需要发挥社会方方面面的力量尽快解决供应链人才短缺的问题。

五　政策建议

制造业智慧供应链的建设是一个典型的系统工程，需要政府、企业、协会等多方协同合作、统筹推进。针对存在的重点问题笔者提出如下政策建议。

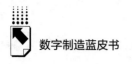

（一）充分发挥有为政府指导作用，多维度整体加速推进

制造业供应链的复杂性、整体性、专业性决定了其推进过程会受到多种因素的影响，在前期的实践过程中，链主企业带动模式、区域集群聚合模式、试点应用辐射模式等都起到了很好的效果，笔者通过经验总结，可以明确得出政府发挥指导作用是一个典型的共同特征。在供应链智慧化改造升级过程中，政府通过政策制定、项目设立、标准制定、宣传推广等多种方式，为该项工作明确工作指向，强化基础条件建设，设定参考性实施路径，对企业起到了良好的方向引导作用，为企业提供了良好的供应链建设外部基础条件，改变了企业单点发展的现状，强化了企业按照供应链整体最优进行科学决策的理念、能力和决心，构建了新的产业发展生态。目前各级政府在智慧供应链发展上的广泛共识和有力举措极大地带动了相关企业在供应链智慧化领域的投资，形成了企业转型升级的内生动力，从而激发了开展相关工作的主动性，形成了良好的外部生态。

在全面推进制造业智慧供应链建设的工程中，国家需要按照市场规律办事，例如积极推动以链主企业为主的领军企业率先示范，形成良好的以点带面的辐射效果；在重点产业集聚区，利用地域空间优势，加速实施落地供应链主体企业的分工协作；应注意积极做好试点示范项目的经验总结和知识凝练，形成可供复制推广的参考路径、标准范式，扩大带动范围，以及良好的"链主企业+集聚区域+示范项目"多维度协同效应，从而有效发挥政府和市场的双轮推动作用。

（二）持续开展技术应用协同攻关，打造专业"务联网"体系

制造业供应链拥有复杂多变的技术应用场景，包括通用设备制造业、汽车制造业、医药制造业等30多个主要类型，同时又有订单制、项目制等多种生产模式。供应链协作企业的地域分布、规模类型、发展历程等多种影响因素要求供应链参与主体深层次参与。在汽车制造领域，一辆汽车由超过两万个零部件组装而成，很多零部件供应商处于全球供应链。汽车制造业与

飞机制造业既有空间分布等方面的共性，又有零部件自身的特点，因此很多通用技术需要被科学地改进才能适配具体的应用场景，而这一过程具有较强的不确定性，需要供应链企业进行协同攻关，以降低参与企业的整体风险，促进技术全周期的智慧化，加快完成创新技术前期的适应发展阶段，快速进入稳定的规模化应用阶段。

在技术的应用过程中，国家要统筹好政府管理和企业业务开展的互动关系，注意梳理以信息流为主的技术应用需要，以业务联动开展为目标，将政府和企业的资源要素、功能需求、业务流程以及运作机制加以有效整合，保证政府与企业在业务运作、组织管理之间的协调同步，共同协作满足客户的服务需求。以智慧供应链的物流管理为例，国家需要协调好企业的生产计划和当地政府的管理政策，特别是在应急预案管理的状态下，要以业务开展为导向，有效组织参与力量，优化技术路线、集成装备与设施，构建面向政府业务和企业业务运作深层次协同的"务联网"技术体系，防止单纯从政府维度出发，造成监督、管理、服务等职能的执行与企业的业务运作对接时存在障碍，从而降低管理成本、提高管理效率。

（三）持续强化标准建设，形成符合中国特色的质量规范体系

标准体系是制造业智慧供应链建设的关键基础，目前对于智慧供应链的研究和实践不断有新成果出现，因此国家应及时进行总结，按照团队标准—行业标准—国家标准的建设路径进行成果的持续固化和迭代，为企业传统供应链的转型升级提供全面、系统的技术要素支撑。在标准的制定中，各级政府应该起到应有的主导作用，与行业协会和企业协同，结合区域与产业的特色进行深入沟通交流，将供应链管理流程和标准化、规范化建设作为产业生态建设的关键环节。在标准制定过程中，中国应该在充分借鉴国外现有优秀成果的基础上，以国际现行技术标准为重要基础，结合中国制造业特色，特别是参与主体的发展历程、区域特征和行业性质，形成一整套宽基础、强特色的智慧供应链标准化管理体系，相关的标准体系可以兼顾技术通用性以及技术的专业特征，实现可跨越时间、空间、内容等维度框架下的标准转换。

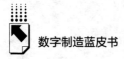

同时，中国应加强标准体系的实施宣传，将其与企业转型升级紧密结合，引导企业按照标准设计方案，强化内生动力，便于企业减少技术探索和试错成本，缩短技术研发周期，形成组织规模优势。中国应充分利用以国内大循环为主体、国内国际双循环相互促进的新发展格局的优势，注重中国特色标准的示范、推广和应用，率先在优势产业链供应链领域形成可复制、可借鉴的新范式，并加速推广示范。

（四）紧密结合发展新趋势，打造专业化、多层级的人才培养体系

在制造业稳步向智慧供应链发展的进程中，不断出现的新变化将产生新的专业人才培养需求，要求供应链专业人才不仅熟悉供应链各个领域的相关知识和运作流程，还要具有供应链战略思维，掌握物联网、大数据、人工智能等新技术应用，以及能进行典型共享、协同特征的供应链整体运作模式设计。由于目前国内供应链人才培养还处于初期发展阶段，笔者建议政府采取政产学研并重的方式，充分发挥高校与企业的双主体核心作用，将学历教育与企业培训有机结合，做好增量拓展和存量提升的同步推进。在学历教育领域，高校以需求为导向，按照产业、专业、职业三业融通的原则，以专业为桥梁，上接产业链，拓宽专业外延，下连职业岗位群，优化专业内涵，逐步形成覆盖制造业智慧供应链知识和技能需求的本科、研究生硕士和博士多层次的学历教育体系。同时，高校需要高标准开展企业型实战人才培训，提升现有存量专业人才的综合能力，注重补齐人才知识、技能、素质的短板项，形成面向高端专业人才的培训课程体系。在专业人才培养过程中，行业协会需要发挥重要作用，统筹平衡好政产学研多个主体的同步推动作用，建立科学实用的行业标准，培养优质的师资力量，从而形成可推广示范的新模式。

B.15
产业数字化运营服务创新实践

章晓燕　罗　森*

摘　要： 产业数字化代表实体经济与数字经济的融合，从行业到产业的数字化变革发展，企业上云转型已不再是单一的行业转型升级，而是产业带动区域数字创新，产业主导制造整体水平提高的推动引领。为响应"中华人民共和国国民经济和社会发展第十四个五年规划"（简称"十四五"规划），我国需加快传统制造业企业从"制造"到"智造"转型，打通生产与经营管理的"数据孤岛"，提升人工数字化技能水平，以更加高效、便捷的运营管理方式助力企业降本增效，实现工艺流程、生产方式、销售经营等创新。中软国际科技服务有限公司（简称"中软国际"）凭借多年推动区域产业转型发展，助力工业互联网企业成功数字化转型的实践经验，打造高适配的可复制运营服务模式，不断整合自身生态资源链，以强大的运营能力和资源能力服务制造业企业数字化转型，推动产业数字化创新发展。

关键词： 智能制造　产业数字化　降本增效　流程管理创新

一　产业数字化运营服务内涵

近年来，数字经济在逆势中加速发展，成为应对全球经济下行压力的稳

---

* 章晓燕，中软国际科技服务有限公司中级工程师、产业数字化运营部市场总监，主要研究方向为工业互联网；罗森，中软国际科技服务有限公司解决方案经理，主要研究方向为智能制造、"智改数转"。

定器。以第五代移动通信、人工智能为代表的数字产业化不断创新加速，工业互联网、智能制造、先进制造等已成为全球产业升级、产业优势重塑的关键。随着数字技术的融合应用以及我国供给侧结构性改革的不断深化，加快数字技术与实体经济融合发展已成为共识，数字经济结构不断优化，数字化技术和服务加速向行业融合渗透，产业数字化趋势明显。

同时，国家也在大力推动产业数字化转型发展，从"十二五"规划到"十四五"规划，数字经济政策逐步深化。"十四五"规划明确提出大力发展数字经济，并在2035年远景目标纲要中单独成篇，首次提出数字经济核心产业增加值占GDP比重这一新经济指标，明确要求我国数字经济核心产业增加值占GDP比重由2020年的7.8%提升至10%，可见数字经济分量之重。各地方政府也在积极部署并推进数字化转型的战略目标，2023年，有31个省（区、市）的政府工作报告涉及数字化转型方面的明确目标以及工作部署内容，在政策引导下，数字化转型进程将以前所未有的速度发展。

制造业是中国工业化的引擎和国民经济的支柱，推动制造业数字化转型是发展数字经济的重要环节，而制造业数字化转型作为产业数字化的重点，其转型速度也将直接影响产业数字化的进程。为此，国家及各省（区、市）为推动制造业数字化转型出台了一系列政策，比如《"十四五"智能制造发展规划》提出到2025年规模以上制造业企业大部分实现数字化、网络化，重点行业骨干企业初步应用智能化；《江苏省制造业智能化改造和数字化转型三年行动计划（2022—2024年）》提出到2024年底全省规模以上工业企业全面实施智能化改造和数字化转型；而企业也在发展过程中充分认识到数字化能力给提质、降本、增效带来的好处，希望可以利用数字化转型带来的新发展机遇。

虽然有国家政策的引导以及部分企业的认知提升，但是数字化转型仍面临层层的挑战。在政策层面，针对产业扶持，地方或区域政府陆续出台相应普惠性政策，但是这些普惠性政策在实际执行过程中往往容易出现资源错配、资源虚落等一系列问题；产业扶持资金的使用效率也有待提升，需要地方或区域政府制定合理的资金管理办法对申请企业进行前期审核、中期监管以及后期审计，以确保企业使用资金的合规性。在企业层面，虽然有国家政策的推动以及数字化转型的市场宣传，但是企业对数字化的认知仍处于不同阶段，对进行数字化转型顾虑重重，很多企业在数字化转型进程中仍存在"不愿转""不会转""不敢转"的情况。

针对以上政府侧及企业侧在数字化转型发展过程中遇到的挑战及问题，中软国际基于自身 20 多年数字化转型能力积累以及多年产业运营经验支撑，推出产业数字化运营服务帮助政府产业政策落地，加速产业数字化发展，推动企业数字化转型进程。

中软国际产业数字化服务以"1+4+1"的模式助力区域产业数字经济新发展，即 1 个中心、4 项服务、1 个平台。中软国际通过建立 1 个区域创新服务中心，协助区域产业政策落地，促进产业升级，打造城市名片；创建创新服务中心并提供 4 项服务，通过企业数字化服务，助力工业、制造业企业数字化转型；通过峰会、大赛等方式，提升城市、标杆企业的品牌影响力；通过产教融合一体化，培养为本地培养数字化产业人才；通过整合自身各方生态合作伙伴的资源，实现本地核心产业生态聚合。作为运营服务支撑的产业互联网平台可以打通政府和企业的信息壁垒，实现企业供需对接，同时政府利用产业互联网平台也可以进一步梳理本地产业图谱，为下一步产业政策规划与强链、补链提供依据。

企业数字化服务是中软国际产业运营服务的核心服务内容，中软国际结合自身以及生态伙伴能力以"服务+产品"双轮驱动，为企业提供前、中、后期全流程数字化服务以及企业在数字化、协同化及智能化不同阶段所需的产品能力，从而推动企业数字化转型，做大、做强产业升级。

在全流程数字化服务方面，中软国际将根据客户需求提供所需服务，以数字化诊断咨询服务为例，中软国际从客户实际需求出发，结合自身多年数字化服务经验，提供数字化诊断咨询服务，解决企业"不愿转""不会转""不敢转"的难题。在政府侧，中软国际数字化诊断咨询服务可以为政府各部门响应国家和区域数字化转型提供依据，全面盘点区域内企业数字化转型水平；在企业侧，中软国际数字化诊断咨询服务可以提升企业数字化转型认知，为企业合理规划实施路径，使企业少走弯路，从而提升企业人员数字化能力水平。

在数字化产品方面，中软国际联合生态伙伴共同构建企业数字化全流程产品方案能力，结合企业具体场景提供针对性的解决方案，解决企业数字化转型在研、产、供、销、服等环节遇到的问题，提质增效。例如，在生产制造方面，中软国际提供 MES 等系统提升生产质量及效能；在研发设计方面，通过在线 CAE、PLM 等系统缩短设计周期，降低开发成本。中软国际基于企业数字化转型的深厚实践能力，可以协助企业打通内部各种流程，避免"数据孤岛"，充分发挥数据价值。

二 产业数字化运营服务价值

（一）政府侧

（1）中软国际协助政府产业数字化政策执行落地，基于本地市场及产业结构洞察数据，精准分析区域产业竞争力，以壮实强大本地主导产业为发展导向，以培育壮大市场经济为目标，全面、有效落实区域各项专项政策，严格做到"全面覆盖、专业运营、及时反馈、有档可循"。中软国际产业数字化运营服务团队协助把控产业扶持资金使用效率，使专项资金精准落实到真正有需要的企业，减少资金实际使用不当等情况，有效促进产业数字化健康可持续发展。

（2）中软国际协助政府侧促进区域经济发展，通过本地市场化运营服务，精准触达本土注册类企业，通过基础性数字化诊断咨询工作了解企业发展状态，有效评估区域经济发展趋势。中软国际产业数字化运营服务团队及时更新现有系统相关存量数据，保持数据实时真实精准性，以数据要素价值分析本地产业数字经济状况。该团队以数据为支撑，协助政府侧制定产业发展运营方案并辅助实施，以推动产业数字化转型升级带动区域产业经济建设，促进区域数字经济发展，推动区域整体产能提升及综合经济发展能力提升。

（3）产业数字化运营服务协助政府加强区域产业标签，依托本地产业结构及人文环境，细分区域产业链，以"重点深耕+潜力培植"的策略重点强化主导产业，明确区域产业特征，凸显对外标签形象，同时全面推动区域产业能力整体水平提升。中软国际产业数字化运营服务团队通过举办各类行业大会、产业峰会、产业对接会、高层闭门研讨会、主题技术沙龙、创新应用大赛等活动，结合品牌传播等方式加强区域产业能力曝光，展示本地产城融合创新及核心竞争力，吸引区域外企业及行业圈层资源关注，深度强化本地产业标签，提升城市建设影响力，促进形成区域产业品牌。

（二）行业侧

（1）中软国际推动行业深化产业能力建设。中央经济工作会议提出，要统筹推进补齐短板和锻造长板，针对产业薄弱环节，实施好关键核心技术攻关工程，尽快解决一批"卡脖子"问题，在产业优势领域精耕细作，搞出更多独门绝技。中软国际通过产业数字化运营服务，建立企业画像库，结合区域已建设的产业运营平台，端到端联通用户相关数据，对本地产业链进行梳理细分，建立产业图谱，同步导入中软国际产业生态资源提高产业数字化能力，构建以企业为主体的协同创新体系，强化链主数字化转型能力，进行强链、补链，从而带动行业产业结构进一步完善，提升自主行业产业链价值链。

（2）中软国际产业数字化运营服务促进行业上下游生态资源流通。中软国际利用新一代信息技术对传统产业进行全方位、全链条、全周期的改造，通过数字诊断服务及定制化解决方案实施，疏通企业数字化转型难点、堵点，促进产业数字化进一步形成，加快打通上下游产业链的众多环节与服务链的各节点，有效改善行业信息不对称、地域歧视影响产业转型、解决方案低适配等情况，推动产业数字化转型升级可持续，进而推动行业数字产业化快速发展，提升行业市场发展能力。

（3）中软国际产业数字化运营服务刺激行业产研成果快速迭代，强化产业供应链市场流通，打造行业国际竞争力。习近平总书记指出，"制造业是国家经济命脉所系"，"要加快建设制造强国"。中软国际通过加快对传统企业数字化转型的运营实施，推动产业数字化快速发展，间接支撑解决产业结构性供需失衡、产业基础薄弱等问题改善运营，刺激自主产研，加大投入，推动科技自立自强加快脚步，争取尽快实现关键核心技术自主可控，打造竞争力强的现代化产业体系。

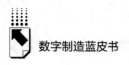

（三）企业侧

（1）产业数字化运营服务提升企业数字化认知，激发企业数字化动力。中软国际依托本地产业政策引导及产业数字运营服务，助力企业突破传统运营困境，以可复制运营模式快速打通 0~1 转型实践流程，借此打造成功案例，树立数字化转型标杆，以明显的案例效果呈现企业转型升级意识提升，促进企业自主积极实施转型，从而提高生产智能化水平和系统管理化水平，优化企业业务流程，提升企业产品核心竞争力。

（2）产业数字化运营服务助力企业专精人才培养，提升企业整体专业知识水平及技术创新应用能力。中软国际通过产业数字化运营服务，强化企业人才培养意识，优化内部人员供给结构；通过引入高校和科研院所等产研资源，同步开展技术培训、认证考试、创新应用大赛、学术交流会等活动，以赋能企业独立培养高专精数字人才，并使其具备前瞻性眼光、战略意识等能力，使人才成为企业快速转型发展的助推器，助力企业实现技术持续升级和创新，提升市场核心竞争力。

（3）产业数字化运营服务促进企业市场核心竞争力的提升，赋能企业机器生产代替人工生产、数字化信息管理替代人工采集管理，通过供销链智能化管理降低人工及信息成本。中软国际助力企业依托现有智能化管理平台实现产品设计创新、生产管理创新、生产水平创新、渠道合作创新等，降低传统管理所产生的人力成本、资源成本、技术成本及效能损耗成本等，提高市场核心竞争力，并助力企业突破业务瓶颈，增加市场机遇，以促进业务可持续稳健发展。

三　案例一：扬州杰信车用空调有限公司数字化全链路管理革新

（一）项目合作背景

扬州杰信车用空调有限公司（以下简称"杰信空调"）是由香港杰信

实业有限公司投资 405 万美元在江苏省扬州市江都区外资工业园建立的集汽车空调系统研发、生产、销售、服务为一体的专业化公司。公司成立于 2000 年 5 月，占地近 60000 平方米，有员工 2000 多人，公司产品注册商标为"杰信"品牌。公司拥有国内一流的生产、试验、检测装备，产品使用覆盖 6~12 米中巴、大巴客车。杰信空调主要经营车用空调及车用暖风、工程机械空调及暖风以及冷冻冷藏装置的设计生产、销售和服务。公司年产客车空调、小型空调及暖风 20 万台套，年产值近 6 亿元，在国内有 140 家服务站、7 个中心配件库。

党的十八大以来，我国坚持走中国特色新型工业化、信息化、城镇化、农业现代化道路，推动信息化和工业化深度融合，促进工业化、信息化快速发展。传统制造业企业需要向"智造"转型变革，引进新的技术创新，以满足新时代社会发展的需求。杰信空调的快速发展使原有的信息化建设只能解决简单的财务数据问题，却无法满足企业业务管理需求、生产数据管理监测需求、内部流程管理需求等，转型升级是迫在眉睫，因此杰信空调必须构建起"研发—生产—销售"的汽车空调数字化全链条管理通路，不断提升杰信空调"智造"水平，以保障企业良性稳健经营发展。

（二）项目合作内容

信息化管理系统贯穿产品的全生命周期，又使设计环节到制造环节的周期大幅缩短，在市场需求和科技进步的双重推动下，智能技术及装备将被应用到生产管理的各个环节，以作业层面的自动化、运营管理层面的协同与管控支持供应链可视、自优化、精准预测，从而降本增效，实现数字化革新升级。

1. 打通端到端流程，数据精细化管理

中软国际作为数字化运营服务商，通过整合生态伙伴资源，为杰信空调提供 ERP 信息化解决方案。方案的成功实施实现了企业跨业务条线的端到端流程支持，有效打破"数据孤岛"，并促进各端口高效协作，大大提升了业务运营效率。该方案既支持了供应链管理的各个功能"点"的效能，又

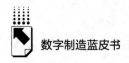

实现了整个"面"的框架上的全方位打通。客观来看，杰信空调从接到销售需求开始，员工只需要把需求信息录入系统，之后的每项流程工作，包括根据销售需求去制订物料的采购计划和排产计划、检验库存、检验缺料、更新下单时间、订单审批、生产制造的安排、工单抓料、产品入库、发货等一整套流程，都可以在系统中得以自动化实现，无须人工时时跟进刷新，从而高效缩短了原始信息从传递到决策过程中的反馈时间，且管理层与基层以及各职能部门之间的沟通也更加便捷与及时。

2. 建立标准化业务流程，助力业财一体化

经营决策层依托信息化系统，实现供应、生产、质量、销售、设备备件、项目管理以财务为核心的集成，提高对资金流、物流和信息流的控制。原有业务流程统一标准化，实现业财一体的全流程闭环管理。准确的信息支撑确保业务侧各类专业数据的源头统一，以便于能够更加灵活、快速地安排部署杰信空调的资金，让库存准确、账实一致，实现物动账动的及时管理，支持杰信空调各项报表实时可视化，实现随需随成调取。同时，后端进行统一核算管理，并借助商务化智能套件进行多维分析，从而为杰信空调经营决策提供更好的数据支撑，进一步提升业财一体化稳定运营。

3. 不定期开展技术赋能，促进人才培养，提升内部整体信息化水平

在项目实施期间，中软国际携手行业专家及生态伙伴对杰信空调不定期开展定向业务培训，提高人员素质管理，从而避免人员流动导致企业运作阻塞。以"理论+实操"的作业方式，专家组定期实地监测信息化部署运营成效，通过专题讨论及专家座谈，评估企业运营中遇到的问题，并提供专业指导建议。中软国际开展实现数字化盘点，优化仓储规划和管理方法的赋能培训，提升全员技术水平，以及增强信息化专业知识培训，提升杰信空调运营效率，缩短决策周期，最大限度地减少报废量和返工量，从而助力杰信空调降本增效。

（三）项目可复制模式

经过近30年的发展，国内汽车企业大部分已经有一套完整的信息化管理系统，包括企业资源计划系统、生产制造执行系统、供应链管理系统等，这为实

施智能制造提供了良好的基础条件。所以，共同推动新一代信息技术与制造技术协同创新、高端创新人才培养成为重中之重。中软国际产业数字化运营以"咨询诊断+解决方案+人才培养+生态整合"的模式为制造业企业提供数字化转型、数字化升级服务，以推动产业发展为主旨，以全面促进数字经济建设为核心，打造运营服务全景图，加快企业信息化和工业化深度融合，从而推进汽车行业及装备制造业智能化发展。

随着物联网、大数据、5G、人工智能与传统制造的不断融合创新，数据安全性、上下游统筹管理、企业内部"信息孤岛"、企业数字化管理、信息有效集成等成为制造业企业数字化转型的重点目标和方向。杰信空调的成功转型升级为本地产业树立了榜样，该企业实施的联合创新解决方案对本地产业数字化发展具备较高适用性，对大部分企业出现的供应链管理、"信息孤岛"、企业组织管理等典型场景问题的解决起到了积极引领作用。

（四）价值成效体现

中软国际为杰信空调构建集采购、管理、财务、库存、分销、生产和销售为一体的综合性解决方案，帮助杰信空调快速实现财务、业务和流程集中统一管控，真正实现业财一体以及杰信空调业务精细化管理，从而提升了杰信空调的整体管理水平。

（1）企业实时监控、即时下达计划。

（2）企业任务的延迟率基本在 5%。

（3）企业将原有业务流程逐一集成，实现业财一体的全流程闭环管理以及物动账动的及时管理。

（4）企业实现数字化生产，通过生产看板、PDA 报工等功能，实时了解生产状态，提高业务跟踪的准确性和实时性。

（5）企业建立内部各部门管理流程，能进行专业的业务培训，实现数字化盘点，优化仓储规划和管理方法。

（6）企业逐渐实现无纸化管理以及生产 BOM 的统一管理。仓库按单出入库，降低成本浪费的可能性。

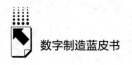

四 案例二：厦门势拓伺服科技股份
有限公司数字化车间打造

（一）项目合作背景

厦门势拓伺服科技股份有限公司（以下简称"势拓伺服"）是厦门钨业股份有限公司、厦钨电机工业有限公司共同设立的公司，为国家级高新技术企业、"专精特新"企业、优秀节能服务企业、节能产业最具成长性企业，为工控领域最具投资价值品牌。

势拓伺服专业从事永磁同步电机和高端智能装备的研发、设计与制造，以通用伺服电机为基础产品，重点发展高性能永磁电机、特种电机、直驱电机等，深度开发电机应用产品和集成系统，为客户提供动力能源应用整体解决方案，并在系统诊断、产品选型、仿真设计、控制策略、能源监测管理平台方面提供专业支持。

势拓伺服新一代高效磁路技术、深度弱磁技术、精密动平衡技术、快速启停技术造就了高性能永磁电机，为建设绿色高效产线提供了新动能。

工业4.0时代背景下，智能工厂和智能生产一直引领制造业的发展方向，智能制造将给企业带来巨大的发展潜力，企业向智能制造转型升级，需要将先进的物联网和服务联网渗透到工业生产的各个环节，从而形成高度个性化的产品以及高度柔性化、智能化的生产模式。面对日趋激烈的市场竞争，企业原先的生产管理方式缺少科学系统的运作管理，因此亟须通过智能制造和数字化转型来提升企业核心竞争力，加强创新驱动，以推动业务流程再造和组织再造，实现智能生产，增强企业柔性。

（二）项目合作内容

在数字化车间项目上，中软国际携手雅马哈发动机（厦门）信息系统有限公司（以下简称"雅马哈信息"）为势拓伺服量身定制了解决方案，即运用先进信息化系统及平台，对制造 BOM 表、工艺路径、工单管理、制程管理、质量管理、车间精益看板软件、驾驶舱、物料推演和模拟、齐套管理、智能补货建议、数据分析与绩效分析、接口管理、基础信息管理等模块进行全面升级创新，建设数字化车间生产管理线以及高效的生产计划管理模型，以促进企业实现成本领先，进而提升企业市场核心竞争力。

1. 数字化车间建设目标

企业结合现实情况，通过"少量多餐"的形式，逐步提升信息化应用水平、提高数据的有效性，逐步向智能精益工厂迈进。企业希望通过本次 A1-STAGE 生产管理支持系统及 A1-FlexPlanner 智能生产计划平台的导入实施，实现以下几个目标。

（1）完善齐套管理和缺货表管理，以及生产计划模拟，辅助生产安排决策和跟催。

（2）解耦来缓解和切断供应链典型的牛鞭效应。

（3）引入库存缓冲模型，设定目标库存和监控在手库存，短期内迅速优化库存结构，实现不缺货又不过多备货。

（4）自动推荐补货数量，形成"推拉结合"的生产运作模式，协助精益生产落地。

（5）通过制程管理，实现生产一件流、序列号品的生产质量可追溯。

（6）通过车间精益看板，提升可视化水平，辅助建立统一的优先机制协助整体最优。

（7）促进现场人员培养、现场管理人员信息化的提升。

2. 总体设计方案

（1）该方案基于虚拟化可弹性伸缩的部署架构，见图1。

（2）整体业务架构见图2、图3、图4。

①业务应用与硬件集成架构。

②基于运筹优化的高级计划与排程系统。

③生产线全流程、全场景看板 IOC。

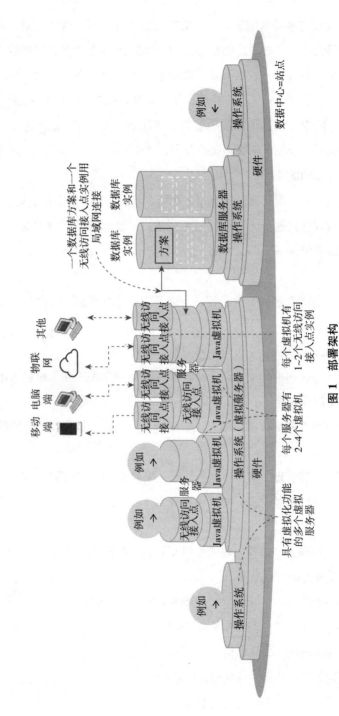

图 1 部署架构

资料来源：雅马哈信息。

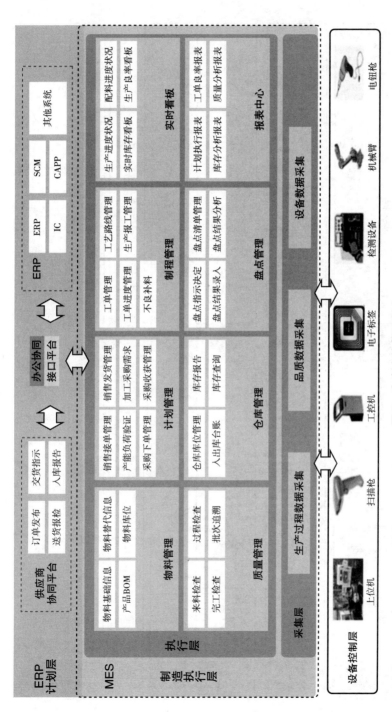

图 2 生产支持管理平台

资料来源：雅马哈信息。

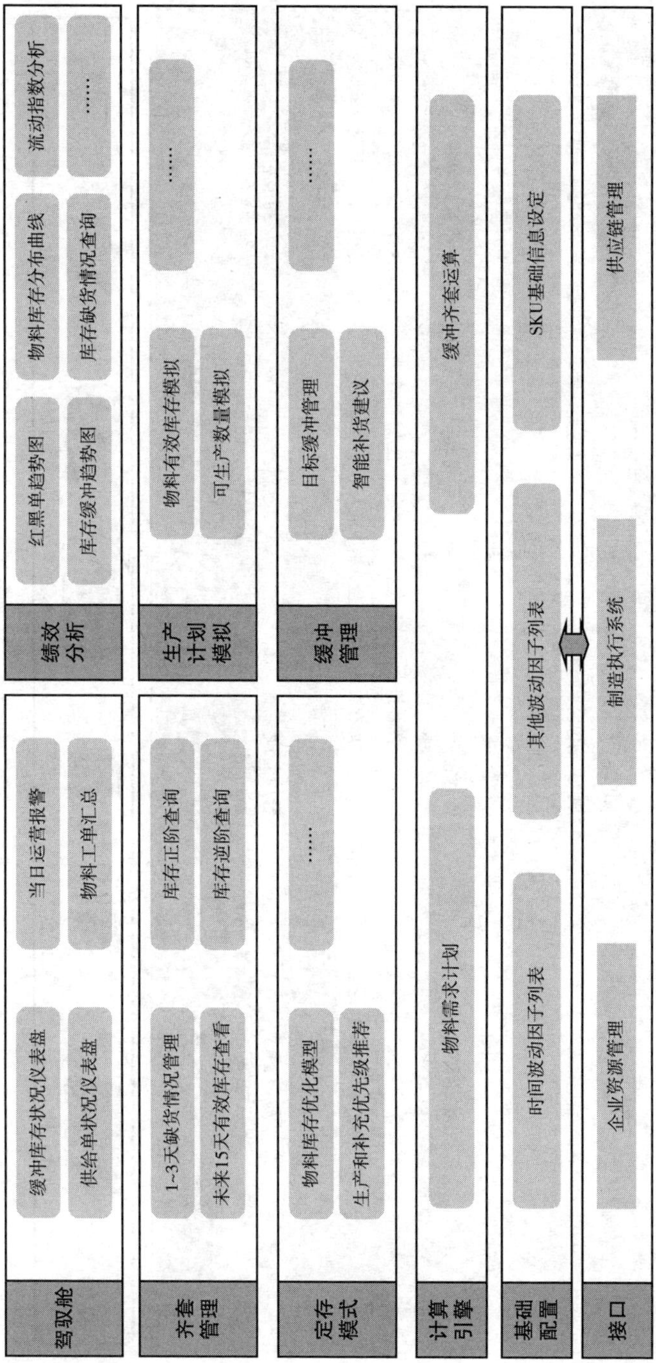

驾驶舱
缓冲库存状况仪表盘
供给单状况仪表盘
当日运营报警
物料工单汇总
绩效分析
红黑单趋势图
库存缓冲趋势图
物料库存分布曲线
库存缺货情况查询
流动指数分析
……
齐套管理
1~3天缺货情况管理
未来15天有效库存查看
库存正阶查询
库存逆阶查询
……
生产计划模拟
物料有效库存模拟
可生产数量模拟
……
定存模式
物料库存优化模型
生产和补充优先级推荐
……
缓冲管理
目标缓冲管理
智能补货建议
……
计算引擎
物料需求计划
缓冲齐套运算
基础配置
时间波动因子列表
其他波动因子列表
SKU基础信息设定
接口
企业资源管理
制造执行系统
供应链管理

图 3　智能生产计划平台

资料来源：雅马哈信息。

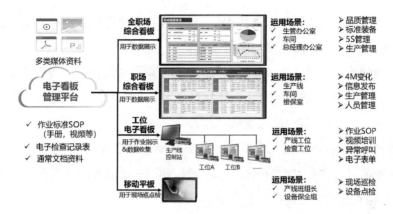

图4　车间精益看板软件

资料来源：雅马哈信息。

（3）功能性需求建设方案。

①制造 BOM 表：针对物料基础信息、替代品、产品 BOM 结构等进行设定，并可对 BOM 的版本切换升级等进行管理，以及 BOM 相关的正向展开与逆向展开的查询功能。

②工艺路径：对产成品、半成品的加工工序进行定义。工艺路径可对工艺路线模板进行定义，产品工艺路线可基于工艺路线模板进行调整设定。

③工单管理：对工单进行开立、修改、关闭等管理，并生成各工序的加工计划；对每个工单建立工单 BOM，以对工单的配料情况进行管理，且可便于对工单的生产进度进行实时查询。

④制程管理：支持生产派工、工位报工、工序报工（支持序列号报工）、工单配料/进度查询、工序完工实绩修改、AGV 产线对接（正常、异常呼叫）、工序异常处理。

⑤质量管理：对供应商来料、生产过程、完工的质量检验信息进行管理，支持批次和序列号追溯。

⑥车间精益看板软件：包括生产计划、生产进度、订单状况展示，实现现场生产数据、质量数据、设备移动数据等可视化；相关 SOP 和常用资料进行电子化管理，现场通过相关设备可以直接查阅；自动获取与工位相关的

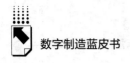

SOP 以及常用资料的展示；规范 4M 审批流程，系统可推送至关联工位，提醒相关的现场人员；可在现场使用设备展示，实现全员共享。

⑦驾驶舱：实现计划员和物控人员每日日常预警功能。实现驾驶舱当日及未来 30/60/90 天缺货报警、全体物料总览，在持库存状况总览、净流量状况总览、工单/采购单优先度状况总览等。

⑧物料推演和模拟：可实现单一物料推演（库存拉动/按单生产）及全体物料推演（库存拉动/按单生产）、物料表 BOM 正阶查询（单阶、多阶）、物料表 BOM 逆阶查询（单阶、多阶）。

⑨齐套管理：可实现当日及未来 30/60/90 天齐套报警、替代料的齐套性管理。

⑩智能补货建议：可实现每日 MRP 计算、每日库存缓冲状况查询、未完工单颜色查询，并且能够智能建议补货清单。

⑪数据分析与绩效分析：基于 ABC 分析（耗用量/销售量二八法则）、BOM 通用性度分析、波动性分析等，智能建议战略库存缓冲清单。该清单包含红黑单趋势图、物料库存缓冲趋势图、物料库存分布曲线、流动指数分析、月度超量库存查询库、存缺货情况查询等。

⑫接口管理：主要实现对接 ERP 系统供应商、物料、BOM、库存、订单等信息。企业从 ERP 系统读取基础信息（物料基础信息、供应商信息、物料表 BOM 信息、物料分类、日历信息等）及业务信息（每日手持库存、销售订单/生产计划、采购订单/未完工单、出库履历等），并输出结果信息（库存拉动补货建议、既有工单/采购单优先顺序建议）。

（三）项目可复制模式

随着新一代信息技术的不断发展，产业数字化和数字产业化成为"智造"发展的新方向标，传统制造业数字化转型以及信息技术创新应用改变了传统制造的生产方式、管理方式、运营方式。产品、装备及过程管理都呈现数字化特征，形成数字化制造生产、数字化流程管理的产业创新和企业转型，势拓伺服的数字化车间打造正是产业数字化的必然产物。

势拓伺服数字化车间的成功打造意味着产业数字化发展的一大进步。中软国际致力于提供产业数字化运营服务，拥有强大的产业资源整合能力和多年 IT 服务能力经验，以"联合创新解决方案+上下游资源整合+持续运营"的服务模式助力制造业企业高效实现数字化转型，解决企业交期、质量、工艺、供应链、仓储物流、组织管理等落后问题，在打通流程管理的基础上，提高人员的数字化技术应用水平，实现横向与纵向管理双提升，并提升企业市场核心竞争力，促进业务快速发展。

中软国际携手雅马哈信息为势拓伺服专业定制的数字化转型实施方案助力企业打造高水准数字化车间，并取得了整体效能的提升，从而推动企业实现可持续转型发展。作为本地行业典型标杆，中软国际也为本地产业发展注入了新势能。雅马哈信息拥有 20 多年对机电制造业的丰富实践经验，其自主信创与行业解决方案能力与中软国际产业运营能力相得益彰，这两家企业强强联合，对区域整体产业创新发展起到了良好的推动作用。

（四）价值成效体现

通过 A1-STAGE 生产管理支持系统及 A1-FlexPlanner 智能生产计划平台等，信息化项目建设完成后能够帮助企业取得以下效益。

（1）提高报工效率和质量参数汇报效率和准确性、可追溯性。信息化项目通过制程管理和质量管理模块，改变目前纸质手工填写电子流转卡的形式；提高现场工人报工的效率和质量上报的准确性，实现质量可追溯；节省现场员工报工时间和质量部门的管理时间。

（2）提高现场数据和物料的传递效率。通过资料车间精益看板和 AGV 联动，现场管理人员可以实时了解现场工作人员的进度，提前备料、送料；通过异常呼叫，及时协作解决现场问题。

（3）提升齐套性，提高生产效率，缩短交货期，提高客户满意度和增强信赖关系。

企业对安全库存/通用件实行拉式补货模式，按推荐值下单，提升齐套性；结合齐套结果以及日产能排产（时间缓冲预警），提高生产计划效率。

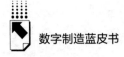
企业预制 30 天或 60 天的量叫料，生管采购信息互通，提升生产计划达交率。预期生产效率比原来的生产效率提升 30%，准交率提升 20 个百分点，交货期缩短 20%。

（4）企业跨部门统一优先度（仓库/车间），科学调整库存结构，提高库存周转率，降低库存，盘活资金周转。

（5）车间持续运用 TOC 模型，改善瓶颈点，有效提升产能。

五　产业数字化运营服务实践成效

（一）懂企业，会转型，为企业提供"有温度"的数字化转型服务

2022 年，中软国际产业数字化运营服务团队深入客户一线，累计对3000 多家企业进行实地走访，输出数字化诊断报告 1500 余份，打造 100 多家数字化转型标杆企业，覆盖智能制造、软件开发、鲲鹏信创等行业，有效地助力本地企业智能化、数字化转型，协助政府"数赋智"政策落地，促进本地核心产业发展，从而实现产业升级。

（二）构建多维营销矩阵，打造产业数字化氛围，提升城市品牌影响力

2022 年，中软国际产业数字化运营服务累计完成 500 余场各类活动以及参观接待，通过多维营销矩阵，将举办的活动、展会、赛事等叠加媒体宣传、展厅宣传等多元推广渠道，既提升了数字产业的发展氛围，也打响了数字城市新名片。

（三）加强产学研融合，赋能高质量发展

2022 年，中软国际产业数字化运营服务持续技术创新，不断为产业发展提供新科技、新动力；中软国际牵头运营的包头数字经济创新中心通过2022 年包头稀土高新区新型研发机构认定评审会得到包头稀土高新区新型

研发机构资质。新型研发机构是产学研合作的产物，是新时期建立以企业为主体、以市场为导向、产学研深度融合的技术创新体系，提升原始创新能力、聚集高端创新资源、开展产业技术研发和成果转化的重要载体。

　　未来，中软国际产业数字化运营服务将持续加强自身运营能力建设，为产业数字化转型升级贡献平台能量，同时携手更多优质的合作伙伴，为企业的数字化规划和发展提供参考方向，助力区域数字经济发展和产业转型升级。

参考文献

［1］陈志祥：《生产与运作管理》（第3版），机械工业出版社，2017。

［2］沈平、王丹：《制造业数字化转型与供应链协同创新》，人民邮电出版社，2022。

［3］《中国智能制造绿皮书》编委会：《中国智能制造绿皮书（2017）》，电子工业出版社，2017。

附　录　中国数字制造大事记
（2021~2022）

王建卿*

2021年

2021年1月13日　2020中国智能制造系统解决方案大会在北京召开。
会上，中国工程院院士周济指出，"十四五"期间要全面深入推进智能制
造，实现中国制造业的数字化、网络化升级，强化智能制造发展基础，着力
配合与协同推进"工业基础再造工程"和"国家工业互联网专项"。

2021年3月15日　世界经济论坛公布2021年度首批15家"灯塔工
厂"名单，其中的5家工厂来自中国：美的集团股份有限公司（顺德）、纬
创资通（昆山）、青岛啤酒（青岛）、富士康科技集团（成都）和博世汽车
部件（苏州）有限公司。

2021年3月16日　国家发展和改革委员会、工业和信息化部等13部委
印发《关于加快推动制造服务业高质量发展的意见》，要求实施制造业智能
转型行动，制定重点行业领域数字化转型路线图，抓紧研究和确定两化融合
成熟度、供应链数字化等急需标准，加快工业设备和企业上云用云步伐。

2021年4月13日　中国钢铁行业智能制造联盟成立大会暨钢铁行业数
字化转型论坛成功召开，该联盟由中国钢铁工业协会联合有关钢铁企业、专
业技术服务机构等共同发起成立，共有93家钢铁企业、19家科研机构、88

---

* 王建卿，中关村信息技术和实体经济融合发展联盟高级工程师，主要研究方向为数字化转型等。

家智能制造供应商和 6 个社会团体，旨在加快推动钢铁企业智能制造，构建上下游协同创新生态圈，推进钢铁行业高质量发展。

2022 年 5 月 24 日 由工信部评选的"2022 年跨行业跨领域工业互联网平台"榜单正式公布，卡奥斯 COSMOPlat 连续四年居双跨平台"国家队"首位，成为国内工业互联网平台建设与发展的领航者。

2021 年 6 月 1 日 工业和信息化部、科技部等 6 部门发布《关于加快培育发展制造业优质企业的指导意见》，提出实施智能制造工程、制造业数字化转型行动和 5G 应用创新行动，组织实施国有企业数字化转型行动计划，打造一批制造业数字化转型标杆企业。

2021 年 7 月 5 日 工业和信息化部、国家发展和改革委员会等 10 部门印发《5G 应用"扬帆"行动计划（2021—2023 年）》，提出实施行业融合应用深化行动，围绕研发设计、生产制造、运营管理、产品服务等环节，打造典型应用场景，持续开展"5G+工业互联网"试点示范。

2021 年 9 月 27 日 世界经济论坛（WEF）正式发布新一期全球制造业领域"灯塔工厂"名单，21 家工厂中有 10 家在中国：友达光电（台中）、宁德时代新能源科技股份有限公司（宁德）、中信戴卡股份有限公司（秦皇岛）、富士康（武汉）、富士康（郑州）、海尔（天津）、群创光电（高雄）、北京三一智造科技有限公司、施耐德电气（无锡）和联合利华（太仓）。

2021 年 11 月 12 日 华为、海尔和中国移动通信集团有限公司联合发布了 5G 先进制造全连接场景化解决方案。该方案创新性地将 5G 边缘计算与机器视觉、人工智能等技术相结合，提供了标准化、场景化、智能化的全流程解决方案，可快速复制、广泛应用于工业制造领域中的诸多场景，促进 5G 工业互联网的快速发展。

2021 年 11 月 30 日 工业和信息化部印发《"十四五"信息化和工业化深度融合发展规划》，提出实施制造业数字化转型行动，组织开展新一代信息技术与制造业融合发展试点示范，构建制造企业数字化转型能力体系，引导企业发展数字化管理、平台化设计、智能化制造、网络化协同、个性化定制、服务化延伸等新模式。

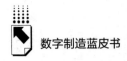
2021 年 12 月 21 日　工业和信息化部、国家发展和改革委员会等 8 部门联合印发《“十四五”智能制造发展规划》，提出建设智能制造示范工厂，加快新一代信息技术与制造全过程、全要素深度融合，开展场景、车间、工厂、供应链等多层级应用示范，培育推广智能化设计、网络协同制造、大规模个性化定制、共享制造、智能运维服务等新模式。

2021 年 12 月 30 日　工业和信息化部印发《制造业质量管理数字化实施指南（试行）》，要求企业发挥主体作用，强化数字化思维，持续深化数字技术在制造业质量管理中的应用，创新开展质量管理活动。

2022年

2022 年 2 月 14 日　工业和信息化部、国家发展和改革委员会等 4 部委发布了《2021 年度智能制造试点示范工厂揭榜单位和优秀场景名单》，广州汽车集团股份有限公司新能源汽车智能制造示范工厂、宁德时代新能源科技股份有限公司电池智能制造示范工厂、深圳荣耀智能机器有限公司智能手机智能制造示范工厂等 110 家智能制造示范工厂以及 241 个智能制造优秀场景上榜。

2022 年 3 月 30 日　世界经济论坛公布新一期 13 家“灯塔工厂”名单，京东方科技集团股份有限公司（福州）、博世汽车部件（长沙）有限公司、海尔（郑州）、美的集团股份有限公司（荆州）、美的集团股份有限公司（合肥）和宝洁公司（广州）6 家中国工厂上榜。

2022 年 3 月　全球知名认证机构 SGS 为宁德时代新能源科技股份有限公司全资子公司四川时代颁发 PAS2060 碳中和认证证书，宁德时代新能源科技股份有限公司宜宾工厂成为新能源产业首家零碳工厂。

2022 年 5 月 23 日　金砖国家工业互联网与数字制造发展论坛在福建省厦门市举行，论坛发布了《金砖国家制造业数字化转型合作倡议》，在凝聚数字化发展、建设通达的数字基础设施、充分激发数据要素价值、加快制造业数字化转型等方面达成 10 点共识。

2022 年 6 月 24 日　第六届世界智能大会“制造业数字化转型与产教城

融合国际论坛"在天津中德应用技术大学举行，论坛主题为"智造技术助推工厂数字化升级，共建产教城深度融合生态"。论坛围绕产教融合试点城市建设、产教城融合、校企共建高质量教育体系等问题展开深入研讨。

2022 年 7 月 5 日 由广东省人民政府主办的全省制造业数字化转型现场会在佛山召开，会议总结推广了制造业数字化转型的创新做法及先进经验，并就加快推进全省制造业数字化转型进行工作部署。

2022 年 8 月 8 日 安徽省发布《推进制造业数字化模式创新行动方案（2022—2025 年）》，明确将从加快"四化"改造、加快建设工业互联网、发展数据驱动制造、加大"五企"培育力度、大力发展工业软件、推动产学研金协同 6 个方面发力，赋能传统产业转型升级，助推制造业高质量发展迈上新台阶。

2022 年 8 月 11 日 工业互联网解决方案提供商树根互联结合数字化实战经验和知识沉淀，发布了装备制造零配件与汽车、钢铁三大行业从咨询到落地的工业互联网解决方案，助力行业数字化转型。

2022 年 9 月 26 日 工业和信息化部印发通知组织开展工业互联网一体化进园区"百城千园行"活动，发挥工业园区产业集聚优势，推动工业互联网向地市县域落地普及，促进广大企业特别是中小企业加快数字化转型。

2022 年 10 月 11 日 世界经济论坛宣布 11 家新工厂加入其全球灯塔网络（"灯塔工厂"名单），此次共有宁德时代新能源科技股份有限公司（宜宾）、海尔（青岛）、美的集团股份有限公司（顺德）、三一重工股份有限公司（长沙）及西部数据（上海）5 家中外企业在华工厂入围。

2022 年 10 月 14 日 国家市场监督管理总局（国家标准化管理委员会）发布 2022 年第 13 号中国国家标准公告，批准国家标准《信息化和工业化融合 数字化转型 价值效益参考模型》正式发布。该标准是我国发布的首个数字化转型国家标准，对数字化转型领域标准化建设具有里程碑意义。

2022 年 10 月 22 日 山东省政府发布《山东省制造业数字化转型行动方案（2022—2025 年）》，实施"一软、一硬、一网、一云、一平台、一安全、一融合"七大支撑行动，力争到 2025 年，全省制造业数字化水平明

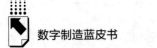

显提升，实现制造模式、生产组织方式和产业形态的深层次变革。

  2022 年 11 月 3 日 工业和信息化部印发《中小企业数字化转型指南》，提出要增强企业转型能力，开展业务数字化，应用订阅式产品服务，推动研发设计、生产制造、仓储物流、营销服务等业务环节数字化，降低一次性投入成本。

Abstract

Manufacturing is the cornerstone of China long-term and stable economic development, and digitalization is an accelerator for the high-quality development of manufacturing. Standing at the new starting point of the new round of technological revolution and industrial transformation, the new era of more complex and uncertain international trade frictions and the restructuring of the industrial supply chain system, vigorously promoting the deep integration of digital technology and manufacturing industry, it is of great significance to accelerate the construction of a modern industrial system to China.

Annual Development Report Digital Manufacturing of China (2022–2023) is the annual representative report of China's manufacturing development, which aims to summarize the current situation and challenges of digital manufacturing of China from 2022 to 2023, to show the new technologies, new products, new models and new formats of digital manufacturing of China, and to conspire with the development of digitalization, networking and intellectualization of manufacturing industry. This book consists of general report, sub-reports, hot topics, and special topics.

Based on the standard of "Digital Transformation-Maturity Model", the general report establishes the evaluation index system of digital manufacturing, studies and analyses the development status of digital manufacturing of China and 31 provinces and cities through data analysis and case studies, and systematically clarifies the overall level, advantages and disadvantages of digital manufacturing of China, so as to the main direction, path, entry point and key points of the next development.

The rapid development of digital manufacturing of China is inseparable from

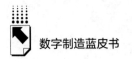

the steady progress of industrial policies, the continuous innovation of technologies, the innovation breakthrough of core hardwares and softwares, and the continuous deepening of industrial applications. The sub-reports sort out the main measures of digital manufacturing construction, study the key bottlenecks currently restricting the development of digital manufacturing, analyze the new challenges and new requirements under the new situation, and put forward relevant suggestions combined with the actual industry.

Focusing on future-oriented digital manufacturing hot spots, cloud manufacturing, dual carbon, artificial intelligence, etc. are continuing to cause systematic changes in the traditional innovation system, production mode, industrial structure, and inject new vitality for the development of the entire manufacturing industry. At the same time, digital talent, data governance, digital twins, industrial Internet platforms, 3D printing, supply chain, etc., are becoming hot topics in the field of digital manufacturing. This report discusses and analyzes the trends and hot spots of future-oriented digital manufacturing, in order to explore development models, paths, countermeasures, which is of great value and significance for promoting the high-quality development of manufacturing industry.

Keywords: Digital Manufacturing; Digital Tranformation; Industrial Internet; Artificial Intelligence; Smart Supply Chain

Contents

I General Report

B. 1   Assessment and Trend Forecast of Development Status of

Digital Manufacturing of China (2022—2023)

Zhongguancun Alliance for Integration of

Information Technology and Real Economy / 001

Abstract: This study has established an assessment system for the maturity of digital manufacturing in enterprises. Based on assessment data from over 80, 000 enterprises nationwide, it systematically analyzes the current development status of digital manufacturing in China. It summarizes the development situation of enterprises in key areas such as the construction of the digital manufacturing foundation, the cultivation of new capabilities, and the transformation driven by data. It also analyzes and forecasts the development trends of digital manufacturing during the "14th Five-Year Plan" period. The research shows that the digital manufacturing maturity index of Chinese enterprises has reached 27. 5, with nearly 10% of enterprises entering a substantial transformation stage. Digital manufacturing development in different regions and at different scales exhibits differentiated characteristics. Manufacturing enterprises have made significant progress in the digital upgrade of R&D, production, services, and business management. In the future, digital manufacturing support policies will shift from superficial guidance to deep and detailed implementation, with a focus on human-centered transformation and ultimate goals.

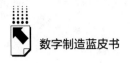

Keywords: Digital Transformation; Digital Manufacturing; Intelligent Manufacturing; Maturity Assessment

Ⅱ Sub-Reports

B.2 Overview of Digital Manufacturing Policy of China

Chen Xi, Yang Lijia, Gao Yalin and Su Chen / 034

Abstract: The digital transformation of the manufacturing industry is the main battlefield of the digital economy, and the path for advancing new industrialization. With the increasingly complex and changeable political and economic development environment in the world and the acceleration of a new round of scientific and technological revolution and industrial transformation led by the new generation of information technology, the world is accelerating its transition from an industrial economy to a digital economy. In recent years, the central government and governments at all levels have issued a series of policy measures to vigorously promote industrial digitalization and digital industrialization, efficiently reconstruct the innovation system, production mode, industrial form, and system mechanism of the manufacturing industry, and accelerate the high-quality development of the manufacturing industry.

Keywords: Digital Manufacturing; New Generation of Information Technology; Digital Transformation Policy

B.3 Innovation and Development of Digital Manufacturing
Technology of China

Chen Jin, Li Zhendong / 053

Abstract: A new round of scientific and technological revolution and industrial revolution is sweeping, and digital technology enables the transformation and upgrading of manufacturing industry to become a new strategic focus of competition in major countries in the world. Since China's reform and opening up, relying on the advantages of the system and mechanism and a series of successful practices of strong leadership, emphasis on innovation, and active market, China has achieved remarkable achievements in digital manufacturing technology from catching up to keeping pace with, and leading in some fields, which has effectively boosted the high-quality development of China's economy and the construction of a modern industrial system. This study will review the development process of digital manufacturing technology innovation, analyze China's current development status and condensed mode characteristics, clarify the new challenges and requirements faced by China's digital manufacturing technology innovation and development under the new situation, and put forward development suggestions based on China's advantages and characteristics.

Keywords: Digital Manufacturing Technology of China; Key Core Technology; Intelligent Manufacturing

B.4 Current Situation and Trend of Industrial Software
　　 Development of China　　　　　　　　　　*Lei Yi* / 078

Abstract: With the rapid development of information technology, the digital economy era has arrived, and the world is entering a new era of "software defined manufacturing". Industrial software is an important component of industrial manufacturing, which not only provides strong support for industrial manufacturing, but also provides strong guarantees for China's transformation from a manufacturing powerhouse to a manufacturing powerhouse. Starting from the classification and characteristics of industrial software, this article comprehensively analyzes the current development status of industrial software in China, revealing existing problems such as technological bottlenecks, insufficient research and development investment, lack of overall solution capabilities, low product maturity, insufficient intellectual property protection, and scarcity of professional talents. However, we are in a wave of digital transformation and industrial upgrading, with new technologies such as policy support,

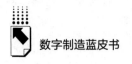
software legalization, cloud computing, AI, and digital twins constantly emerging, bringing infinite possibilities for the development of industrial software. Faced with these opportunities, this article proposes suggestions such as building ecology, innovation cooperation, policy support, and optimizing the environment, in order to promote the further development of industrial software in China.

Keywords: Industrial Software; Intelligent Manufacturing; Digital Transformation

B.5 Innovative Development of Digitalization of Equipment Manufacturing

Yunnan Branch of China Academy of Machinery Co. , Ltd ∕ 098

Abstract: The digitalization of equipment manufacturing is an advanced production method aiming to improve the equipment manufacturing productivity, manufacturing quality and core competitiveness. This paper analyzes the current situation of the development of equipment manufacturing at home and abroad, and the problems and development trends of the digitalization of equipment manufacturing, with a combination with the characteristics of the digitalization of equipment manufacturing, to propose the basic framework of digital innovation and development, including one principle of digital transformation, two target directions, three key tasks, and five types of capabilities. By putting forward the foundation, path and key tasks of digital innovation and development of equipment manufacturing, this paper provides a theoretical basis for the implementation of digital innovation and development of equipment manufacturing enterprises, and to solve the digital pain points and difficulties of equipment manufacturing enterprises.

Keywords: Equipment Manufacturing; Digitalization; Digital Economy

Contents ↖↘

Abstract: Nowadays, Chinese enterprises are at different stages of digital manufacturing transformation. Owing to the active guidance and support of national policies, as well as the persistent efforts of numerous enterprises, digital manufacturing is thriving. This article reviews the back ground of digital manufacturing, expounds the development foundation of digital manufacturing, its current application status and patterns in China. Furthermore, it conducts sanin-depth analysis of typical scenarios and the accomplishments of digital manufacturing, and sheds light on the future development trends of digital manufacturing from angles such as policy guidance, technological advancement, and industry application.

Keywords: Digital Manufacturing; High-tech Manufacturing; Equipment Manufacturing; Typical Scenarios

III   Hotspots

Abstract: The new round of scientific and technological revolution and industrial revolution is advancing by leaps and bounds, and the global industrial structure and layout are deeply adjusting, and China is in an important stage of advancing to a manufacturing power and a network power. As the product of a new round of information and communication technology, intelligent science and technology and industrial technology deep integration, industrial Internet is an important cornerstone of a new round of industrial revolution, accelerating the high-quality innovation and development of the industrial Internet is of great significance to promote China's new industrialization and build a manufacturing and network power. Under such a

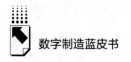
数字制造蓝皮书

background, this paper proposes a new industrial Internet system—smart industrial Internet system. First, it outlines the new background and new journey of the development of smart industrial Internet system, and puts forward the connotation, system architecture, technology system architecture of smart industrial Internet system under the new background. The application scenarios and typical application cases of the smart industrial Internet enabling industrial system are analyzed and sorted out, and finally the development suggestions on the technology, industry and application of the smart industrial Internet promoting the new industrialization are put forward.

Keywords: Digital Manufacturing; New Industrialization; Smart Industrial Internet

B.8 The Trend of Digital Transformation of Manufacturing
   Industry under Carbon Neutrality Goals   *Zhao Haifeng* / 152

Abstract: With the carbon neutrality goals put forward, our country's manufacturing industry is facing new opportunities and challenges. The digital transformation of manufacturing enterprises will be beneficial to enhance the efficiency of manufacturing industry and promote the innovation ability of enterprises, global pressure to cut emissions. This paper explores the trend of digital transformation of manufacturing industry under the carbon neutrality goals, and analyzes the development prospect and low-carbon transformation of digital transformation of manufacturing enterprises from the perspectives of artificial intelligence and Internet of things, for the future development of manufacturing industry to provide new ideas and reference.

Keywords: Digital Manufacturing; Digitization of Manufacturing; Carbon Neutrality Goals

B.9 Exploration and Practice of AI in Manufacturing Industry

Jiang Mingwei / 170

Abstract: With the explosive growth of the new generation of AI technology, the deep integration of AI technology and manufacturing industry has become the strategic commanding point of international competition, and has a profound impact on the politics, economy, culture and law of human society. At the same time, AI technology will also profoundly change the core competitiveness of the manufacturing industry and become the core driving force of a new round of industrial transformation. It will promote the emergence of new manufacturing R&D models, new products, new business forms, new production methods and new service models. The deep integration of AI technology and intelligent manufacturing will open up unlimited possibilities for the manufacturing industry. This paper starts with the introduction of the development trend of AI technology, constructs the framework of intelligent factory based on AI technology, and introduces the exploration and practice of AI technology in electromechanical products, R&D design, business management, production and manufacturing, after-sales service, business decision-making and other scenarios. Finally, some suggestions on the application of AI technology in manufacturing industry are put forward.

Keywords: Digital Manufacturing; Artificial Intelligence; Intelligent Manufacturing; Intelligent Plant

IV Special Topics

B.10 Education and Talent Development under China's

Digital Transformation   *Feng Dechuan, Wu Jingyao* / 193

Abstract: China is currently undergoing a wave of digital transformation, which is bound to promote the transformation of a kind of new education and talent

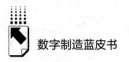
数字制造蓝皮书

cultivation models. This article analyzes the current situation of education and talent cultivation under the digital transformation of the manufacturing industry, and extends the demand for opportunities and challenges, as well as the digital transformation of talent supply and demand. Through case studies, it demonstrates the application and innovation of digital methods in higher education and talent training for manufacturing enterprises. Finally, the article provides specific suggestions for education and talent cultivation in the context of digital transformation, including new capacity building, digital technology means, integrated operation of industry and education, implementation of policy guidance, and creation of craftsman platforms/knowledge bases.

Keywords: Digital Transformation; Education Digitization; Digital Twins; Virtual Simulation; Integration of Industry and Education

B.11 Data Governance: The Path to Data Capitalization

of Manufacturing *Cai Chunjiu* / 213

Abstract: According to the current situation of manufacturing information development, combined with the requirements of data governance in today's industry, there are still many challenges in data application and data governance in manufacturing enterprises at this stage. With the gradual improvement of the theoretical system of data governance and the maturity of technical methods and tools, data governance is being studied and applied deeply by more and more manufacturing enterprises. This paper specifically sorts out the manufacturing data governance management framework, which is mainly composed of two parts: the management function activities and the support guarantee of the whole life cycle of data assets. Among them, the management function activities reflect the specific work that needs to be carried out in each link of the data governance management system, including 23 management functions in four modules (data strategy, data governance, data operation and data circulation). By defining the positioning and internal links of each functional activity, the data governance management

328

direction of manufacturing enterprises is relatively complete. The support module defines the prerequisite conditions and support capabilities to ensure the effective implementation of functional activities, including six support means in two areas of organizational support and technical support, with good coordination, openness and expansibility. By combining with management functional activities, various detailed management requirements are put forward to ensure the accurate implementation process. We will achieve the goal of transforming and upgrading the manufacturing industry.

Keywords: Digital Manufacturing; Data Governance; Data Assets; Data Elements

Abstract: Firstly, the basic concept of digital twins is introduced, as well as the development process from concept introduction to technological development, application expansion, intelligent integration, and continuous innovation; Secondly, the basic technical framework of digital twins is provided, describing key technologies such as perception and control, data integration, Model Specification, model interoperation, business integration, human-machine interaction, etc; Thirdly, this paper focuses on the solution paths of utilizing product, production and performance digital twins to achieve end-to-end integration, vertical integration, and horizontal integration in intelligent manufacturing respectively; Finally, application cases of digital twins in the fields of power generation, aerospace, energy management, and heavy industry equipment are presented.

Keywords: Digital Manufacturing; Digital Twin; Smart Manufacturing; Data Reinvention

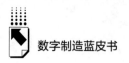

数字制造蓝皮书

B.13 Industrial Internet Platform Enables Transformation

and Upgrading of Manufacturing Industry *Li Jiyue* / 264

Abstract: At present, the construction of new infrastructure for the industrial Internet continues to go deep and real, entering a critical stage of large-scale development. Under the new trend, digital transformation has gradually become the "Rigid Demand" of the manufacturing industry, "IT" has gradually become the infrastructure from the edge system, the new value brought by new technologies has promoted the manufacturing industry to move towards high-quality development, and the transformation architecture of manufacturing enterprises has gradually changed from system integration to industrial Internet platform. Deepening the integration and application of new generation information and communication technology with manufacturing based on industrial internet, industrial big models, realizing the large-scale digital transformation of manufacturing enterprises and promoting the evolution of the manufacturing industry, are solid supports for promoting new industrialization.

Keywords: Industrial Internet; Digital Transformation; New Industrialization; Smart Manufacturing

B.14 Development Report of Smart Supply Chain of

Manufacturing of China *Wang Chenglin*, *Wei Chencheng* / 281

Abstract: At present, China continues to maintain its position as the world's largest manufacturing country, but in a new period of development, the safety, stability and innovation of China's manufacturing supply chain have been severely challenged. The transformation and upgrading of the manufacturing supply chain represented by new technologies and the application of new models has become an important path for the high-quality development of the industry. Governments at all levels actively guide the manufacturing industry to improve the intelligent supply chain capacity through continuous introduction of favorable policies; industry leaders continue to carry out innovative and collaborative actions to improve the level of supply chain management; science and technology, industry standards, professionals and other key influencing elements gather in an orderly manner, and the scale effect gradually appears. In order to further improve the overall competitiveness of China's manufacturing industry, we should vigorously promote the construction of smart supply chain with high standards, form a development path, technical system and institutional mechanism suitable for the development of the manufacturing industry in the new era, and create a new development paradigm in line with the world development trend and Chinese industrial characteristics.

Keywords: Smart Supply Chain; Digitization; Supply Chain Management

B. 15 Innovative Practice of Industrial Digital Operation Service

Zhang Xiaoyan, Luo Sen / 295

Abstract: Industrial digitization represents the integration of the real economy and the digital economy. The digital transformation and development from a single industry to a whole industry, and the cloud transformation of enterprises is not only a single industry transformation and upgrading, but also a driving force for regional digital innovation driven by industry and the overall level of development led by industry in manufacturing. In response to the 14th Five-Year Plan, accelerate the transformation of traditional manufacturing enterprises from "manufacturing" to "intelligent manufacturing", break through the data silos of production and business management, improve the level of artificial digital skills, and assist enterprises in reducing costs and increasing efficiency through more efficient and convenient operation and management methods, achieving full stack innovation in industrial processes, production methods, sales and management. Based on years of practical experience in promoting regional industrial transformation and development, China Soft International has helped industrial Internet enterprises succeed in digital transformation, created a highly adaptable replicable operation service model,

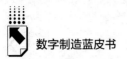
continuously integrated its own ecological resource chain, served manufacturing enterprises with strong operational and resource capabilities in digital transformation, and promoted industrial digital innovation and development.

Keywords: Intelligent Manufacturing; Industry Digitization; Reduce Cost and Increase Efficiency; Innovation in Process Management

社会科学文献出版社

皮 书

智库成果出版与传播平台

❖ 皮书定义 ❖

皮书是对中国与世界发展状况和热点问题进行年度监测，以专业的角度、专家的视野和实证研究方法，针对某一领域或区域现状与发展态势展开分析和预测，具备前沿性、原创性、实证性、连续性、时效性等特点的公开出版物，由一系列权威研究报告组成。

❖ 皮书作者 ❖

皮书系列报告作者以国内外一流研究机构、知名高校等重点智库的研究人员为主，多为相关领域一流专家学者，他们的观点代表了当下学界对中国与世界的现实和未来最高水平的解读与分析。截至 2022 年底，皮书研创机构逾千家，报告作者累计超过 10 万人。

❖ 皮书荣誉 ❖

皮书作为中国社会科学院基础理论研究与应用对策研究融合发展的代表性成果，不仅是哲学社会科学工作者服务中国特色社会主义现代化建设的重要成果，更是助力中国特色新型智库建设、构建中国特色哲学社会科学"三大体系"的重要平台。皮书系列先后被列入"十二五""十三五""十四五"时期国家重点出版物出版专项规划项目；2013~2023 年，重点皮书列入中国社会科学院国家哲学社会科学创新工程项目。

皮书网

（网址：www.pishu.cn）

发布皮书研创资讯，传播皮书精彩内容
引领皮书出版潮流，打造皮书服务平台

栏目设置

◆ 关于皮书

何谓皮书、皮书分类、皮书大事记、
皮书荣誉、皮书出版第一人、皮书编辑部

◆ 最新资讯

通知公告、新闻动态、媒体聚焦、
网站专题、视频直播、下载专区

◆ 皮书研创

皮书规范、皮书选题、皮书出版、
皮书研究、研创团队

◆ 皮书评奖评价

指标体系、皮书评价、皮书评奖

◆ 皮书研究院理事会

理事会章程、理事单位、个人理事、高级
研究员、理事会秘书处、入会指南

所获荣誉

◆ 2008 年、2011 年、2014 年，皮书网均
在全国新闻出版业网站荣誉评选中获得
"最具商业价值网站"称号；
◆ 2012 年，获得"出版业网站百强"称号。

网库合一

2014年，皮书网与皮书数据库端口合
一，实现资源共享，搭建智库成果融合创
新平台。

皮书网　　　　"皮书说"　　　皮书微博
　　　　　　微信公众号

权威报告·连续出版·独家资源

皮书数据库
ANNUAL REPORT(YEARBOOK)
DATABASE

分析解读当下中国发展变迁的高端智库平台

所获荣誉

- 2020年，入选全国新闻出版深度融合发展创新案例
- 2019年，入选国家新闻出版署数字出版精品遴选推荐计划
- 2016年，入选"十三五"国家重点电子出版物出版规划骨干工程
- 2013年，荣获"中国出版政府奖·网络出版物奖"提名奖
- 连续多年荣获中国数字出版博览会"数字出版·优秀品牌"奖

皮书数据库

"社科数托邦"
微信公众号

成为用户

登录网址www.pishu.com.cn访问皮书数据库网站或下载皮书数据库APP，通过手机号码验证或邮箱验证即可成为皮书数据库用户。

用户福利

- 已注册用户购书后可免费获赠100元皮书数据库充值卡。刮开充值卡涂层获取充值密码，登录并进入"会员中心"—"在线充值"—"充值卡充值"，充值成功即可购买和查看数据库内容。
- 用户福利最终解释权归社会科学文献出版社所有。

数据库服务热线：400-008-6695
数据库服务QQ：2475522410
数据库服务邮箱：database@ssap.cn
图书销售热线：010-59367070/7028
图书服务QQ：1265056568
图书服务邮箱：duzhe@ssap.cn

S 基本子库
SUB DATABASE

中国社会发展数据库（下设 12 个专题子库）

紧扣人口、政治、外交、法律、教育、医疗卫生、资源环境等 12 个社会发展领域的前沿和热点，全面整合专业著作、智库报告、学术资讯、调研数据等类型资源，帮助用户追踪中国社会发展动态、研究社会发展战略与政策、了解社会热点问题、分析社会发展趋势。

中国经济发展数据库（下设 12 专题子库）

内容涵盖宏观经济、产业经济、工业经济、农业经济、财政金融、房地产经济、城市经济、商业贸易等 12 个重点经济领域，为把握经济运行态势、洞察经济发展规律、研判经济发展趋势、进行经济调控决策提供参考和依据。

中国行业发展数据库（下设 17 个专题子库）

以中国国民经济行业分类为依据，覆盖金融业、旅游业、交通运输业、能源矿产业、制造业等 100 多个行业，跟踪分析国民经济相关行业市场运行状况和政策导向，汇集行业发展前沿资讯，为投资、从业及各种经济决策提供理论支撑和实践指导。

中国区域发展数据库（下设 4 个专题子库）

对中国特定区域内的经济、社会、文化等领域现状与发展情况进行深度分析和预测，涉及省级行政区、城市群、城市、农村等不同维度，研究层级至县及县以下行政区，为学者研究地方经济社会宏观态势、经验模式、发展案例提供支撑，为地方政府决策提供参考。

中国文化传媒数据库（下设 18 个专题子库）

内容覆盖文化产业、新闻传播、电影娱乐、文学艺术、群众文化、图书情报等 18 个重点研究领域，聚焦文化传媒领域发展前沿、热点话题、行业实践，服务用户的教学科研、文化投资、企业规划等需要。

世界经济与国际关系数据库（下设 6 个专题子库）

整合世界经济、国际政治、世界文化与科技、全球性问题、国际组织与国际法、区域研究 6 大领域研究成果，对世界经济形势、国际形势进行连续性深度分析，对年度热点问题进行专题解读，为研判全球发展趋势提供事实和数据支持。

法律声明

"皮书系列"（含蓝皮书、绿皮书、黄皮书）之品牌由社会科学文献出版社最早使用并持续至今，现已被中国图书行业所熟知。"皮书系列"的相关商标已在国家商标管理部门商标局注册，包括但不限于LOGO（▮）、皮书、Pishu、经济蓝皮书、社会蓝皮书等。"皮书系列"图书的注册商标专用权及封面设计、版式设计的著作权均为社会科学文献出版社所有。未经社会科学文献出版社书面授权许可，任何使用与"皮书系列"图书注册商标、封面设计、版式设计相同或者近似的文字、图形或其组合的行为均系侵权行为。

经作者授权，本书的专有出版权及信息网络传播权等为社会科学文献出版社享有。未经社会科学文献出版社书面授权许可，任何就本书内容的复制、发行或以数字形式进行网络传播的行为均系侵权行为。

社会科学文献出版社将通过法律途径追究上述侵权行为的法律责任，维护自身合法权益。

欢迎社会各界人士对侵犯社会科学文献出版社上述权利的侵权行为进行举报。电话：010-59367121，电子邮箱：fawubu@ssap.cn。

社会科学文献出版社